高等学校交通类专业教材

交通系统分析

庞明宝　张家顺　主编

天津大学出版社
TIANJIN UNIVERSITY PRESS

内容提要

本书包括交通系统分析绪论、交通系统分析理论基础、交通系统辨识与预测、交通系统模型及其优化、交通系统动态控制、交通系统仿真、交通系统协调、交通系统决策、交通系统评价等内容。作为教材，本书着重阐述基本思想、理论和方法，并配合应用案例以帮助学生深入学习。

本书可作为高等院校交通运输工程类专业研究生、交通工程和交通运输等交通类专业本科生的教材或参考书，也可以供交通行业管理和技术人员阅读参考。

图书在版编目（CIP）数据

交通系统分析 / 庞明宝，张家顺主编. -- 天津 ：天津大学出版社，2024. 12. -- ISBN 978-7-5618-7937-5

Ⅰ. U4491.1

中国国家版本馆CIP数据核字第2025KC1547号

出版发行　天津大学出版社
地　　址　天津市卫津路92号天津大学内（邮编：300072）
电　　话　发行部：022-27403647
网　　址　www.tjupress.com.cn
印　　刷　北京虎彩文化传播有限公司
经　　销　全国各地新华书店
开　　本　787 mm×1 092 mm　1/16
印　　张　13.25
字　　数　323千
版　　次　2025年3月第1版
印　　次　2025年3月第1次
定　　价　39.00元

前　言

系统分析是一种决策辅助技术，它采用系统的理论和方法对所研究的问题提出各种可行方案或策略，进行定性和定量分析、评价及协调，帮助决策者提高对所研究的问题认识的清晰程度，以便决策者选择行动方案。因此，对各个领域的技术和管理人员，特别是交通行业的从业人员，掌握系统分析的基本思想、理论和方法，并将其应用于交通系统实践中，具有重要的理论意义。

本书是在作者多年从事"交通系统分析"教学和科研、工程实践的基础上编写而成的。本书包括交通系统分析绪论、理论基础、辨识与预测、模型及其优化求解、动态控制系统以及交通系统仿真、协调、决策、评价等基本概念、思想和理论方法。作为教材，本书既包含基本专业知识，也部分反映了学科的最新发展，并配合应用案例、每章后面的思考题和习题教学，为读者掌握交通系统分析的技术方法提供帮助。本书可作为高等院校交通运输工程类专业研究生、交通类专业本科生的教材或参考书，也可供交通行业管理和技术人员阅读参考。

在本书最后定稿前，本校研究生院组织专家对全书内容进行了评审，提出了一些宝贵的意见，在此表示衷心的感谢。在本书具体编写过程中，编者参考了大量有关文献，在此对有关作者表示衷心感谢。

限于编者水平有限，书中不当之处，恳请广大读者批评指正。

编者
2025年1月
于河北工业大学

目　录

第 1 章

交通系统分析绪论

1.1 系统概述

1.1.1 系统的定义

系统的概念来源于社会实践,不同学者从不同的角度有不同的定义。我们认为,系统是由处于一定环境中相互作用和相互联系的若干组成部分结合而成,并为达到整体目的而存在的集合,它可以是一个物质、组织(单位),也可以是一个抽象的概念。一般来说,系统具有整体性、相关性、结构性、动态性、目的性和环境适应性六个基本特性。

(1)整体性。系统是由各个相互联系和彼此影响的部件(或要素)结合而成的,且作为统一的整体而存在,各部件的独立机能和相互关系只能统一和协调于系统的整体之中。离开整体而存在的单个或若干个部件,即使具有良好的功能,也不能具有整体所反映出来的功能。相反,如果只有若干个部件,即使功能不完善,但是通过系统整体的综合和统一,也可能成为具有良好功能的系统。

(2)相关性。系统内各部件间存在相互联系、相互依存、相互制约的关系,它们是通过特定的关系结合在一起,形成一个具有特定性能的系统。

(3)结构性或层次性。系统内各部件间具有一定层次或结构的联系且随时间变化,决定着系统的生长和演化。

(4)动态性。系统是随时间、空间不断变化的非线性动力学系统,特别是运输系统和交通系统。

(5)目的性。系统活动本身都具有明确的目的,系统各部件就是为实现系统的既定目标而协调于一个整体之中,并为此开展活动。

(6)环境适应性。任何一个系统都存在于一定的环境中,并与外界环境进行物质、能量和信息的交换。一个系统要能生存和具有活力,就必须适应外部环境的变化,或者说,能够根据外部环境给予的刺激及时调整和做出响应。

1.1.2 系统的构成要素

任何一个存在的系统都必须具备以下三个要素。

1. 系统部件及其属性

系统部件可分为结构部件、操作部件和流部件。其中,结构部件是相对固定的部分;操作部件是执行过程处理的部分;流部件是作为物质流、能量流和信息流交换所用的部分,交换的能力要受到结构部件和操作部件等条件的限制。

结构部件、操作部件和流部件都有不同的属性及其值,我们用部分或整体属性值来描述系统所处的状态,这些属性被称为系统状态变量。同时,这些属性又相互联系和相互影响,它们的组合结构从整体上影响系统的特征和行为。例如,交通运输系统中道桥等交通设施、交通管理系统、交通流、物流等部件的连接或组合,就形成了交通运输系统的属性。

系统是由许多部件组成的,当系统中的某个部件本身可作为一个系统描述时,就可以称此部件为该系统的一个子系统。子系统的定义与上述系统的定义类似。例如,交通运输系统是由道路交通运输、水路交通运输、铁路交通运输、航空交通运输、管道交通运输等部件组成,而这些部件本身又各自成为一个独立的系统,因此把这些部件都称为交通运输系统的子系统。

2. 系统的环境及其界限

所有系统都是在一定的外界环境条件下运行的,系统既受到环境的影响,同时也对环境施加影响。对于物质系统来说,划分其与环境的界限很自然地可以由基本系统结构及系统的目标来有形地确定。但抽象系统与环境界限的划分和确定主要取决于系统分析人员或决策者,这是因为不同的决策者或分析人员可能会采取不同的界限来划分系统与环境。例如,一个运输企业未来发展的经营战略决策系统分析,对某个决策者来说,其将运输线路界定在本地区内,即将该企业占领的本地区市场规模作为分析的主要范围,于是圈定该企业决策分析系统的环境是属于本地区的界限;但对另一个决策者来说,他的雄心很大,他希望企业在今后能发展成为一家国内大型公司,占领国内运输市场,在这种情况下,该企业的决策分析系统必然会以全国作为环境来确定界限。

3. 系统的输入和输出

由系统与环境的交互影响,就产生了输入和输出的含义。从图 1.1 可以看出,外界环境给系统输入,通过系统的处理和变换,必然会产生输出,再返回到外界环境。所以,系统中的部件是输入、处理和输出活动的执行部分。实际上,我们可以将系统理解为一个处理器,也就是说,一个理想的系统在目标或要求明确后,系统的部件就可以通过接收一系列的外界环境输入以及进行有效和高效的处理后,提供系统所期望实现的目标输出,再返回到外界环境中。如果形象地来描述输入、输出和系统的关系,可把系统从环境中分离出来的界限看似一个滤波器,通过它来调整输入与输出的关系。如果在输入、处理和输出活动之外,再加入前馈、反馈活动,则该系统就具有人参与得更为完备的系统功能。

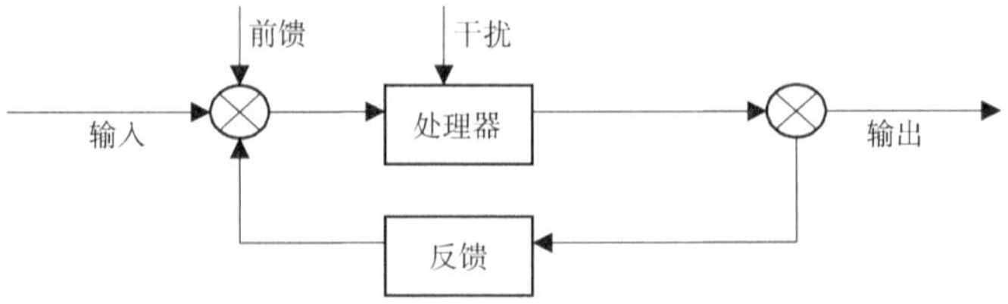

图 1.1　系统结构图

前馈是对大量历史信息(先验信息)通过离线方式提取进而形成经验知识输入系统中;反馈是采集系统当前状态或输出信息并结合历史信息(先验信息),通过在线方式形成建立在知识基础上的决策信号,并输入系统中。整个系统实际上可以看作是通过一些输入量产生输出量,以达到一定目标的机器。

1.1.3　系统的分类

从不同的角度对系统有不同的分类,具体如下。

1. 自然系统、人造系统和复合系统

自然系统是大自然形成的天然系统;人造系统是人类通过相关活动形成的系统,大部分工程系统为人造系统;复合系统是在自然系统基础上,通过相关人类活动形成的综合系统。交通运输系统主要是人造系统,部分是复合系统。

2. 实体系统和概念系统

从系统工程和系统分析的角度来看,实体系统是指由各种设备、设施与特定工艺等一起组成为完成某一功能目标的系统,如交通信号控制系统是由信息采集、信息控制处理、信息发布、信息管理服务等具体设施设备与工艺流程组成的一个客观存在的系统;公交车辆调度系统是由车辆信息采集系统(含 GPS、车载摄像、车载乘客计数系统等)、车载移动通信系统、公交信息服务平台(含 GIS、大屏幕、数据库以及各种服务器、计算机、小型机等)、车辆调度系统(含软件、知识库、调度信号发布设备等)、工作人员等组成的。而概念系统是用一些思想方法、符号等组成的一个客观上不存在的系统,如在计算机内的交通或运输或物流模拟系统。我们可以利用这两个系统的区别和本质联系来学习、工作与研究:对于已有的概念系统,通过直接的学习,可以在节约时间、费用的前提下,进行操作工作,如教育培训;对于新的环境或新的要求,可以对已有的概念 系统进行一定程度的改进,产生新的概念系统,然后转变为新的实体系统,如道路设计工作人员对具体道路的设计,施工人员对具体道路的修建;对于科技新发展或新的更高要求,可以进行深入的研究,从而进行大的甚至是重大的改进、突破,或者是新的创新,产生新的概念系统,然后通过具体的产品研制转化为新的实体系统,科学研究及其成果转化为产品的整个过程均是按照这一过程实现的,如图 1.2 所示。

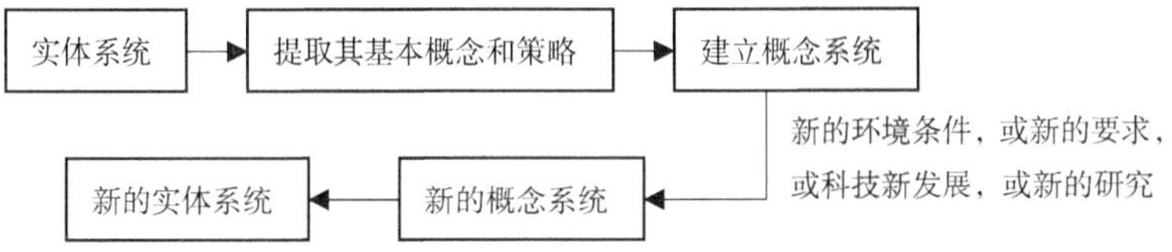

图 1.2　实体系统和概念系统的相互转换

3. 静态系统和动态系统

严格地讲,所有系统均是动态系统,动态系统与静态系统是相对的。可以将在某一时间段内系统的一部分部件或整个系统看作静态系统,以简化系统问题,如交通规划、交通行政法规、高速收费标准、一般的交通管理法规、交通标志与管理措施等必须保持一定时间段的稳定性,而不能随意改变。同时,对动态系统最简单的优化解决方法是采用时间依赖性(time-dependent)或季节性方法,将其分为若干时间段,每个时间段按照相对简单的静态系统进行优化处理,如城市公交车辆调度系统按照时间点确定发车频率,航空公司每年按照季节制订航班计划,交通管理控制系统按照每天的时间点分为上下班高峰、一般时间段、夜间的管理控制方案等。

4. 封闭系统和开放系统

封闭系统是指该系统与环境之间没有物质、能量和信息交换的系统,由系统的界限将环境与系统隔开,因而呈现一种相对封闭的状态。一般的静力学系统、简单的动力学系统、一般的化学反应等均为封闭系统,它们是以系统的均衡观念为基本出发点。

开放系统是指系统与环境之间具有物质、能量与信息交换的系统,如运输和交通系统、工厂生产系统以及商业系统、一般的社会经济系统等。这些系统通过系统部件的不断调整来适应环境变化,力图使其在某个阶段保持稳定状态,因此具有自调节和自适应功能。依据自适应的结果,开放系统可分为以下几种。

(1)开放静态均衡系统,即系统经过短暂的交换达到均衡状态,且在未来一定的时间段内保持这种均衡状态。如运输站场和线路规划、交通规划均是建立在规划特征年内供需数量、结构等达到均衡状态且保持不变的基础上,静态均衡原理及其配流模型为其提供基本理论和方法。

(2)开放动态均衡系统,即系统通过部件等的不断调整来适应环境的不断变化,使系统在动态变化中保持均衡状态。如交通运输实时调度需不断调整运输供给-调度方案,以适应不断变化的运输需求-环境变化;而交通管理中的实时控制需不断调整系统部件的关系-信号配时方案,以适应不断变化的交通需求-环境变化,因此动态均衡原理及其配流模型为其提供基本理论和方法。

无论是静态均衡还是动态均衡,均能收敛,即系统均有一定的规律可循,呈现出一定的有序状态,可以相对容易地进行预测、优化与控制。只是静态均衡收敛到的是一些不动点,而动态均衡可能收敛到一些随时间变化的曲线。

(3)混沌系统,即系统高度的非线性时变特性,使系统呈现出混沌、分形、分岔等形态,系统没有规律可循,通常是从有序状态向无序状态转化或完全为无序状态,对其进行预测、优化与控制比较困难。

一般来讲,交通和运输系统随时间的变化在某一时间段内可能呈现出某一形态,如静态均衡或动态均衡或混沌,需要针对不同的系统形态采用不同的管理控制方法。对运输调度,一般是开放静态均衡系统形态,所以采用执行调度计划(静态模型)即可满足需要;对春运、上下班高峰等情况,系统呈现开放动态均衡系统形态,需要采用在线调整调度方案;对系统呈现混沌形态,使系统供需矛盾特别突出且无法预测的特殊突发情况,则需要采用运输预案。如交通管理控制,交通流呈现出三态,即交通系统在自由流状态时即达到动态均衡,呈现出有序状态，按照一般（传统）的交通管控措施即可解决；但若系统呈现混沌状态，就必须加入不同于传统交通管控措施的混沌控制信号，否则系统将从有序状态转化为无序状态，使系统转变为拥堵状态。

（4）复杂网络系统。交通运输系统大部分为复杂巨系统，具有小世界效应和无标度特征，在系统发展演化过程中，节点、弧（边）及其关系在不断变化，在网络动态演化过程中使网络拓扑结构发生变化，呈现级联失效、拥堵传播等特性。如何有效地采用复杂网络系统理论方法研究交通运输系统是交通运输规划、交通运输管理、交通管理及其控制、物流等方面的重要前沿课题。

1.1.4 环境对系统影响的方式

（1）可预知的平稳环境，即环境与系统的交流处于一种固定水准，同时这种固定水准是可以事先得知的。如静力系统所受到的地心引力这种环境因素。

（2）可预知的动态环境，即环境与系统的交流是随时间而变化的，且是可预知的。如星球活动时彼此引力的变动、控制系统的输入信号等。

（3）随机的平稳环境，即系统环境影响因素的变化是不可预知的，这些因素呈现出随机形态，通过先验信息可以得到其变化的概率分布。如运输及交通系统的排队论模型等，可以用随机分布的期望值来分析和计算。

（4）有限不确定性的平稳环境，即系统环境因素的变化状态可知，但其概率分布无法预测。如交通或运输企业未来所面临的经济环境可能会有优、佳、可、劣等数个水准，但届时哪一种水准出现，事先很难确定。

（5）有限不确定性的动态环境，其与有限不确定性的平稳环境的区别在于系统环境因素的变化状态不可知，在这种环境条件下，系统应具有反馈或适应环境变化的特性，这是系统有效存在于这种环境的必要功能。如交通事故对交通管控、相关运输企业调度等的影响。

（6）不安定的动态环境，即环境使系统处于一种不安定的状态，但环境的变化往往是按照某个特定方向持续变化的，这时系统为了适应环境而必须做出某种有目的的行为反应，这是系统存在于这种环境的必要条件。如道桥路、交通工程施工企业具体工作工地随项目而走。

（7）突变的动态环境，即无法预知其原因，而出现环境突然发生巨大变化的情况，系统必须具有自身调整及改变结构的功能，才能有效地在这种环境中生存。如 2003 年和 2019—2022 年底的疫情使交通量、运输量大减， 2024 年上半年胡赛武装对经过亚丁湾船只的干扰（因加沙冲突）使得经过苏伊士运河船只的数量急剧减少。

（8）竞争的动态环境。上述多种环境的变化一般都不会因系统内部的反应行为而使环境发生变化，因此是一种无敌意的环境，而竞争的动态环境是一种有敌意的环境，即系统的行为会引起环境对系统的反应。如我国长途汽车运输企业、出租车运输企业、航空和水路运输企业所处的环境。

实际的系统往往处于若干个上述环境中，即处于一种组合环境中。如交通运输企业、交通勘察设计单位、道桥施工企业所处的环境。

1.1.5 系统的层次

根据波尔丁提出的一般系统理论,可将所有系统分为九个层次,并以此作为系统运行的基本单元。

第一层次为静态结构系统,物理上讨论的简单力学系统以及数学上讨论的代数等描述的系统大都属于此层次,其是进一步进行动态研究和系统功能分析的基础。

第二层次为简单动态系统,即系统的基本行为具有预先确定的、必然的运动方式,如太阳系中各行星的活动规律、钟摆的摆动规律等,数学上的微分方程为描述这类系统提供了工具和方法。

第三层次为反馈控制系统,该系统与上述的第一、二层次系统的主要区别在于系统内具有传递和处理信息的能力以及反馈功能。

第四层次为细胞系统,即具有自我维持能力的功能,与环境间具有明显的物质和信息交流,是开放系统中最基础的结构形式或单元。它与前述的 3 个系统层次相比,又增加了需要适应环境的功能。

第五层次为原生社会系统,具有将类似的部件加以组织,并使之具有承担不同功能分工的能力。典型例子是植物,其根、茎、叶的细胞在分裂初期,作为系统部件,它们的结构并无本质区别,但因其位置及执行功能的差异,这些部件的功能逐渐特定化(分工)。

第六层次为动物系统,其比植物系统又增加了移动性的目的行为以及自我觉察的能力,具有更强的吸收信息能力,如眼、耳等。动物同时具有以脑为中心的神经系统,起着将吸收的信息转化为意识组织者的作用,从而具有对接受的刺激做出反应的能力。

第七层次为人类系统,除具备动物系统的全部特征外,还具有自我意识。

第八层次为人类社会系统,由其他的系统层次加以组合而成,它关心信息的内容和意义、系统的价值程度、人类情绪的表现等等。

第九层次为超越系统,这是当前尚不可知的系统,在宇宙间是否还有可能发展出比人类社会系统(指地球人)更高一层的超越系统,还有待探讨。

1.2 交通系统工程概述

1.2.1 系统工程的产生及其应用

20 世纪初,随着运筹学、管理学的产生,面向社会经济系统的方法论得到了巨大的发展。20 世纪 40 年代,贝尔研究所在发展美国微波通信网络时,管理人员认识到仅有第一流的科学家且只是孤立地依靠新设备研究新技术,效果并不一定好,必须把资源、经济、技术、社会等因素结合在一起通盘考虑,模拟出多种可行的解决方法,然后选出合理方案,并把这套科研管理方法称为系统工程。第二次世界大战后,美国一些大企业把贝尔研究所初步创导的系统工程方法结合运筹学应用在经营管理工作中,使系统工程的理论研究和工程实践迅速发展起来,特别是美国阿波罗登月计划的实施和成功,对系统工程的发展起到了巨大的推动作用。目前,在发达国家,许多高校均设有系统工程课程。以系统工程为主体的各种咨询公司遍布世界各地，总部设在维也纳的国际应用系统分析研究所（IIASA）完成了几百项重大的国际性和地区性的系统工程科研成果，其权威性和知名度堪称一流。

中国科学院力学研究所于1956年建立了我国第一个运筹学研究组，1960年成立了运筹学研究室。华罗庚教授从20世纪60年代初期就开始在我国推广“统筹学”“优选法”，并取得了显著的成就。与此同时，钱学森教授积极倡导，在军事系统中成立了总体设计部，把技术与管理、设计与使用结合起来，并在导弹研制、人造地球卫星、航天武器等大而复杂的工程项目系统中进行尝试，取得了巨大的成就。钱学森等在1978年9月于《文汇报》上发表的《组织管理的技术——系统工程》一文中，对系统工程做了全面的描绘：系统工程是一门组织管理的技术，也就是把传统的组织管理工作总结成科学技术，并使之定量化，以便运用数学方法；系统工程是一大类工程技术的总称，而不是一个单一的学科，正如我们传统理解的工程是土木、机械、电机等工程的总称一样。这就给了系统工程一个确切的描绘，并从整个系统科学体系上论述了系统工程所处的地位。

改革开放特别是20世纪80年代后，系统工程在我国得到了迅速发展，并取得了一系列的成果：1980年11月成立了中国系统工程学会；很多高校、研究设计机构相继成立了系统工程研究所或研究室，并开设了系统工程课程，有些院校还设置了系统工程专业；创办了系统工程方面的一些学术刊物，出版了较多的系统工程教材和专著；系统工程在我国军事、社会、经济、能源、农业、矿业、水利、环保、生态、人口、运输和交通、城市规划、大型工程项目、企业管理、教育、卫生、体育等领域得到了广泛的应用，并取得了巨大成功。针对交通领域，在20世纪80年代初有一个重要的成功应用，即我国煤炭运输网络的规划。当时，欧洲共同体（现欧盟前身）资助我国国家计委（现国家发展和改革委员会前身）开展能源规划，分析得到我国主要能源——煤炭集中于山西、内蒙古等北方省市，在大力发展煤炭基地规划的同时，研究重点转向了如何将山西、内蒙古等北方省市的煤炭运输到珠江和长江三角洲等需求地区；通过系统工程相关人员的分析与规划，提出了通过含重载在内的铁路将煤炭运输到北方港口城市（秦皇岛、黄骅等），再通过运煤船运输到南方，开设了大同—秦皇岛和榆林—平朔—黄骅港的重载铁路专线，后随着铁路线的不断深化和高速公路的建设投入运行，形成了我国现在的煤炭运输网络。

1.2.2 交通系统工程的概念

交通系统工程是系统工程在交通运输工程（含运输、交通工程、载运工程、物流工程、交通信息与控制、智慧与智能等）的具体应用。我们认为，交通系统工程是采用系统的理论与方法，并结合交通运输工程学科的专业，对所研究、管理的对象在进行包括系统研究、设计、量化等分析的基础上，进行计划、实施、反馈控制与协调、评价等决策管理工作。即从整体观念出发，通盘筹划，对所研究、管理的交通运输系统进行分析、辨识、预测、优化设计、评价、决策，并进行具体的计划实施、控制与协调，合理安排整体中的每一个局部，得到整体的较满意结果。

系统工程是和管理密切相关的，实际上科学的管理过程就是系统工程的过程。

1.2.3 交通系统工程的本质和特点

1. 系统工程的本质

要理解系统工程的本质，一是从所体现的“系统性”上去理解，即从整体的观点、系统发展的整个寿命周期、所采用的多学科交叉知识三个方面来理解；二是从系统工程与其他工程的区别方面来理解。其区别主要体现在以下方面。

（1）工程概念的不同。传统的工程概念，主要是指制造“硬件”的技术过程，如把自然科学的原理和方法应用于设计和生产机床、载运工具等。系统工程的“工程”概念不仅包含“硬件”工程，而且包含与“硬件”紧密相关的“软”工程，如规划、计划、方案等。

需要说明的是，大部分工程学科都在不同程度地应用这些“软”工程，如机械工程、电子工程、化学工程等，同时也需要系统工程的理论与方法。但管理科学与工程专业应用“软”工程最多，需要大量系统工程的理论与方法；交通运输和交通工程对应的交通运输规划与管理研究方向，在交通运输工程学科中应用“软”工程最多，离不开系统科学与工程。

（2）研究对象的不完全相同。一般工程都有其特定的研究对象，如道路工程研究的对象是道路等。交通系统工程是以“交通运输系统”为研究对象，不仅包括载运工具、交通运输网、客货流、道路、环境等，还包括驾驶员等出行者的各种行为、交通和运输等管理政策法规和组织行为等非物质研究对象。

（3）研究方法的不同。作为一门独立的科学，系统工程有其独特的思想方法、理论基础、程序体系和方法论，它的思想方法被称为是“系统”方法，它是在对系统的概念、构成及各种形态进行深入研究的基础上，把研究对象作为一个整体来考虑，并按照整体最优的方法进行分析、设计、制造和使用。

2. 系统工程的特点

（1）研究思路的整体化，即把研究的对象看作一个系统整体，全面地考虑系统的整个寿命周期，以实现系统整体满意优化。

（2）应用方法的综合化，即多学科交叉学科。

（3）组织管理的科学化，即没有组织管理的科学化，就很难实现研究思路的整体化和应用方法的综合化，也就不能充分发挥出系统的效能。

（4）管理工具的现代化，即使用现代化的应用数学、工程技术、信息技术，才能使大型复杂的交通运输工程系统优化问题的解决成为可能。

1.2.4 交通系统工程的知识体系

交通系统工程是一门“社会-技术”的综合交叉学科，其知识体系包含：包括数学、道路工程、铁道工程、机械工程、信息科学、控制理论与工程、物理学等在内的传统自然科学与工程体系；包括经济学、心理学、社会学等在内的社会与行为科学范畴；包括一般系统理论、未来学、人工智能、大数据、复杂网络理论方法、决策科学、管理科学等在内的新兴跨学科领域范畴，具体如图 1.3 所示。

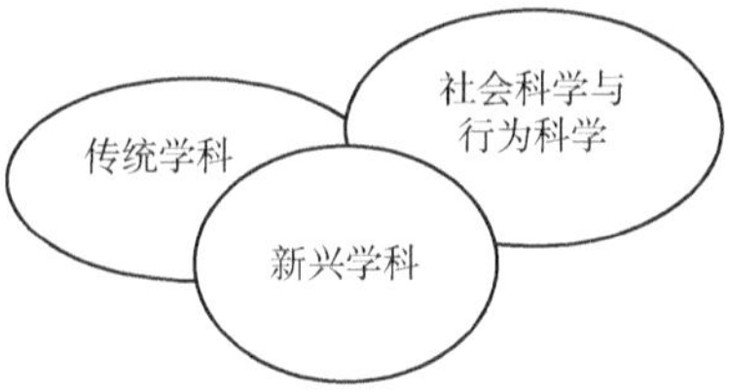

图 1.3　交通系统工程的知识体系

1.3　交通系统分析概念

1.3.1　交通系统分析的定义

系统分析的目的是帮助决策者对所要决策的问题逐步提高认识的清晰程度。系统分析的方法是采用系统的观点和方法,利用定性和定量的工具,对所研究的问题进行系统结构和系统状态的分析,提出各种可行方案和替代方案,并进行比较、评价和协调。系统分析的任务是向决策者提供系统方案和评价意见,以及建立新的系统的建议。

系统分析的定义可以描述如下:系统分析是一种决策辅助技术,它采用系统的理论和方法对所研究的问题提出各种可行方案或策略,并进行定性和定量分析、评价和协调,帮助决策者提高对所研究问题认识的清晰程度,以便决策者选择行动方案。

系统分析实际上是在系统工程的具体应用过程中,针对复杂的系统问题所采用的具体方法。其开始于第二次世界大战后,最早于 20 世纪 50 年代美国政府对各部门在处理一般事务和决策时提出并要求必须进行系统分析(重大事项由议会决策,中小事项由官员直接决策),在分析结果的基础上进行决策,然后推广到其他方面。我国在改革开放初期就实施的“建设项目审批程序中的可行性研究”内容,实际上就是系统分析,如三峡综合水电项目。20 世纪末、21 世纪初,在党的领导下,我国各级政府和国有企事业单位针对重大事项实施的研究分析内容,即研究分析—提出多方案—综合评价—供决策部门参考,就是系统分析的深入应用。无论是建设项目的可行性研究,还是政府决策前的系统分析,这些要求都为我国在社会经济发展过程中避免盲目决策提供了基本手段,也是党和政府与时俱进的英明决定。

系统分析在交通系统中的典型案例是美国将阿拉斯加油气运输到美国本土的项目,我国三峡综合水电项目中也将长江水运特别是三峡水运作为一部分综合考虑进行分析。

1.3.2　交通系统分析内容与程序

系统分析的内容与程序如图 1.4 所示。需要说明的是,系统分析的很多内容和系统工程是相互一致的,这是由于很多内容不仅在系统分析阶段有,在系统进行的中间与后期也有,如系统评价;但具体深度与目的不同,需要在学习以后的章节和工作中具体体会。

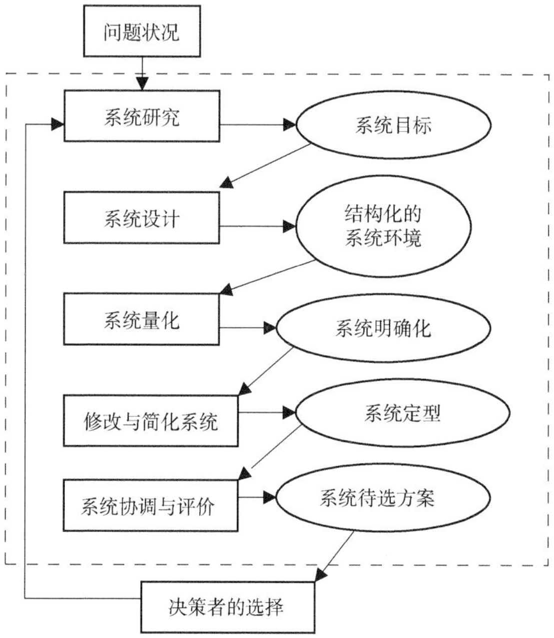

图 1.4　系统分析的内容与程序

作　业

1. 简述系统的概念与基本组成。
2. 分别对我国高速公路开发企业、交通运输企业所处的环境进行分析。
3. 简述系统的层次,结合专业分析高水平人工智能中模型应该处于何种层次。
4. 简述系统分析的定义、程序。

第 2 章

交通系统分析理论基础

2.1 交通系统分析方法与信息基础

2.1.1 系统分析方法

1. 硬系统方法论

硬系统又称“结构化问题”，这类问题的目前状态及期望达到的未来状态是明确的或可以确定的，系统工程人员所要做的工作就是选择合适的方案，使目前状态顺利地转化为期望的未来状态。这类问题一般是通过建立如运筹学或专业教科书上的解析数学模型，以及相关的优化求解来解决；对无法建立解析数学模型的复杂系统，可以通过构思若干可行的、能达到预期目标的方案，以及一定的评价方法进行决策选择。

硬系统方法论在解决简单系统问题方面是比较成功的，但对于无法建立解析数学模型或即使建立也是复杂巨系统，在很多情况下是不满意的：一是这一类系统的期望状态或目标很多情况下是模糊的或动态时变的或难以定量化描述的，如对交通规划目标、整个城市交通管理与控制系统的目标、整个城市的公共交通系统目标，追求社会效益最大化这个目标太抽象，定性描述可以，但定量科学描述是非常困难的；二是采用硬系统方法论对这些系统目标的描述与真实的系统期望目标的偏差较大，造成优化选择的方案在实施后感觉不到其优势，也无法满足利益相关者的要求；三是构思的方案只是几个方案的比较，且无法验证，相对较粗，无法实现优化的过程，如交通规划采用的方法；四是复杂巨系统建立解析数学模型是困难的，即使建立，由于变量间关系的时变性，使其无法在工程中具体应用，如全国铁路调度系统，通过建立解析数学模型并对其优化，在调度过程中进行时变优化调整是难以想象的。

2. 软系统方法论

软系统方法论是针对硬系统方法论的不足，面向包括交通系统在内的软系统问题而提出的。一般来说，无法归之为硬系统的就是软系统或非结构化问题，其往往涉及人的主观因素，系统目标不够明确，评价指标不够清楚，目标是否达到也取决于人的主观因素。只要人们感到涉及的问题已经解决或有所改善或对问题有了进一步的理解，就可以认为已经达到了目标。绝大部分交通和运输问题均是这一类问题。软系统方法论是解决软系统问题的一种新颖的思路，其步骤如下。

（1）问题现状说明，即说明现状，目的是改善现状，主要是非结构化问题描述。

（2）弄清问题的关联因素，即弄清与改善现状有关的各种因素及其相互关联的情况。

（3）建立概念模型，如城市某一区域的常发性拥堵问题，需要弄清楚其内部的因果关系，建立其概念模型。

（4）概念模型改善，即对所建立的概念模型进行分析，提出改进的方案、意见、思路等，并得到改进的概念模型。

（5）概念模型与现实系统比较，并进一步改进，包括在“概念模型改善”的具体改进过程中，针对问题的复杂性，可以通过建立局部解析数学模型、模拟仿真模型试验、现场试验、构思若干可行方案进行评价等方式，进行方案的优化选择，使改善的概念模型为最满意方案。

（6）系统更新，即在以上分析的基础上，根据可能性与需要确定系统需要做哪些调整、改进和变化，并具体实施。

2.1.2 系统分析的准则

系统分析的四个原则：外部条件和内部条件相结合的原则；当前利益与长远利益相结合的原则；整体效益与局部效益相结合的原则；定性分析与定量分析相结合的原则。

2.1.3 系统分析的信息基础

系统分析与决策的过程实际上是对信息不断加工整理的过程。通过将数据转化为信息的处理过程，才能把大量的数据转化为所需要的各种数据，这个过程称为数据过滤；同时，又将信息限定在与研究系统的问题状况有关的范围内，这称为信息限定。只有通过数据过滤和信息限定，才能真正地简化系统，实现系统问题的解决。

1. 信息源性质

信息源组织结构如图 2.1 所示，且具有动态时变性，具体如图 2.2 和图 2.3 所示。

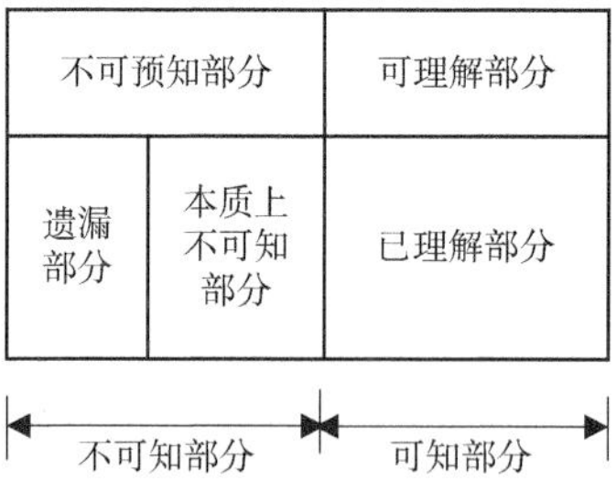

图 2.1 信息源组织示意图

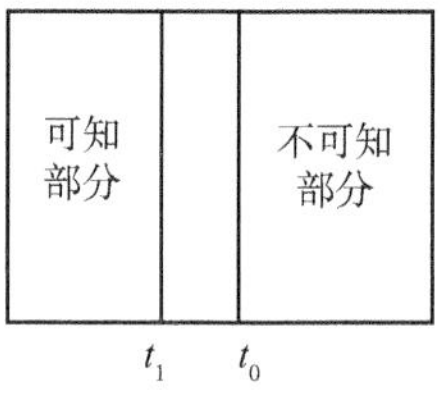

图 2.2 信息源随时间的变化

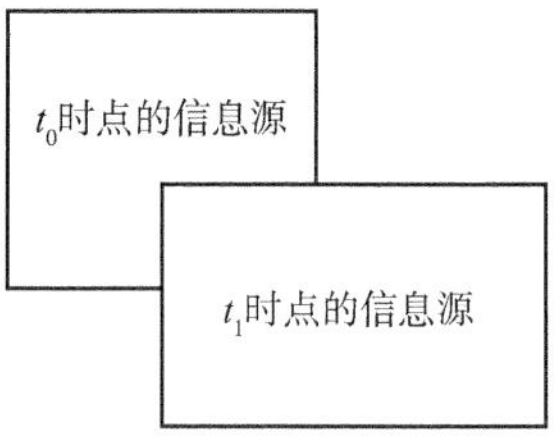

图 2.3 信息源内容随时间的变化

2. 信息转换与系统分析

信息处理过程如图 2.4 所示，其中数据库、模型库、方法库是采用智能运输系统的思想所表述的（一般由系统分析人员操作实现），具体并非一定是库，但能体现出该思想和概念。其可以进一步理解为通过规定的一些系统活动步骤将一致性的信息或数据转化成有用的信息，不断扩大信息源的可知部分和缩小信息源的不可知部分，以提高对所研究问题认识的清晰程度，便于决策者进行决策。

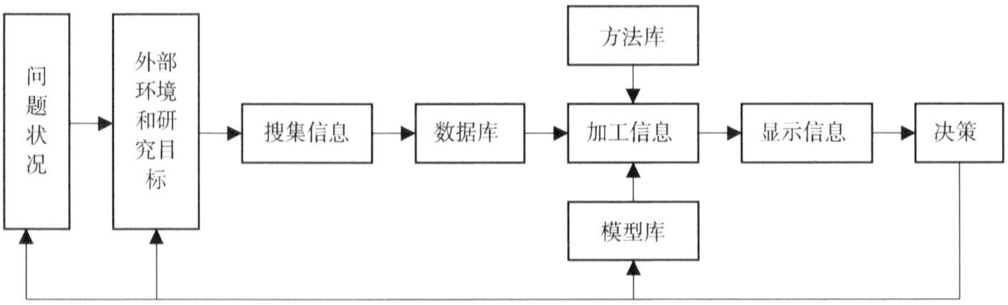

图 2.4　信息处理过程

2.2　系统概念模型

系统分析的目的是帮助决策者对所要决策的问题逐步提高认识的清晰程度。其具体表现形式是建立系统的概念模型（结构模型），确定系统的定性描述目标，并尽可能确定定量表示的系统目标。这是一个不断进行信息加工的过程，具体从问题、问题状况入手，确定系统目标和建立概念模型。

2.2.1　问题状况及其特性

由问题状况过渡到目标确定的过程是一个创造和发现的过程，也是一个艺术化的过程，首先需要弄清问题、问题状况及其特性。

1. 问题的定义

从系统分析的角度来考虑，认为当前的系统状态不同于所期望的系统状态，就会形成问题。在下列情况下，就会产生问题。

（1）行为研究的结果表明已经发生变化，如长途汽车公司的利润指标下降，城市一些道路拥堵严重。

（2）价值研究表明在价值观上发生了不协调，如运输企业在增加企业利润、降低企业成本方面和为社会提供优质运输服务方面产生了矛盾，出现不协调；城市一些道路拥堵严重与现代化城市社会形象、市民的要求方面产生了矛盾，出现不协调。

（3）规范研究要求必须进行变革，以适应发展需要，如城市拥堵严重，要求必须改变。

（4）任何一类事件和分析工作的组合都表明系统的实际状况和期望状况之间产生了偏差。

因此，问题的定义可以具体描述为如果实际系统状态（行为+价值）不等同于所希望的系统状态（价值+规范），就会存在某种问题。

2. 问题状况

决策者及其组织在特定时间和空间所面临的问题和情境（包括系统本身及其环境），并由此刺激而产生一种不安、需要或反应，当此种状况加以说明或描述后就称为问题状况。如某长途汽车公司总经理了解到过去一年企业亏损严重，市场占有率急剧下降，他需要改变这种状况，否则企业就会破产，该总经理就会面临免职失业危险，这就形成问题状况；如果国家给该企业大量补贴，使企业正常运营，或即使该企业破产，该总经理可以平级调动到其他单位，就不会形成问题状况。那么，什么样的问题状况才需要去研究分析呢？这就取决于问题状况的三个特性。

（1）将来性。问题状况将来可以改变的这一特性称为将来性，一个不能改变的问题状况对于我们的研究分析来说无任何意义。

（2）限制性。一个有意义的问题状况必须显示出有关人、事、物的概略范围，否则就无法进行研究活动，这种活动称为限制性。所谓概略范围，是指涉及此类问题状况的某些最有联系的或最迫切需要处理的部分。如上述长途汽车公司总经理面临企业亏损严重、企业破产和自己免职失业的问题，若该问题状况显示出其概略范围就是企业经营管理的有关事项，就把企业平时所有活动所涉及的人、事、物看成集合 A，则为摆脱企业破产危机而提出的经营管理改进活动所涉及的人、事、物看成问题状况的限制，用集合 B 表示。显然，$B \subset A$，即通过限制性使所研究的问题被限制在较小的范围内。

（3）特异性。一个问题状况应该具有其特定性质，利用此种性质，有可能在研究过程中过滤和删去一些与问题状况关系不大的人、事、物，以精简不必要的信息，减轻系统研究的负担，这种性质称为问题状况的特异性。如上述长途汽车公司问题，对其经营的 25 条班线的研究表明，有 10 条班线的客源、经营成本等指标在过去几年变化不大，不具备问题状况的特定性；而其他 15 条班线的收入大量减少，经营成本又不变，使其成为企业亏损的根本原因，其所表现出来的性质与问题状况的特定性相一致，可称为特异性。

因此，在问题状况限定性的基础上，进一步分析所包含的人、事、物，过滤掉与问题状况无关或者关系不大的信息，使问题状况局限在一个较小的范围内，从而为进一步研究提供一种有意义的可以操作的基本对象，如图 2.5 所示。

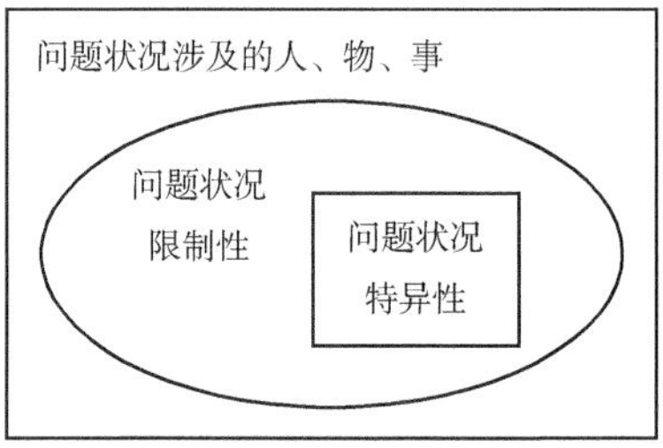

图 2.5　问题状况特性描述

对问题状况及其特性进行不断深入的研究，直到所解析出的事项能揭示出一种比较具体的观念，或者能更为具体和明确地提出问题的本质，并提供未来决策活动的方向，这种观念和问题的本质可为确定系统目标提供基础，所以目标是通过问题状况的逐步解析而引申出的概念。

2.2.2 目标及其特性

目标是对问题本质的更具体的确认，也是系统分析和整个系统工程活动的第一步。需要指出的是,我们所说的目标无论是定性描述还是定量描述均是具体目标,而不是大的空目标,如社会效益最大化这个目标就太大、太抽象了,需要将其进一步分解具体化。

1. 目标的初步形成过程

目标是通过对问题状况引申出的一系列特殊性信息的不断处理而产生的结果。对于如何由问题状况引申出系统的初步目标,这里仍用上述长途汽车公司为例。该企业面临亏损严重甚至破产的问题状况,希望能提出系统分析,找出问题的症结所在,并提出解决问题的目标,以便采取进一步的对策。其中, 10 条经营好的班线与问题状况的特异性不一致,对信息进行过滤鉴定时予以排除;对剩余 15 条班线的特性做必要的信息分析工作。该企业综合服务质量一般,每天开设班线的经营成本是固定不变的,经营状况主要取决于营业(售票)收入,而其价格又是政府统一制定的,因此具体经营班线的经济效益主要受乘客来源的限制;又由于乘客来源受时间影响,因此每一条班线的乘客来源与发车时间有很大关系。进一步的分析表明,这 15 条班线可分为 A、B、C 三种情况: A 种为 5 条班线,发送的地区为落后地区,乘客来源有限,现在为每天发车来回一次,过去三年每天平均空座率为 75%; B 种为 5 条班线,乘客来源较多,但是大部分乘客要求早上 6∶00—7∶00 发车、下午 5∶00—6∶00 回来,过去三年发车时间为早上 7∶00—8∶00 发车、晚上 7∶00—8∶00 回来,使大部分乘客乘坐该企业长途汽车当天办完事不能回来,故不乘坐该班车,平均空座率为 70%; C 种为 5 条班线,乘客来源较多,但要求较高,即需是车内带有空调的高档车,车速快且平稳,但目前该企业投入的车辆为中低档车,车速慢,平均空座率为 65%。

至此,我们可以提出具体的系统初步目标: A 中如何调整发车频率, B 中如何调整发车时间, C 中如何调整车的档次,使空座率有较大的降低。实际上,对于该类问题需要大量的统计信息才能得出解决方法。

2. 目标的特性

目标是通过对问题状况的特性分析而引申出的概念,故而它具有问题状况所具有的特性,即将来性、限制性、特异性。但是,作为目标,它还具备及物性、方向性和操作性这三个特性。

(1)目标的及物性,即所提出的目标应能直接涉及或提高与目标相关的某些事件,也就是与系统的各个部件是相关的、具体的,而不是空洞的、抽象的。

(2)目标的方向性,即目标应提示及物性所涉及的事件在未来的活动。

(3)目标的操作性,即通过决策活动可以改变目标,或使目标按照所提供的方向性发生变化。

以上述“A 中如何调整发车频率,……,使空座率有较大的降低”为系统初步目标来分析目标的特性,在该目标的提示下,了解到未来决策活动所涉及的事物范围,即调整发车频率、发车时间、车的档次等,这些与长途汽车公司运营和经营管理的各个部件密切相关,具备目标的及物性;其中涉及降低空座率,指出了未来决策的方向性;对于所涉及的各项活动“调整发车频率、发车时间、车的档次”等,在目前市场经济条件下由企业总经理决定并报客运管理部门批准即可,这是可以控制的手段,具有可操作性(若是传统计划经济条件下则是不可能的)。

3. 目标与信息源关系

系统目标的确定是系统分析的第一步,也是系统概念模型设计的基础。而系统目标的确定是信息不断加工整理的过程,剖析系统中由目标产生和限定的信息源的性质内涵,也就是信息源不可知部分和可知部分的内涵。系统与信息源有对应性,信息源的可知部分对应于系统结构本身,而不可知部分对应于系统的环境,利用这种关系来理解系统。

2.2.3 系统目标的确定

按照上述过程确定的只是系统初步目标,需要继续不断地进行数据和信息筛选、处理,才能由问题状况过渡到具体最终目标。仍以上述长途汽车公司为例,在确定“A 中如何调整发车频率,……,使空座率有较大的降低”为系统初步目标后,需要不断地研究,如解决资金、企业公关、企业经营管理理念落后等问题,从而确定系统的最终目标。只有此时的目标才能满足以后系统分析过程的技术经济分析和操作的需要。这是一个比较严谨的研究过程,这个过程可以归结为问题发现、问题定义、问题诊断、目标确认四个阶段,具体如图 2.6 所示。其中,问题发现是指个体或组织意识到他们自己所处的困境或不满意状态的过程;问题定义是对问题状况属性的界定;问题诊断是在认识到问题的存在并对问题进行定义后,对于需进行原因诊断的问题进行问题根源的探究;由于在进行原因诊断时,必然存在和遇到一条因果链,因此因果链中的断点往往可能就是问题的根源,在找到问题的根源后就可以对目标进行更加具体的确认。

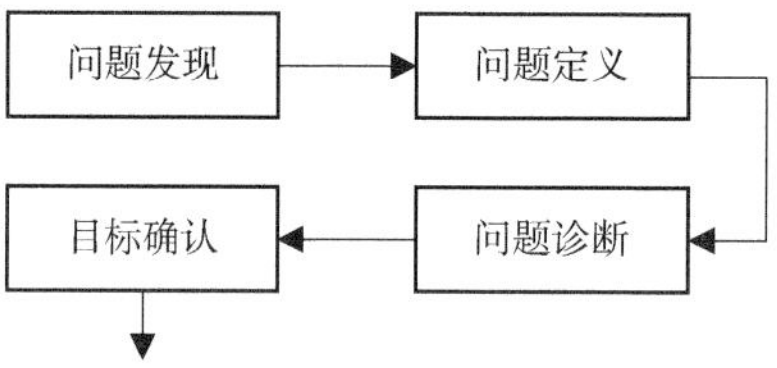

图 2.6 系统目标研究的过程

在上述长途汽车公司的例子中,大家可以从影响运输企业经营管理的多因素角度出发,来寻找这个因果关系链。

2.2.4 系统概念模型的建立

在确定系统目标后,对简单的系统问题,可以通过一些简单的定性分析方式确定解决系统问题的方案,但该方式比较粗糙;一般来说,需要运用专业知识建立系统的数量化模型(如解析数学模型),然后通过优化方式确定系统解决方案,以满足决策者决策的需要,有关该方面的内容见第 4、5 章。但对很多复杂系统,其所包含的信息量仍然很多,决策者要进行有效的理解和决策依然困难,这就需要对系统进行概念模型设计,从而进一步减少决策者所必须理解的信息量。

概念模型又称为结构模型、概念框图、结构框图,它是用框图的形式定性描述围绕系统目标的主要子系统、部件及其关系,用直观的形式形象地表示出系统内部的因果关系。因此,系统概念模型设计的任务是将系统目标研究所限定的系统环境、决策系统和目标的特性进一步结构化，同时采用合理的、合乎逻辑的设计过程和方法反映系统的行为特征及其效果，并利用与信息源内容相关的各类专业知识充分、有效地扩展和掌握信息源的可知部分，以达到使信息源不可知部分减少到最低限度的目的。

系统概念模型设计的步骤如下。

（1）按照系统目标研究所限定的目标范围和信息源，应用专业知识找出或确认系统部件。一般情况下，这些部件都应在目标提示的性质所覆盖的范围内，即系统部件代表系统一部分的状态，系统的整体状态由这些部分的状态组成。

（2）根据目标性质所覆盖的系统部件，首先从系统结构上分析系统环境因素与系统部件之间的关系，系统环境因素包括不可控制因素和可控制因素两类。

（3）分析系统各部件之间的相互联系和相互影响，按照因果关系描述出系统的结构框图，使系统环境变量、决策变量、系统部件和系统目标能有机、协调地联结为一体，并能具体反映系统的行为特征。

（4）依照系统整体状态及其行为特征，提出能反映目标方向性的参数作为该设计系统的输出。

系统概念模型的建立是一个运用专业知识的艺术化过程，必须具有一定的逻辑推理性。针对同一类问题，可能有一个通用的概念模型，但在不同的工程应用时需要依据具体情况对系统的部件及其环境变量进行删减、扩大，以满足解决实际问题的需要。

图 2.7 所示是我国大学食堂管理的一个简单化的通用概念模型，可以推广到交通运输场站的餐厅（饭店）、高速公路服务区、铁路餐饮盒饭、较大的企业食堂、一些高新技术产业园区或楼宇经济的公共食堂等。这是因为它们与大学食堂一样，都具有以下特点。

（1）交通运输场站的餐厅（饭店）是所在城市、国家重要的窗口，大学食堂作为学校重要的后勤附属设施，均追求社会效益最大化；虽然部分交通运输场站餐厅（饭店）追求经济效益，但也是在满足主营业务的情况下附带实现的。

（2）大部分实行了多个经营者承包的方式，即多个经营者（风格可能不同）相互补充与竞争；同时，就餐者可以选择不在餐厅、食堂就餐，而到外边就餐，通常不同系统的比例不同。

（3）受食堂、场站面积限制，经营者数量、面积均受到限制，通常至少两个经营者；仅有一个经营者的方式较少（会形成垄断），管理更加困难。

（4）均受到政府相关部门等严格的监管。

（5）这个概念框图只有形成一个真正的反馈系统且反馈发挥作用才能使系统完善。大家可以依据该框图，针对一个具体交通运输场站餐厅（饭店）的情况画出框图，并找出其实际运营中该框图中缺少的部分作为因果关系的断点，从而确定其目标；对于不存在缺少部分的，找出其是形成正循环还是负循环。

图 2.7 还可以进一步扩展到类似交通、医疗、教育这类半垄断行业的管理。如我国交通行业的机场和航空、铁路、城市汽车公交等，这些行业从政府角度均追求社会效益最大化，但大部分具体经营者依然追求自身经济效益最大化；同时受各种条件限制，不可能完全放开市场化，且受到政府相关部门等严格的监管。若政府通过设计“在合理规模下的一定限度市场竞争（多经营者），同时有科学、合理的监督激励”机制，这个行业会发展得非常好；若完全垄断，则会造成效率低下，且达不到很好的服务水平，还可能导致亏损严重；若完全市场化，

则会造成一切向钱看、行业发展缺失公益性和社会缺乏基本的公平等问题。具体分析作为作业留给同学们。

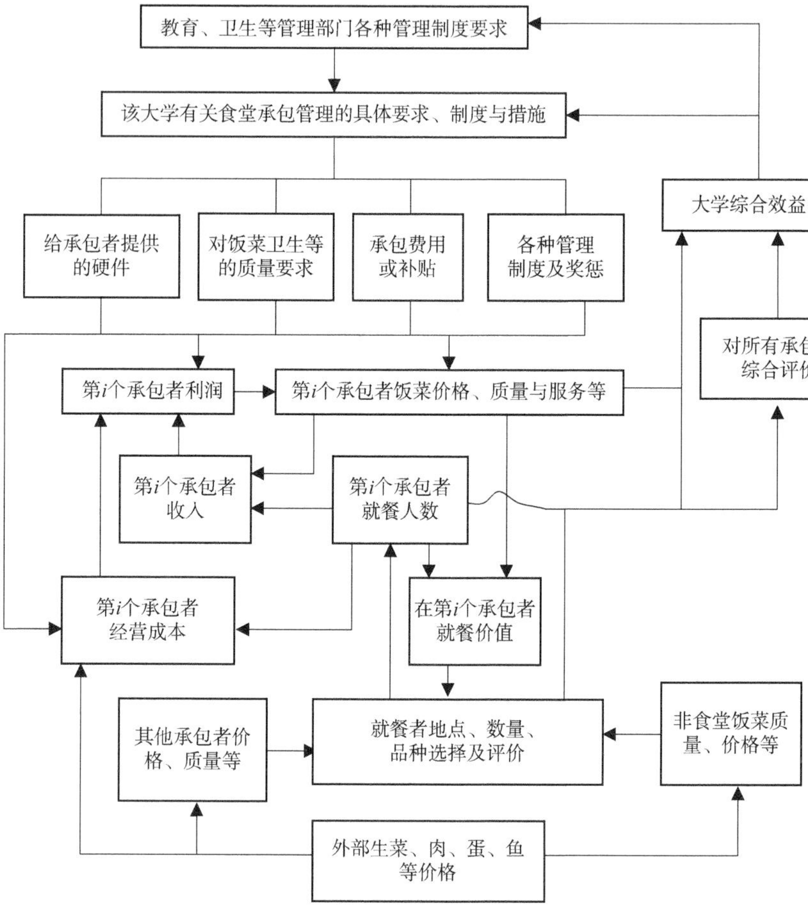

图 2.7　大学食堂管理通用概念模型

2.2.5　例子

下面我们以 20 世纪 90 年代初某地区交通系统宏观发展系统分析为例来具体说明系统概念模型的建立。

1. 问题与问题状况

在 20 世纪 90 年代初，我国某地区社会经济高速发展，但作为基础行业之一的交通系统却非常落后，没有现代化交通网络系统，没有高速公路，使得无论是公路还是城市道路都拥堵严重，港口货物积压现象严重，客运、货运成本高且服务质量差等，这就形成了问题。

2. 问题状况及其分析

当时无论是投资商还是普通出行者都对交通系统怨声载道，政府的压力巨大，如果再不大力发展交通系统，不仅会严重影响该地区社会经济的发展，而且会影响政府官员的个人考评。该地区政府迫切需要建设与该地区社会经济发展相适应的现代化交通系统网络，提高交通系统供给水平，以解决交通供需、时空矛盾等问题。但要提高交通系统的容量，建立现代化的交通网络，就必须有大量的交通系统投资，该投资分为两部分，一部分为政府财政直接投资，即提高政府财政直接投资占财政支出的比例；另一部分为社会投资，包括吸引地区内外其他资金组建交通类、运输类等有限公司，通过银行贷款、股票上市融资等多种融资方式吸引资金。

通过收集国内外 20 多个国家、地区交通系统发展的相关资料发现，当时发达国家和我国沿海发达地区在建立现代交通系统阶段，交通系统政府财政投资占财政支出的比例每年基本保持在 8%~24%，其中类似该地区情况，即经济处于初步启动阶段，由于政府财政收入有限，政府财政投资占财政支出的比例一般为 10%~15%，其余为吸引的间接投资；同时也收集到有关税收政策、交通收费政策、投资环境改善等方面的资料。

但该地区交通系统投资基本上是政府财政投资，且政府财政投资占财政支出的比例每年在 6%左右。由于政府的自有财政资金有限，且当时我国正处于由计划经济向市场经济的过渡阶段，虽然我国政府已经有一些关于鼓励社会资金、外资向包括交通及运输等基础设施项目投资的政策，但整体处于试点阶段，还有很多限制，且包括外资在内的社会资金对这些交通建设项目顾虑重重，因此，如何吸引资金与扩大政府投资比例，且符合我国有关政策法规的要求，并使交通系统的规模、发展水平与社会经济发展相协调，就成为该地区政府有关部门的问题状况。

就该问题状况，需要确定其是否满足问题状况的三个特性。

（1）满足将来性需要。因为财政支出中有关交通系统的投资可以由当地政府在每年的财政预算中予以安排，财政投资可以适当增加；当时已经改革开放多年，国家已经出台很多鼓励基础设施投资的优惠政策，如银行贷款、股票上市等融资政策、收费政策等，地方政府可以在国家政策许可的范围内进行改革试点，如制定地方的税收、交通收费等政策，以及改善投资环境等。

（2）对于限制性，实际上该问题状况的分析是建立在资料分析的基础上，通过限制性将问题状况限制在围绕交通运输系统投融资方面。

（3）对于特异性，即扩大财政投资占财政支出的比例和吸引社会资金方面。

3. 目标的研究过程

政府财政投资涉及财政收入的分配问题，按照因果关系链分析，在当时政府每年将财政支出的基建投资大部分用于一般工业建设项目方面，使得用于交通投资的资金有限，且由于市场竞争激烈，用于一般工业建设项目的投资效益并不好，因此如何减少甚至取消用于一般工业建设项目的投资成为解决这一问题的目标之一。

政府在交通系统社会资金投资政策方面，没有专门的地区政策和部门负责，按照因果关系链分析，其断点是即使有包括外资在内的社会资金等拟投入该地区的交通系统，也没有专门的招商部门、融资平台及政策法规可循，易存在暗箱操作，一旦投资不确定性变大，就不能吸引资金。因此，制定具体政策法规、成立招商部门和组建融资平台成为解决这一问题的另一个目标之一。

上述确定的目标显然满足目标的及物性、方向性和操作性三个特性。

需要指出的是，上述两个目标是粗线条的，还需要进一步利用资料分析得出更具体的、有针对性的系统目标。

4. 系统概念模型的建立

显然,地区生产总值(GDP)、财政收入、财政支出、交通系统总投资等是该系统的部件;国内外社会经济发展大环境、国家资本市场现状、国家交通系统的产业政策等是该系统的环境不可控变量;地区交通系统政府财政投资、地区交通系统的税收和收费政策、交通系统的投资环境政策等是决策者可控制变量,即决策变量。该系统具体概念模型可用图 2.8 表示,对于财政投资和社会投资部分图中予以简化,读者可以依据具体情况予以适当展开。其中,从考评系统运行效率角度考虑,本例采用地区交通系统供需偏差最小化作为定量化表示目标的形式之一。

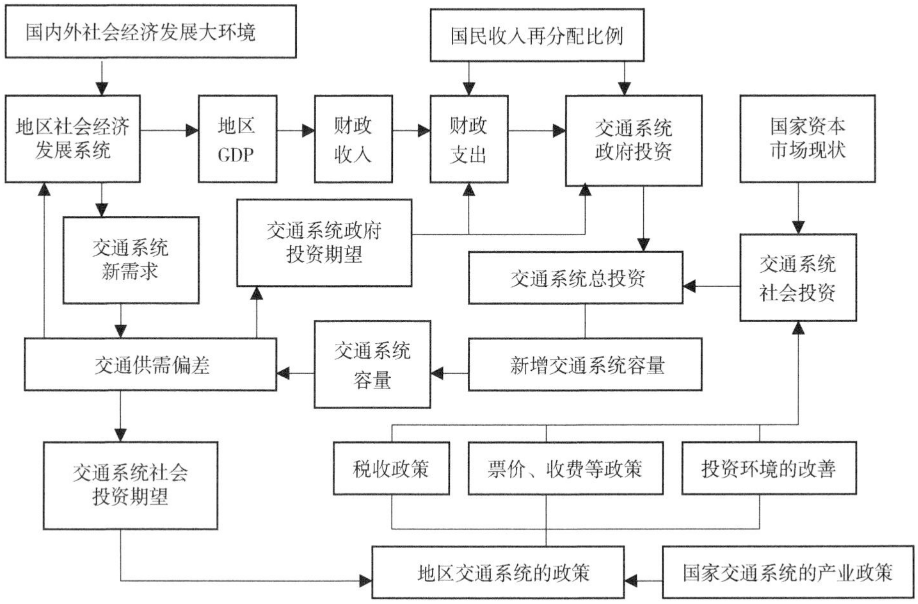

图 2.8 地区交通系统宏观发展概念框图

这个例子是针对 20 世纪我国交通系统投资不足问题提出的,但也可以推广到现在很多城市和地区"交通系统投资过大和超前,交通设施运营流量(或交通流)严重不足,亏损严重甚至支付运营成本都困难,成为政府重大财务负担"的问题,具体同学们可以画出来。

2.3 构思分析法

2.3.1 系统概念模型的解决

对系统概念模型有三种解决方式。

1. 建立解析模型方式

对简单系统问题,如交通量不大的城市交叉口交通控制等问题,可以运用专业知识建立系统的数量化模型（如解析数学模型），然后采用优化方法确定系统解决方案，以满足决策者决策的需要，有关该方面的内容见第4、5章。

在所说的三种解决方式中，解析模型是最科学的，但仅限于简单交通系统问题，或仅在实际工程中的一定情况下（仅以一定的概率）符合。所以，教科书上很多漂亮的解析模型，无法应用于工程实际中。

2. 建立模拟仿真模型方式

对于一般复杂系统，如城市轨道交通调度系统、机场调度系统、城市整个交通控制系统等问题，可以对系统概念模型中各个部件等采用变量予以量化表示，并通过系统辨识的方式建立表示这些变量之间关系的动力学方程组，采用一定的编程语言、仿真技术使其转化为系统仿真模型，通过模拟仿真寻找较满意的优化方案，包括离线和在线两种方式，有关该方面的内容见第7章。

模拟仿真模型比解析模型更能反映系统的实际，所以在交通系统中被更高层次地使用，包括教学、科研和工程实践等。特别指出的是，受专业所限，对交通工程的大部分问题进行现场试验是很困难的，或者是费用很高、社会代价很大，故一般选择模拟仿试验的方式。

3. 构思方案方式

对特别复杂的系统，如高速公路服务区餐厅经营问题、城市交通网络容量的确定等，其中，部分无法确定变量关系，部分可以确定变量关系，但实际问题很复杂，建立一个系统完整的解析模型通常与真实系统的偏差较大或太复杂仅限于学术研究，而无法应用于工程实际中，对这一类问题，需要通过构思分析法，构思若干可行的方案，并将劣方案排除，在此基础上进行如下操作。

（1）对每一个构思方案进行实施后的效果预测，能通过模拟仿真系统实现的方案，即实现了情景再现。

（2）若方案不能通过模拟仿真完整实现，可以对部分阶段或内容采用解析或模拟仿真模型予以实现，如道路经济管理中有关建设方案研究、可行性研究的内容。但这种方式整体优化效果较粗，只能用于要求不太高的系统问题中，且随着科学技术特别是本学科的发展，将逐步被通过完整的模拟仿真模型实现预测所代替。

（3）对每一个构思方案和可能效果的预测，按照第10章系统评价的方法确定较为满意的解决方案。

构思方案方式确定系统方案所用方法简单、经济，易于操作，故被广泛应用于包括交通系统在内的社会经济系统中。

2.3.2 复杂交通构思分析法应用

构思分析法实际上是找出系统概念框图中的不确定变量作为构思变量，包括决策变量和主要环境变量，并找出各个变量可能出现的状态，对于连续变量需要进行离散化处理；然后对这些变量出现的各种状态进行排列组合，找出可能出现的所有情况，即方案，对这些方案中明显的劣方案予以排除，仅保留非劣（Pareto解）方案作为构思的方案。

构思方案是一个复杂的科学与艺术化过程，下面以一条高速公路是否改扩建为例来予以说明。

某一高速公路经营开发公司,其建设经营的唯一连接 A、B 两个城市的四车道高速公路已于 5 年前建成投入使用,其通行能力约为 2.5 万辆/天。由于社会经济的快速发展,现 A、B 两个城市实际需要通过该高速公路的交通量约为 4 万辆/天,严重超负荷。预计未来 5~10 年内,A、B 两个城市之间通过该高速公路的交通量将达到约 10 万辆/天或维持 6 万辆/天左右。现要求按照构思分析法构思可能的方案。

该高速公路经营开发公司为追求企业利润最大化的企业。按照高速公路的设计标准,四车道通行能力约为 2.5 万辆/天,六车道通行能力约为 5 万辆/天,八车道通行能力约为 10 万辆/天。

(1)目标研究:该问题可转变为确定未来分配在该公司经营管理的高速路上的交通量,使实际高速公路分配的交通量与设计通行量之间的偏差最小,从而实现企业经济效益最大化和机会损失最小化。

(2)概念模型的建立:按照前面论述的思想方法,根据因果分析法,画出系统概念模型,如图 2.9 所示。其中,系统环境的不确定因素主要为未来两城市间交通量和政府的高速公路投资政策,决策变量为该公司是否扩建车道以及扩建的数量。

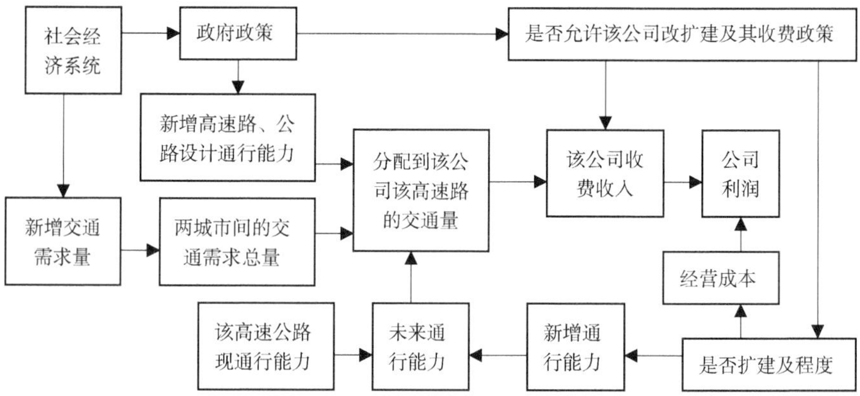

图 2.9 某高速公路经营开发公司系统概念模型

选择上述三个变量为构思变量,未来两城市间交通量离散化为高(10 万辆/天)和低(6 万辆/天)两种状态,政府的高速公路投资政策离散化为允许其他高速公路开发经营公司投资新修连接两个城市的其他平行高速公路(用“新”表示)和不允许(用“不”表示)两种,显然这些对该公司来说是不可控的环境变量;决策变量离散化为该公司经营的高速公路为 4 车道(不扩建维持现状)、扩建为 6 车道和扩建为 8 车道三种状态。所有可能的方案数为 $2\times2\times3=12$ 个,具体构思过程如图 2.10 所示。显然这 12 个方案仅有几个为非劣方案,即作为构思方案。

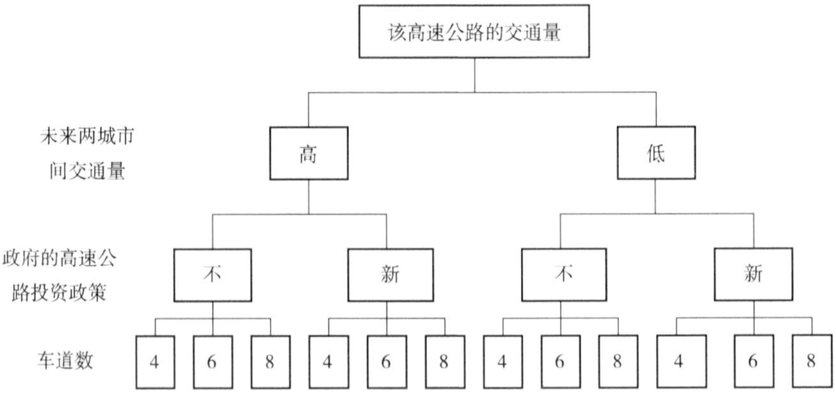

图 2.10　某高速公路经营开发公司方案构思图

作　业

1. 简述问题、问题状况的概念和特性,以及系统目标研究的步骤。

2. 针对我国机场餐饮价格昂贵的实际现状,进行问题、问题状况等系统分析,找出因果关系链断点,画出系统概念框体。

3. 针对我国火车(包括普通和高铁)上餐饮价格昂贵且口感差的实际现状,进行问题、问题状况等系统分析,找出因果关系链断点,画出系统概念框体。

4. 针对北京市交通拥堵的实际现状,进行问题、问题状况等系统分析,找出因果关系链断点,画出系统概念框体。

5. 针对我国绝大部分城市和县城的中心区域停车困难的实际现状,进行系统分析,包括问题状况、各利益主体目标追求,找出因果关系链断点,画出系统概念框体。

6. 简述硬系统方法论和软系统方法论概念、关系和区别。

第 3 章

交通系统辨识与预测

交通系统工作是建立在未来基础上的，准确可靠的辨识和预测是其前提。交通系统辨识和预测前的基础工作是交通调查。

3.1 交通系统调查与预测的基本概念

3.1.1 交通系统调查内容

针对不同的系统问题有不同的调查内容，但一般交通系统调查内容如下。

1. 需求调查

调查交通需求的数量、价格、服务质量、时间与空间分布等的历史情况、现状和发展趋势，包括有效需求、潜在需求、需求的增长速度等多个方面，即围绕出发地-目的地（OD）需求调查来进行。

2. 供给调查

调查交通系统的供给现状、供给潜力以及正在或计划提供相同服务的能力等。

3. 交通系统出行者调查

调查出行者及其分类以及不同出行者在交通出行时的价值观、支付能力和习惯、演变历史和趋势等。

4. 竞争者调查

交通线路与其他线路间、交通运输市场同类服务企业的生产技术水平、经营特点、规模和主要服务对象，以及主要技术经济指标、市场占有率和市场集中度等市场竞争特征的调查。

3.1.2 交通系统调查方法

1. 调查程序

调查程序分为准备、具体实施（调查）与分析总结三个阶段，具体每个阶段又围绕调查的内容进行。

2. 调查类型

普查与抽样调查是最基本和常用的调查方式，但针对特殊情况，还有重点调查和典型调查两种方式。

3. 调查方法

调查方法有文案调查（即对已有的，包括网上的各种资料进行分析总结）、实地调查、问卷调查和试验调查。其中，文案调查最简单、最一般、最常用且花费费用低，是其他调查方法的基础；实地调查周期长、费用高；问卷调查适用范围广、操作简单、费用相对低；试验调查最复杂、费用较高、应用范围有限，但其调查结果可信度高。而实际调查通常是各种调查方法的综合，具体有各自的侧重点。

3.1.3 交通系统预测的概念

1. 预测定义

预测就是根据过去的历史资料、现在的实际情况，并考虑到未来发展的具体要求，结合系统的内在客观规律，借助各种科学方法和手段，对所关心的系统及其环境在未来的发展变化趋势进行分析、探索、估价和评价，以便使人们对这些事务采取各种具体行动，避免损失，并取得预期结果的一个过程。

预测从古代就有，我国古代的《周易》已经开始预测。但其是从 20 世纪开始作为一门学科而存在的，现已经成为社会经济生活、工程应用中不可缺少的重要组成部分，可以说任何事物和问题都必须预测未来的发展，为客观现实与达到可能的期望效果提供决策参考。

2. 预测步骤

预测步骤一般为拟定预测目标、确定预测范围、确定预测时限和时间尺度、选择预测方法、调查收集有关资料、建立预测模型并预测、分析预测结果等，其中部分阶段需要反复。

3.1.4 交通系统预测时限和时间尺度的选择

预测时限是指针对解决的问题需要设计系统的最长或一般时间长度，系统概念模型、数学模型及其优化、评价、决策等均是以此为依据来进行的。预测的时间尺度是指在预测样本的选择方面，多长时间选择一组数据（不是一个样本，有关数据转化为样本的知识见 3.3、3.4 节），这是由于交通系统很难具有同一时间段内的完全重复性，样本及其数据的选择均与时间有关。不同的交通问题，预测时限和时间尺度的选择也不同。

1. 交通及运输基础设施规划

交通及运输基础设施包括城市道路网、公路网、铁路网、城市轨道交通等，以及机场、港口、城市公交站、火车站、城市停车场等场站基础设施，其规划在理论上应满足未来上百年甚至几千年的需要。但在实际中一般取未来 20 年为时限，即未来 20 年为最长的规划特征年。每年取一组数据，即时间尺度为年。

2. 交通管理与控制

交通管理与控制的基础是交通流短时预测，一般取 5~15 min 为其时限和时间尺度，即每隔 5~15 min 采集一次数据，实时更新预测模型，并预测下一个 5~15 min 的交通流量。

对其他一般交通管理，针对不同问题可能采取不同的预测时限和时间尺度，并尽量保持其稳定性,如交通标志线的划分、城市中心区单行路的改变等。

3. 交通运输线路规划

城市轨道交通线路规划等同于其基础设施规划;城市公交线路规划一般取 2~5 年为时限,取月、季为时间尺度;包含郊区在内的城乡公交线路规划一般取 1~3 年为时限,取周、月、季为时间尺度;长途(公路)客运线路规划一般取 1~5 年为时限,取月、季、半年为时间尺度。

铁路客运线路规划一般取 1 年为时限,取天、周、月为时间尺度;航空客运线路、水运客运线路规划一般取季、年为时限,取天、周、月为时间尺度。

货运班轮、班车等线路规划一般取季、年为时限,取周、半月、月、季为时间尺度。

具体需要根据上述时限和时间尺度选择的基本思想,结合具体研究的交通及运输问题,并考虑资料收集的可行性、准确性与预测精度、工程的实际需要来确定。

3.1.5 交通系统预测方法

选择合适的预测方法是预测的核心之一,目前预测方法有 200 多种,按量化程度可分为定性预测、定量预测与混合预测。

1. 定性预测方法

定性预测方法主要为头脑风暴法、德尔菲法、前景分析预测法和规范型预测法。该类方法由于利用专家知识,存在无法避免的主观性和量化程度不高等问题,但所需时间相对较短、成本低,适用于对量化程度要求不高的长期预测。

2. 定量预测方法

定量预测方法主要分为因果关系预测法、时间序列预测法、基于一般系统模型的预测方法和新兴智能预测方法。

(1)因果关系预测法可分为一元线性回归预测法、多元线性回归预测法、多元非线性预测法。其中,一元线性回归预测法、多元线性回归预测法可直接套用公式,计算相对简单,被广泛应用于社会经济系统中,其缺点是大部分系统不符合线性关系,应用时精度低;而多元非线性预测法需要采用人工神经网络、支持向量机、模糊神经网络等形式,并需通过计算机编程来实现,较复杂。因果关系预测法适用于短、中、长期预测。

(2)时间序列预测法可分为移动平均法、指数平滑法和非线性时间序列预测法等。其中,移动平均法、指数平滑法计算简单,特别是指数平滑法只需平滑系数即可,被广泛应用于社会经济系统中;而非线性时间序列预测法精度高,需要采用人工神经网络、支持向量机、模糊神经网络等形式,计算量大。由于时间序列预测法没有考虑系统变量之间的因果关系,所以适用于短期预测。

(3)基于一般系统模型的预测方法是利用系统自身内部关系模型进行预测的方法,主要有投入产出预测法、系统动力学预测法(状态空间预测法,如马尔科夫预测法、卡尔曼滤波预测法)等。这些方法需要精确地辨识出系统内部关系定量模型,且该模型与系统本身之间的偏差在允许范围内,这使其在一般工程领域中得到了很多应用,但在交通和运输等社会经济领域的具体应用中受到局限。基于一般系统模型的预测方法适应于中短期、长期预测。

(4)新兴智能预测方法分为两种:一种是利用高度非线性的神经网络、模糊神经网络、支持向量机等形式来逼近系统模型，实现预测的目的，这些模型既可采用因果关系，又可采用时间序列，也可采用两者的融合，若仅利用这些模型进行简单的一次性预测，这些预测模型只是一个高度的非线性函数逼近器，尚不具备智能特点，但如果与数据库、样本库结合，实现预测模型的在线动态更新，就具有智能特点；另一种是人工智能模型，即采用人工智能的模式匹配技术进行预测，如交通流短期预测的非参数回归方法，类似于扫描仪原理，建立案例样本库，在预测时寻找最匹配的几个案例，然后予以平均。

新兴智能预测方法无论是在预测模型的高精度方面，还是在能满足工程实际的在线实时性要求方面，都具有传统预测方法所无法比拟的优势，已被应用于包括智能交通系统（ITS）在内的工程、社会经济系统中，且是未来发展的主流。但该类方法有两个特别突出的缺点，使其在应用时呈现出局限性。

（1）需要较多的样本，且样本要具有一定的广泛性，否则会出现“使用均是由中国的样本训练出来的模型去预测非洲情况”的水土不服问题。所以，该类方法用于运输管理、交通管理与控制应用时可以取得较好的效果，但用于我国交通、物流规划时可能会出现较高的预测偏差，这主要是由于我国现处于社会经济的高速发展期，样本本身数量较少，且已有的样本无法反映未来系统内部的非线性关系。

（2）该类方法需要一定的数学、计算机、人工智能知识，这对很多工程技术人员来说存在困难。

需要指出以下几点：

（1）上述预测方法中，一般需要至少 20 个样本，新兴智能预测方法所需样本量更多（至少 50 个），否则无法保证其精度；

（2）仅有支持向量机预测方法适用于小样本空间，在样本量为 5~10 个时也可进行预测；

（3）在样本量大的情况下，会出现一些样本间的相互矛盾、信息冗余等问题，需要采用粗糙集等技术对样本进行约简（reduced），以取得更高的预测精度。

各种预测方法均有各自的优缺点和适用范围，在具体工程中实际预测是多种预测方法的组合形式。

3.1.6 预测效果评价的指标

选择不同的预测方法会得到不同的预测结果，所以在预测前必须对各种预测方法进行优化选择，即将样本分为训练样本和检验样本两大类，采用训练样本对不同的预测方法进行训练学习，并将检验样本中的输入代入已经训练好的预测模型中，得出其输出与检验样本实际输出间的偏差，作为不同预测方法优化选择的依据。具体的评价指标主要如下。

1. 相对偏差

$$e_i = \frac{\hat{y}_i - y_i}{y_i} \times 100\% \tag{3.1}$$

式中：y_i 是检验样本实际输出；$\hat{y}_i$ 是检验样本的输入代入预测模型后的输出；$\hat{y}_i - y_i$ 为绝对误差。

2. 平均绝对误差

$$MAE = \frac{1}{n}\sum_{i=1}^{n}\left|\hat{y}_i - y_i\right| \tag{3.2}$$

式中:n 是检验样本量。

3. 均方误差

$$MSE = \frac{1}{n}\sqrt{\sum_{i=1}^{n}(\hat{y}_i - y_i)^2} \tag{3.3}$$

4. 均方百分比误差

$$MSP = \frac{1}{n}\sqrt{\sum_{i=1}^{n}\left(\frac{\hat{y}_i - y_i}{y_i}\right)^2} \tag{3.4}$$

5. 平均绝对百分比误差

$$MAPE = \frac{1}{n}\sum_{i=1}^{n}\left|\frac{\hat{y}_i - y_i}{y_i}\right| \tag{3.5}$$

6. 均方根误差

$$RMSE = \sqrt{\frac{1}{n}\sum_{i=1}^{n}\left(\frac{\hat{y}_i - y_i}{y_i}\right)^2} \tag{3.6}$$

式(3.6)又称为标准差,也可用 $n-1$ 代替 n。注意式(3.6)与数理统计中标准差(用均值替代估计值)的区别。

3.2 定性预测方法

定性预测就是建立在逻辑思维、分析、判断、推理、创造基础上的定性方法所进行的预测。其与定量预测方法的区别是没有过多地采用数学模型。

3.2.1 头脑风暴法

1. 概念

头脑风暴法又称专家会议法、经验判断法、集思广益法,它是邀请熟悉有关预测问题的专家参加专题讨论会,对所预测的问题发表看法并进行探讨,是一种刺激创造性、产生新思想的方法。这种方法是由美国人奥斯本于 1939 年首创的,首先用于设计广告的新花样方面。

2. 实施步骤

该方法的实施一般分为以下三个阶段。

(1)明确问题,即让会议的参加者明确要预测的问题是什么。

(2)发表意见,即让到会的专家对要预测的问题提出各种不同的看法,广泛发表意见,要允许甚至要争取不同的意见发表出来,防止虚假的附和,尽可能多地产生可供选择的新方案、促进想象、得到启发,以利于纠正错误的想法,发现正确的答案。

（3）认真讨论，找出大家满意的答案。

3. 方法利弊

该方法简单易行、节省时间，但也有不利的一面，具体如下：

（1）参加会议的人数有限，不能更广泛地收集各方面的意见；

（2）由于是面对面地讨论，可能会出现少数人的正确意见屈服于多数人的错误意见，或者是大多数人受权威人士意见的左右，不能充分发表意见和看法。

显然，在现下的网络时代，可以通过网络会议（需要对声音进行处理，使其他人听不出原声）或网上聊天的方式对以上缺点予以避免，但会存在部分专家打字慢或对网络使用不熟练的缺点。

例 3.1 某公路部门准备将原有的一段普通公路改造成高速公路，为进行该工程的经济评价，需要对今后若干年的车流量进行预测。因此，聘请了三位管理人员和两位学者作为专家进行判断预测。为便于说明，本例中仅考虑正常的交通量，并假设预测第四年的交通量。

解 （1）明确问题：预测该路段第四年的交通量。

（2）提出要求：每人对车流量做三种估计，即最高车流量、最可能车流量、最低车流量；同时，根据过去的统计资料或实际经验估计这三种车流量出现的概率是多少。根据要求，三位管理人员（分别称为甲、乙、丙）对未来第四年每天的车流量做出了估计，见表 3.1。

表 3.1 三位管理人员做出的估计

管理人员	类别	车流量（veh/d）	概率	车流量 × 概率（veh/d）	期望值（veh/d）
甲	最高车流量	20 000	0.3	6 000	14 600
	最可能车流量	14 000	0.5	7 000	
	最低车流量	8 000	0.2	1 600	
乙	最高车流量	24 000	0.2	4 800	18 000
	最可能车流量	18 000	0.6	10 800	
	最低车流量	12 000	0.2	2 400	
丙	最高车流量	18 000	0.2	3 600	11 400
	最可能车流量	12 000	0.5	6 000	
	最低车流量	6 000	0.3	1 800	

（3）汇总、计算，得出结论。

首先，对三位管理人员预测值的重要性给出一个权重，再用加权平均法计算出平均预测值。设甲、乙、丙三人预测值的权重分别为 1.5、1、1，三人的平均预测值为

$$(14\,600 \times 1.5+18\,000 \times 1+11\,400 \times 1)/(1.5+1+1) \approx 14\,657 \text{ veh/d}$$

即平均预测值约为每天 14 657 辆。

采用同样的方法，可得到两位学者的平均预测值为每天 18 000 辆。

其次，分析管理人员和学者预测值的重要性，设学者的预测值权重比管理人员的大一倍，则综合预测值为

$$(18\,000 \times 2+14\,657 \times 1)/(2+1) \approx 16\,886 \text{ veh/d}$$

即第四年车流量的预测值约为每天 16 886 辆。

3.2.2 德尔菲法

1. 概念

德尔菲(Delphi)法是 20 世纪 60 年代由美国著名的咨询机构——兰德公司提出的,以古希腊预言神殿所在的历史名城德尔菲命名,该方法又称专家调查法或专家意见法。

该方法根据预测的目的、要求,设计意见征询表,有选择性地聘请一组专家,向他们提供与预测问题有关的情况和资料,并发给他们征询表,要求专家根据自己的经验进行判断,对征询表的问题做出回答。在实施过程中,专家们互不知道(背靠背),且征询表不署名,这样就排除了相互之间的影响和心理干扰。预测人员把第一轮征询表收回后,将各位专家的意见归纳、整理、列表后,再发给各位专家,使他们将自己的判断和他人的意见进行比较,以修正自己的判断。这样经过几轮的意见反馈,当各位专家的意见比较统一后,询问即结束。然后进行意见汇总、统计、计算、分析、整理,形成预测报告。由于这种方法克服了专家会议法"面对面"时受心理因素影响较大的缺点,故被广泛采用。

2. 方法利弊

该方法的优点:首先,简单易行且可靠性好,能够充分发挥人的智慧和经验,适用于没有足够信息资料的中、长期社会经济预测,还可用于决策和技术咨询等方面;其次,对于难以用精确的数学模型处理、需要征求意见的人数较多、成员较分散、难以开会或因某种原因不宜当面交换意见的问题,采用该方法预测效果较好。

该方法的缺点:由于部分专家受心理状态、个人兴趣、主观偏见等影响,很难改变自己的看法,组织者进行汇总时很困难;预测需要的时间与专家会议法相比较长。

无论是专家会议法还是德尔菲法,都可以与定量预测方法相结合进行预测。

3.2.3 咨询专家的选择

定性预测方法在选择专家方面的要点如下。

(1)专家的选择,专家一般指在专业领域内从事多年工作的专业技术人员,具体选择要根据预测的任务和内容来考虑,主要是考虑专家可能对所预测的问题提供多少有用的信息,要精通业务、有学派代表性、以本专业为主,并适当聘请外部门和边缘、交叉学科的专家,以开阔思路,提高预测的质量。例如,交通量预测需要从政府管理部门、交通运输企业、大学研究机构、主要用户代表等中选择专家。

(2)专家的人数,以 10~50 人为宜,坚持自愿原则(对德尔菲法更要强调这一点,以保证征询表的回收率)。

(3)要禁止对他人所发表的意见、看法进行非难,特别是要允许发表不同的意见。

(4)在应用德尔菲法进行预测时,还要解决一个征询表的编制问题。编制征询表要以方便专家回答为原则,题意要明确,用词要确切,尽量避免使用含糊不清、缺乏定量化概念的词汇;征询表要简明、清晰,让专家的精力集中于对问题的思考上,而不是用在对征询表内容的理解上。

3.3 因果关系预测法

因果关系预测法又称回归预测法，它根据事物或系统内部因素的因果关系变化来预测事物未来的发展趋势。即将需要预测的变量作为果，如交通量、运输量，将影响果的各个变量作为因，找出因与果之间的数学定量关系，按照这种关系进行预测。根据模型中因变量的个数，该方法可分为一元回归分析和多元回归分析；根据变量之间的关系，可分为线性回归分析和非线性回归分析。

3.3.1 一元线性回归预测法

若因变量 x 和果变量 y 之间的关系为线性关系 $y=a+bx$，则通过样本可取得 a、b 的估计值，显然利用最小二乘法可得到：

$$\begin{cases}\hat{a}=\overline{y}-\hat{b}\overline{x}\\ \hat{b}=\dfrac{L_{xy}}{L_{xx}}\end{cases}\tag{3.7}$$

$$\begin{cases}\overline{x}=\dfrac{1}{n}\sum\limits_{i=1}^{n}x_i\\ \overline{y}=\dfrac{1}{n}\sum\limits_{i=1}^{n}y_i\end{cases}\tag{3.8}$$

$$\begin{cases}L_{xx}=\sum\limits_{i=1}^{n}x_i^2-\dfrac{1}{n}\left(\sum\limits_{i=1}^{n}x_i\right)^2\\ L_{xy}=\sum\limits_{i=1}^{n}x_iy_i-\dfrac{1}{n}\left(\sum\limits_{i=1}^{n}x_i\right)\left(\sum\limits_{i=1}^{n}y_i\right)\\ L_{yy}=\sum\limits_{i=1}^{n}y_i^2-\dfrac{1}{n}\left(\sum\limits_{i=1}^{n}y_i\right)^2\end{cases}\tag{3.9}$$

其中，有 n 组样本数据 $(x_i,y_i),i=1,2,\cdots,n$。

利用计算出的 a、b 的估计值，对于给定的未来因值 x_0，即可计算出未来的果值 y_0。这里有一个相关系数和置信区间的问题。

（1）相关系数 γ：

$$\gamma=\pm\frac{L_{xy}}{\sqrt{L_{xx}\cdot L_{yy}}}\tag{3.10}$$

这里 $0\leqslant|\gamma|\leqslant1$。当 $|\gamma|=1$ 时，表示变量 y 与 x 完全线性相关；当 $|\gamma|=0$ 时，表示变量 y 和 x 不存在线性相关关系；当 $0<|\gamma|<1$ 时，表示变量 y 和 x 存在不同程度的线性相关关系，即当 $0<|\gamma|\leqslant0.3$ 时为微弱相关，当 $0.3<|\gamma|\leqslant0.5$ 时为低度相关，当 $0.5<|\gamma|\leqslant0.8$ 时为显著相关，当 $0.8<|\gamma|\leqslant1$ 时为高度相关。

（2）置信区间的估计，剩余标准差为

$$s=\sqrt{\frac{L_{xx}L_{yy}-(L_{xy})^2}{(n-2)L_{xx}}} \tag{3.11}$$

对于给定的置信水平 α，根据任一因值 x_0 可得到相应果值 y_0 的置信区间为 $[y_0-t_{\alpha/2}s, y_0+t_{\alpha/2}s]$。

例 3.2 某地区 1996—2000 年的货运量与该地区生产总值（GDP）的一组数据见表 3.2，试分析该地区货运量与 GDP 间的关系，并预测该地区的货运量达到 50 千万吨时，该地区的 GDP 是多少。

表 3.2 某地区 1996—2000 年货运量与 GDP 数据

年度（年）	1996	1997	1998	1999	2000
货运量 x_i（千万吨）	15.0	25.8	30.0	36.6	44.4
GDP y_i（亿元）	39.4	42.9	41.0	43.1	49.2

解 先用作图法，初步得出 y 与 x 之间基本为线性关系，如图 3.1 所示，即

$$y=a+bx$$

再利用已知数据得 $\bar{x}=30.36$，$\bar{y}=43.12$，$L_{xx}=492.91$，$L_{yy}=55.35$，$\hat{b}=0.29$，$\hat{a}=34.32$，则有

$$y=34.32+0.29x$$

（1）当 x_0 =50 时，有

$$y_0=34.32+0.29\times 50=48.82 \text{ 亿元}$$

（2）相关性检验：γ =0.87>0.8，为高度相关。

（3）对于给定的 α 若取 95%置信区间，则有 s=2.10，α=1−0.95= 0.05，查表可得 $t_{\alpha/2}=1.95$，$t_{\alpha/2}\times s=4.095$，故置信度为 95%的 y_0 置信区间为 48.82 ± 4.095 亿元。

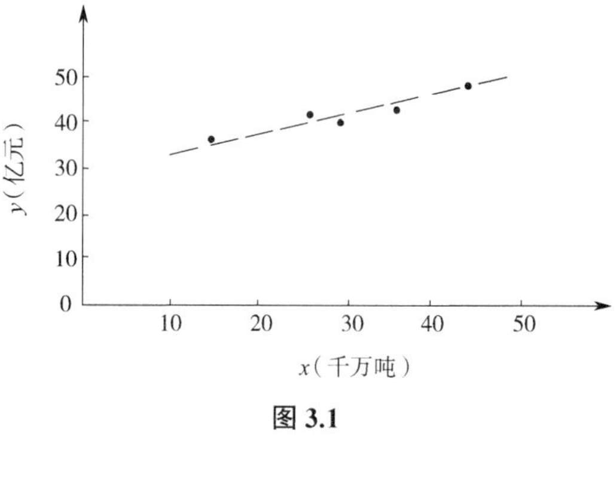

图 3.1

3.3.2 多元线性回归预测法

影响运输量、交通量的因素有多个，共同构成多维向量，即 $\boldsymbol{x}=(x_1,x_2,\cdots,x_m)^{\mathrm{T}}$，有

$$y=b_0+b_1x_1+b_2x_2+\cdots+b_mx_m \tag{3.12}$$

对于给定的 n 组样本（历史数据），需要确定 $b_0,b_1,b_2,\cdots,b_m$ 的估计值，其关系可以用矩阵表示为 $\boldsymbol{Y}=\boldsymbol{XB}+\boldsymbol{E}$，其中

$$\boldsymbol{Y}=\begin{pmatrix}y_1\\y_2\\\vdots\\y_n\end{pmatrix}\quad \boldsymbol{X}=\begin{pmatrix}1&x_{11}&x_{21}&\cdots&x_{m1}\\1&x_{12}&x_{22}&\cdots&x_{m2}\\\vdots&\vdots&\vdots&&\vdots\\1&x_{1n}&x_{2n}&\cdots&x_{mn}\end{pmatrix}_{n\times(m+1)}\quad \boldsymbol{B}=\begin{pmatrix}b_0\\b_1\\\vdots\\b_m\end{pmatrix}_{(m+1)\times1}\quad \boldsymbol{E}=\begin{pmatrix}e_1\\e_2\\\vdots\\e_n\end{pmatrix}_{n\times1} \tag{3.13}$$

式中：x_{ij} 为第 j 个样本第 i 个因变量值，$(x_{1j},x_{2j},\cdots,x_{mj};y_j)$ 为第 j 个样本的具体值；$\boldsymbol{E}$ 为样本的偏差，为随机变量。

用最小二乘法或最大似然法可得到系数矩阵的估计值为

$$\hat{\boldsymbol{B}}=\left(\boldsymbol{X}^{\mathrm{T}}\boldsymbol{X}\right)^{-1}\boldsymbol{X}^{\mathrm{T}}\boldsymbol{Y} \tag{3.14}$$

随机误差 $\boldsymbol{E}$ 分布的均值是 0，方差估计值为

$$\hat{\sigma}^2=\frac{\boldsymbol{E}^{\mathrm{T}}\boldsymbol{E}}{n-m-1} \tag{3.15}$$

其中

$$\boldsymbol{E}=(e_1,e_2,\cdots,e_n)^{\mathrm{T}}=\boldsymbol{Y}-\boldsymbol{X}\hat{\boldsymbol{B}} \tag{3.16}$$

这里样本数量 n 大于因变量个数 m，这是数理统计的基本要求，其中的道理大家自己考虑。同时，该方法也可以按照多元统计的要求，确定其在一定置信度内预测值的置信区间，但建议大家还是先采用式（3.1）~式（3.6）的预测精度指标予以检验较佳。

例 3.3 假定某地区的年客运周转量与该年地区人口、人均月可支配收入间是多元线性关系，表 3.3 为 1991—2000 年的有关资料。如果预计 2001 年该地区的人口为 430 万人，人均月可支配收入为 725 元，试预测 2001 年的客运周转量。

表 3.3 1991—2000 年的有关资料

年份（年）	1991	1992	1993	1994	1995	1996	1997	1998	1999	2000
客运周转量 y（千万人·千米）	70	74	80	84	88	92	100	110	112	116
人口 x_1（万人）	200	215	235	250	275	285	300	330	350	360
人均月可支配收入 x_2（元）	450	425	475	525	550	575	600	575	625	650

解 用二元线性回归方程 $y=b_0+b_1x_1+b_2x_2$ 来描述该问题，代入公式计算得

$$\boldsymbol{B}=\left(16.225\,8,0.328\,9,-0.288\,4\right)^{\mathrm{T}}=\left(b_0,b_1,b_2\right)^{\mathrm{T}}$$

$$y=16.225\,8+0.328\,9x_1-0.288\,4x_2$$

当 x_1=430,x_2=72.5 时,可得

$$y_0=135.7438（千万人·千米）,\sigma=4.1156$$

对于给定的置信水平 1−α, y_0 置信区间为 $y_0 \pm t_{\alpha/2}\sigma$。当置信度为 95%时, y_0 置信区间为 135.743 8 ± 8.067 4（千万人·千米）。

3.3.3 非线性回归预测法

当果变量和因变量间的关系为非线性,即 $y=f(x_1,x_2,\cdots,x_m)$ 时,采用非线性回归预测模型。该模型目前有以下三种处理方式。

（1）采用一定的数学处理方式使其转化为多元线性回归模型。这种处理方式在大部分情况下,其模型具有一定的解析式,或近似用解析式来表示。如交通运输节点间出行量 g 与出行的费用 c、时间 t 间的非线性关系（弹性需求模型）,可用负指数方式表示为

$$g=g_{\max}\times e^{-(c+\lambda t)} \tag{3.17}$$

式中:$g_{\max}$ 和 λ 分别为一个 OD 对间的最大出行量、时间与费用的转化系数。

对式（3.17）采用下列处理:

$$\ln g=\ln g_{\max}-c-\lambda t \tag{3.18}$$

就转化为二元线性回归模型。对于具体交通运输网络,通过若干试验可得到一定量的样本,即可确定上述两个转化系数。

如美国公路局关于拥堵状态下车辆行驶时间 t 与该道路上车流量 v 之间关系的公式为

$$t=t_{\min}\times\left[1+\alpha\times\left(\frac{v}{v_{\max}}\right)^{\beta}\right] \tag{3.19}$$

式中:$t_{\min}$ 为自由流状态下车辆行驶时间,可以测定（距离除以平均速度）;$v_{\max}$ 为道路设计的最大容量,已知;α 和 β 为需要辨识的参数。具体数学转化不再叙述。

实际上,大部分情况下非线性关系无法用解析公式描述,即使描述也是近似方式,这使其在具体工程的应用中呈现出一定的局限性。

（2）采用神经网络、模糊神经网络、支持向量机等方式来逼近系统预测模型中的高度非线性关系,以实现预测的目的,该方面的内容见 3.6 节。

（3）采用偏最小二乘法来转化为多元线性回归的方式。

上述各种预测方法均存在局限性,具体如下。

（1）影响运输、交通量的因变量较多,选择不同的影响因素作为预测的因,可能产生不同的结果;采用全部影响因素又存在信息冗余问题,且预测精度不一定高;从数理统计学角度,要求影响因素间不存在相关关系,这在实际统计工作中很难做到。

（2）在实际预测时,受到各种主、客观条件的限制,特别是我国处于市场经济发展的初级阶段,统计工作受到各种各样的噪声干扰,各种标准与口径不统一,资料不太齐全,使得部分信息失真等。

针对这些问题,可以采用基于偏最小二乘（Partial Least-Square,PLS）多元非线性回归预测方法,以偏最小二乘回归方法解决多个因变量之间的多重相关问题,采用主成分分析

(Principal Component Analysis, PCA)方法将全部影响运输、交通量的因变量信息重新筛选，从中提取出对运输、交通量具有最佳解释能力的新综合变量(或成分)，以解决统计数据相关性、噪声与信息冗余问题，建立新综合变量与运输、交通量之间的多元线性回归预测模型。具体步骤如下。

(1)确定影响运输、交通量 y 的因变量 $c_j(j=1, 2, \cdots, p)$，共 p 个因变量，这里因变量的选择考虑到资料可收集性的前提下，尽可能多地采用。实际上，需要辨识出下式：

$$y=f(c_1,c_2,\cdots,c_p) \tag{3.20}$$

(2)收集样本，第 i 个样本表示为 $(c_{i1},c_{i2},\cdots,c_{ip};y_i)$，共 n 个样本。

(3)影响果变量的新因变量的提取，特征提取方法很多，其中 PCA 是一个较好的方法，其具体步骤如下。

①原始数据的标准化处理，即为消除变量之间在数量级和量纲上的不同，通过坐标轴的平移和缩放实现标准化处理，对于影响因素 j 的第 i 个样本的具体数值 $c_{ij}(i=1,2,\cdots,n; j=1,2,\cdots,p)$，其标准化值为

$$c_{ij}^*=\frac{c_{ij}-\overline{c}_j}{s_j} \tag{3.21}$$

其中

$$\overline{c}_j=\frac{1}{n}\sum_{i=1}^{n}c_{ij} \tag{3.22}$$

$$s_j=\sqrt{\frac{1}{n-1}\sum_{i=1}^{n}(c_{ij}-\overline{c}_j)^2} \tag{3.23}$$

标准化数据矩阵表示为 $\boldsymbol{C}^*=(c_{ij}^*)_{n\times p}$。

②计算标准化数据的相关矩阵 $\boldsymbol{R}=(r_{ij})_{p\times p}$，其中 r_{ij} 为

$$r_{ij}=\frac{1}{n}\sum_{k=1}^{n}c_{ki}^*c_{kj}^* \tag{3.24}$$

③计算 $\boldsymbol{R}$ 的特征值 $\lambda_1\geqslant\lambda_2\geqslant\cdots\geqslant\lambda_p$ 和对应的特征向量 $\boldsymbol{u}_1,\boldsymbol{u}_2,\cdots,\boldsymbol{u}_p$，其中 $\sum_{i=1}^{p}\lambda_i=p$。

④确定主成分个数，即找到前 m 个主成分，使其满足

$$\sum_{i=1}^{m}\lambda_i\Big/p\geqslant 96\% \tag{3.25}$$

其中，96%表示提出的特征信息的精度，也可取其他，如 98%、95%等，具体依据不同的要求确定。

⑤计算缩减后的 m 个主成分综合值，即

$$\boldsymbol{X}_1=(x_{ij})_{n\times m}=(\boldsymbol{x}_i)=\boldsymbol{C}^*\times\boldsymbol{U} \tag{3.26}$$

式中：$\boldsymbol{U}=(\boldsymbol{u}_i)_{p\times m}$ 为前 m 个主成分对应特征向量组成的矩阵；$\boldsymbol{x}_i=(x_{i1},x_{i2},\cdots,x_{im})(i=1,2,\cdots,n)$ 是提取的第 i 个样本的主成分向量；x_{ij} 为计算出的第 i 个样本的第 j 个主成分向量。

（4）建立新变量，即主成分与 y 之间的多元线性回归预测模型，即

$$y = b_0 + b_1x_1 + b_2x_2 + \cdots + b_mx_m \tag{3.27}$$

可直接采用前面内容进行模型中参数的辨识与预测，但需要注意，$\boldsymbol{X}_1$ 与式（3.12）中 $\boldsymbol{x}$ 的区别和关系。

例 3.4 河北省廊坊市是 1989 年成立的地级市，相关资料 1989—2005 年共 17 年，该市货运量 y（单位：万吨）及其具体影响变量见表 3.4。其中，影响变量为区域人口 c_1、地区生产总值 c_2、社会消费品零售额 c_3、工业总产值 c_4、农业总产值 c_5、全社会固定资产投资 c_6、财政收入 c_7、综合运输网按面积密度 c_8、综合运输网按人口密度 c_9、综合运输网长度 c_{10}、综合运输网连通度 c_{11}、综合运输网铺面率 c_{12}、载货汽车保有量 c_{13}，单位分别为万人、亿元、亿元、亿元、亿元、亿元、亿元、km/km²、km/万人、km、现值、现值、辆。试以 1989—2002 年的数据为训练样本，2003—2005 年数据为检验样本，确定预测模型。

表 3.4　河北省廊坊市 1989—2005 年物流量预测样本数据

t	c_1	c_2	c_3	c_4	c_5	c_6	c_7	c_8	c_9	c_{10}	c_{11}	c_{12}	c_{13}	y
1989	323.8	55.9	15.6	65.3	21.7	7.685	1.945	0.32	6.08	2 174.0	1.96	0.49	13 467	978
1990	338.8	63.8	14.9	74.8	23.5	9.834	2.132	0.34	6.13	2 187.0	2.05	0.44	14 672	1 254
1991	343.8	72.6	17.0	87.4	26.6	14.117	2.352	0.35	6.27	2 175.0	2.08	0.43	15 872	1 304
1992	347.6	91.1	18.7	113.9	30.5	21.050	2.643	0.35	6.43	2 246.0	2.09	0.47	15 763	1 638
1993	352.0	112.2	23.7	164.6	37.7	33.260	2.992	0.36	6.63	2 333.0	2.11	0.50	15 931	1 863
1994	357.5	150.8	33.9	240.5	62.1	46.890	3.289	0.38	6.91	2 469.8	2.14	0.46	15 877	2 924
1995	360.4	201.7	42.5	273.9	99.8	59.529	3.715	0.40	7.08	2 552.6	2.16	0.45	16 975	3 790
1996	363.3	245.6	53.9	356.3	105.2	71.870	4.788	0.41	7.20	2 617.3	2.19	0.44	17 252	3 965
1997	367.6	282.1	61.8	465.4	112.8	96.950	7.326	0.43	6.64	2 739.5	2.21	0.43	17 791	4 158
1998	371.7	310.2	69.3	515.5	122.7	119.249	10.695	0.44	7.61	2 829.9	2.23	0.44	18 378	4 566
1999	374.8	332.5	76.2	514.7	119.8	135.943	14.547	0.45	7.72	2 895.0	2.25	0.43	18 028	4 523
2000	378.4	368.8	85.4	599.2	120.6	152.545	18.670	0.45	7.67	2 904.0	2.28	0.44	19 545	4 764
2001	381.6	413.4	95.8	729.9	130.6	167.495	25.563	0.44	7.39	2 820.0	2.31	0.55	21 744	4 763
2002	384.1	460.0	108.0	842.0	133.4	190.609	30.571	0.45	7.60	2 918.0	2.33	0.55	24 353	4 914
2003	387.2	528.5	120.6	1 034.2	144.4	224.310	38.222	0.46	7.59	2 936.1	2.35	0.55	27 990	4 823
2004	389.8	604.8	138.3	1 152.6	171.5	266.537	46.004	0.48	7.84	3 055.8	2.35	0.55	34 237	5 097
2005	391.6	632.9	178.2	1 233.3	183.3	311.447	56.861	0.50	8.13	3 182.4	2.36	0.56	36 111	5 212

解　本例中，每年的数据为一个样本，按照要求共 $n = 14$ 个训练样本、3 个检验样本。对数据进行标准化处理，具体见表 3.5。

表 3.5　训练样本标准化数据矩阵

t	c_1	c_2	c_3	c_4	c_5	c_6	c_7	c_8	c_9	c_{10}	c_{11}	c_{12}	c_{13}
1989	−2.13	−1.23	−1.08	−1.12	−1.42	−1.12	−0.81	−1.72	−1.59	−1.43	−2.03	0.173	−1.01
1990	−1.36	−1.19	−1.10	−1.10	−1.38	−1.10	−0.80	−1.35	−1.51	−1.39	−1.28	−0.81	−0.83
1991	−1.11	−1.14	−1.05	−1.07	−1.33	−1.05	−0.79	−1.16	−1.30	−1.43	−1.03	−1.00	−0.65
1992	−0.91	−1.04	−1.02	−1.00	−1.25	−0.98	−0.77	−1.16	−1.05	−1.21	−0.94	−0.22	−0.67
1993	−0.69	−0.93	−0.92	−0.87	−1.12	−0.85	−0.75	−0.98	−0.74	−0.95	−0.78	0.368	−0.64
1994	−0.41	−0.73	−0.70	−0.67	−0.66	−0.71	−0.73	−0.60	−0.31	−0.54	−0.53	−0.41	−0.65
1995	−0.26	−0.46	−0.53	−0.58	0.056	−0.57	−0.71	−0.23	−0.05	−0.29	−0.36	−0.61	−0.49
1996	−0.11	−0.23	−0.29	−0.37	0.158	−0.44	−0.65	−0.04	0.134	−0.10	−0.11	−0.81	−0.45
1997	0.106	−0.04	−0.13	−0.08	0.301	−0.18	−0.50	0.329	−0.73	0.272	0.059	−1.00	−0.37
1998	0.314	0.107	0.03	0.046	0.488	0.061	−0.31	0.515	0.765	0.544	0.226	−0.81	−0.28
1999	0.472	0.224	0.173	0.044	0.433	0.238	−0.08	0.701	0.935	0.739	0.393	−1.00	−0.33
2000	0.656	0.415	0.364	0.263	0.448	0.415	0.152	0.701	0.858	0.766	0.644	−0.81	−0.10
2001	0.819	0.649	0.579	0.603	0.637	0.573	0.549	0.515	0.427	0.514	0.894	1.347	0.226
2002	0.946	0.894	0.832	0.894	0.69	0.819	0.837	0.701	0.75	0.809	1.061	1.347	0.616

计算标准化数据矩阵 $\boldsymbol{C}^*$ 的相关矩阵 $\boldsymbol{R}$，即

$$\boldsymbol{R}=\begin{bmatrix}
1 & 0.95 & 0.91 & 0.92 & 0.95 & 0.92 & 0.83 & 0.98 & 0.94 & 0.96 & 1 & 0.53 & 0.81\\
0.95 & 1 & 0.99 & 0.99 & 0.96 & 0.99 & 0.95 & 0.96 & 0.9 & 0.96 & 0.96 & 0.67 & 0.93\\
0.91 & 0.99 & 1 & 0.99 & 0.94 & 1 & 0.97 & 0.94 & 0.89 & 0.94 & 0.92 & 0.69 & 0.95\\
0.92 & 0.99 & 0.99 & 1 & 0.94 & 0.99 & 0.97 & 0.93 & 0.87 & 0.93 & 0.94 & 0.72 & 0.95\\
0.95 & 0.96 & 0.94 & 0.94 & 1 & 0.94 & 0.84 & 0.99 & 0.94 & 0.98 & 0.95 & 0.51 & 0.83\\
0.92 & 0.99 & 1 & 0.99 & 0.94 & 1 & 0.97 & 0.94 & 0.89 & 0.94 & 0.93 & 0.69 & 0.95\\
0.83 & 0.95 & 0.97 & 0.97 & 0.84 & 0.97 & 1 & 0.84 & 0.79 & 0.84 & 0.85 & 0.79 & 0.98\\
0.98 & 0.96 & 0.94 & 0.93 & 0.99 & 0.94 & 0.84 & 1 & 0.95 & 0.99 & 0.97 & 0.46 & 0.82\\
0.94 & 0.9 & 0.89 & 0.87 & 0.94 & 0.89 & 0.79 & 0.95 & 1 & 0.96 & 0.92 & 0.45 & 0.76\\
0.96 & 0.96 & 0.94 & 0.93 & 0.98 & 0.94 & 0.84 & 0.99 & 0.96 & 1 & 0.96 & 0.48 & 0.81\\
1 & 0.96 & 0.92 & 0.94 & 0.95 & 0.93 & 0.85 & 0.97 & 0.92 & 0.96 & 1 & 0.56 & 0.82\\
0.53 & 0.67 & 0.69 & 0.72 & 0.51 & 0.69 & 0.79 & 0.46 & 0.45 & 0.48 & 0.56 & 1 & 0.76\\
0.81 & 0.93 & 0.95 & 0.95 & 0.83 & 0.95 & 0.98 & 0.82 & 0.76 & 0.81 & 0.82 & 0.76 & 1
\end{bmatrix}$$

然后计算相关矩阵 $\boldsymbol{R}$ 的特征值和特征向量，由于特征值 λ_1=11.619，λ_2=0.982 68，根据式（3.25）确定主成分 m=2。按照式（3.26）计算出主成分为

$$\boldsymbol{X}_1^{\mathrm{T}}=(\boldsymbol{x}_i)_{14}^{\mathrm{T}}=(x_{ij})_{14\times2}^{\mathrm{T}}$$

$$=\begin{bmatrix}
-4.688 & -4.23 & -3.907 & -3.448 & -2.824 & -2.136 & -1.391 & -0.866 & -0.453 & 0.551 & 0.917 & 1.422 & 2.246 & 3.054\\
-1.563 & -0.525 & -0.252 & -0.63 & -0.79 & 0.212 & 0.688 & 0.978 & 1.033 & 1.4 & 1.653 & 1.391 & -0.516 & -0.515
\end{bmatrix}$$

采用多元线性回归方法训练预测模型，图 3.2 为计算的误差曲线，可以看出拟合效果非

常好。

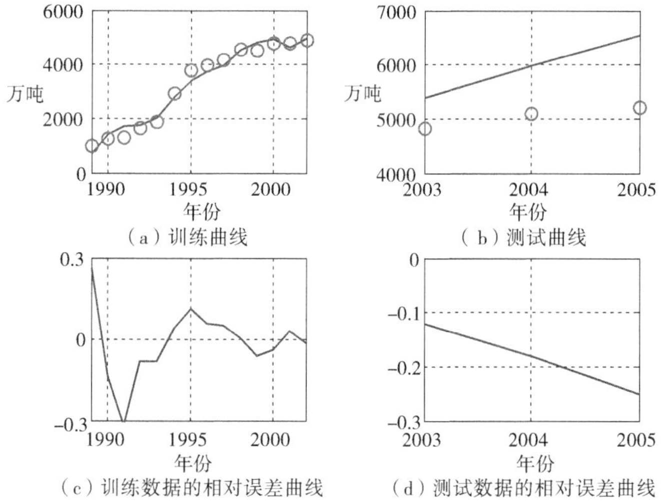

图 3.2　偏最小二乘法多元线性回归预测模型的误差

为比较预测效果，本研究采用普通多元线性回归和偏最小二乘多元线性回归两种方法，其中普通多元线性回归方法采用全部影响因素，单位均为万吨，具体结果见表 3.6。

表 3.6　测试数据相对误差比较

年份	实际值（万吨）	普通多元线性回归		偏最小二乘多元线性回归	
		预测值（万吨）	相对误差	预测值（万吨）	相对误差
2003	4 823	5 087	–0.05	5 378	–0.12
2004	5 097	6 124	–0.20	5 993	–0.18
2005	5 212	7 779	–0.49	6 539	–0.25
MAPE（%）		25		18.2	

3.4　时间序列预测法

把预测值按照时间顺序排列起来，构成一个时间序列，从这一组数据过去的变化规律来推断未来变化的趋势及其规律，这就是时间序列预测法。设预测值的时间序列为$\{x_t\}$，则有

$$\hat{x}_t = f(x_{t-1}, x_{t-2}, \cdots, x_{t-m}) \tag{3.28}$$

即需要辨识出被预测量与其历史数据间的函数关系。辨识其关系类似于因果关系预测模型，只是所有采用的样本数据均是在其变量的时间序列中选取的。对于具有 t-1 个数据的$\{x_t\}$时间序列，取 $m(m<t)$个最近数据来预测下一个数据，即有 $t-m-1$ 个样本，分别为$(x_{t-2}, x_{t-3}, \cdots, x_{t-m-1}; x_{t-1})$，$(x_{t-3}, x_{t-4}, \cdots, x_{t-m-2}; x_{t-2})$，…，$(x_{i-1}, x_{i-2}, \cdots, x_{i-m}; x_i)$，…，$(x_m, x_{m-1}, \cdots, x_1; x_{m+1})$。

依据式（3.28）所选用的不同关系，时间序列预测模型可分为线性与非线性两种。需要指出的是，时间序列预测法虽然采用了预测变量的时间序列，但却不是以时间 t 为因变量。

3.4.1 加权滑动线性预测法

当式（3.28）的关系是线性关系时，有

$$\hat{x}_t = \beta_1 x_{t-1} + \beta_2 x_{t-2} + \cdots + \beta_m x_{t-m} \tag{3.29}$$

对式（3.29）采用多元线性回归的方法，辨识出 $\beta_1, \beta_2, \cdots, \beta_m$ 的具体值即可。

例 3.5 某航空公司过去 12 个月货运量统计资料见表 3.7，假定该时间序列符合线性关系，试用加权滑动线性预测法预测该公司第 13 个月的货运量。

表 3.7 某航空公司 12 个月货运量统计

月	1	2	3	4	5	6	7	8	9	10	11	12
货运量 x（百吨）	245	250	256	280	274	255	262	270	273	284	289	286

解 取 $m = 4$，有

$$\hat{x}_t = f(x_{t-1}, x_{t-2}, x_{t-3}, x_{t-4}) = \beta_1 x_{t-1} + \beta_2 x_{t-2} + \beta_3 x_{t-3} + \beta_4 x_{t-4}$$

对 12 个月货运量构成的时间序列，有 8 个样本，分别为（280，256，250，245；274），（274,280,256,250；255），（255,274,280,256；262），（262,255,274,280；270），（270,262,255,274；273），（273,270,262,255；284），（284,273,270,262；289），（289,284,273,270；286）。

采用多元线性回归方法中式（3.12）和式（3.13）进行线性拟合，注意由于直接套用公式时没有 β_0 值，所以 $\boldsymbol{X}$ 矩阵没有均是 1 的第一列，得到线性系数的估计值为

$$\boldsymbol{\beta} = (\beta_1, \beta_2, \beta_3, \beta_4)^{\mathrm{T}} = (0.972\,2, -0.526\,6, 0.555\,1, 0.011\,7)^{\mathrm{T}}$$

得到预测模型为

$$\hat{x}_t = 0.972\,2x_{t-1} - 0.526\,6x_{t-2} + 0.555\,1x_{t-3} + 0.011\,7x_{t-4}$$

将 $x_{12} = 286, x_{11} = 289, x_{10} = 284, x_9 = 273$ 代入上式，可得到第 13 个月货运量的估计值为 $\hat{x}_{13} = 286.704\,3$。

显然，时间序列预测法实际上是一种滚动预测法，即利用历史数据辨识出内部量化关系，再预测下一个时间点的值。当采集到下一个时间点的实际值时，更新预测模型，即可再预测下一个时间点的值。因此，时间序列预测法又称为滑动预测法。

3.4.2 简单滑动线性预测法

若时间序列数据偏差不大，且偏差基本上符合 0 均值分布，可将式（3.29）中各权重系数平等看待，即有

$$\hat{x}_t = \frac{1}{m}\left(x_{t-1} + x_{t-2} + \cdots + x_{t-m}\right) = \frac{1}{m}\sum_{i=t-1}^{t-m} x_i \tag{3.30}$$

例 3.6 对例 3.5,试用简单滑动线性预测法预测第 13 个月的货运量。

解 当 m 取 12 时, $\hat{x}_{13}=\frac{1}{12}\sum_{i=12}^{1}x_i=268.67$;当 m 取 10 时, $\hat{x}_{13}=\frac{1}{10}\sum_{i=12}^{3}x_i=272.9$;当 m 取 3 时, $\hat{x}_{13}=\frac{1}{3}\sum_{i=12}^{10}x_i=286.33$ 。

可以看出,对于不同的 m 值,预测结果有较大的差别,但当时间序列波动不大、需要预测其相对的长期趋势时,可采用该方法。

3.4.3 指数平滑预测法

加权滑动线性预测法虽然科学,但复杂且需要不断地动态更新模型才能满足预测精度的要求,在社会经济系统中,用一个系数来代替式(3.29)中的 $\beta_1,\beta_2,\cdots,\beta_m$,就产生了指数平滑预测法。其基本原理同前,在具体预测时只需要本期的实际值和预测值就可以预测下一期的数据。其预测模型为

$$\hat{x}_t=\alpha x_{t-1}+(1-\alpha)\hat{x}_{t-1} \tag{3.31}$$

式中:α 是平滑系数,且有 $0\leqslant\alpha\leqslant1$ 。

式(3.31)的含义是用时间序列本点的实际值和预测值来预测下一个值,其实际上是式(3.29)的一个特殊形式,具体为

$$\begin{aligned}\hat{x}_t&=\alpha x_{t-1}+(1-\alpha)\hat{x}_{t-1}\\&=\alpha x_{t-1}+(1-\alpha)[\alpha x_{t-2}+(1-\alpha)\hat{x}_{t-2}]\\&=\alpha x_{t-1}+\alpha(1-\alpha)x_{t-2}+(1-\alpha)^2\hat{x}_{t-2}\\&=\cdots\\&=\alpha x_{t-1}+\alpha(1-\alpha)x_{t-2}+\alpha(1-\alpha)^2x_{t-3}+\cdots+\alpha(1-\alpha)^{t-1}x_2+(1-\alpha)^t\hat{x}_2\\&=\alpha x_{t-1}+\alpha(1-\alpha)x_{t-2}+\alpha(1-\alpha)^2x_{t-3}+\cdots+\alpha(1-\alpha)^{t-1}x_2+(1-\alpha)^t x_1\end{aligned}$$

其中,最后一项是令 $\hat{x}_2=x_1$ 。

可以看出,该式中变量前的系数实际上等同于式(3.29)中的 $\beta_1,\beta_2,\cdots,\beta_m$,它们均需满足是 0 与 1 之间的数,并相加是 1,且与预测值时间越近权重越大,具体自己证明。

例 3.7 对例 3.5,取 $\alpha=0.3$,试用指数平滑预测法预测第 13 个月的货运量。

解 有 $\hat{x}_t=\alpha x_{t-1}+(1-\alpha)\hat{x}_{t-1}=0.3x_{t-1}+0.7\hat{x}_{t-1}$,令

$\hat{x}_2=x_1=245,\ \hat{x}_3=0.3x_2+0.7\hat{x}_2=0.3\times250+0.7\times245=246.5$,

$\hat{x}_4=0.3x_3+0.7\hat{x}_3=0.3\times256+0.7\times246.5=249.35$, $\hat{x}_5=258.545$, $\hat{x}_6=263.182$,

$\hat{x}_7=260.727$, $\hat{x}_8=261.109$, $\hat{x}_9=263.776$, $\hat{x}_{10}=266.543$, $\hat{x}_{11}=271.78$,

$\hat{x}_{12}=0.3x_{11}+0.7\hat{x}_{11}=0.3\times289+0.7\times271.78=276.946$

$\hat{x}_{13}=0.3x_{12}+0.7\hat{x}_{12}=0.3\times286+0.7\times276.946=279.662$

显然,平滑系数 α 的取值不同对预测结果有不同的影响,其取值是依据经验来确定的。一般来说,其取值越大,表示对距离预测值时间越近的数据越重视。由于该方法没有复杂的数学运算,使其在社会经济中得到了广泛的应用。

3.4.4 非线性滑动预测法

当式(3.27)是非线性关系时,可采用下列处理方式。

(1)采用一定的数学处理方式使其转化为线性时间序列预测模型。局部线性化是最常用的方式之一,该类方式要求具有一定的条件才能采用,如卡尔曼滤波预测方法。

(2)采用神经网络、模糊神经网络、支持向量机等方式来拟合预测模型,以实现预测的目的,具体内容见3.6节。

(3)采用偏最小二乘法使其转化为线性时间序列,其原理及其实现方式同3.3.3节。

(4)对于在交通、运输系统中具有季节性特点的时间序列,可先采用差分化处理使其转变为线性时间序列,然后采用3.4.1节的方法予以预测。

3.5 马尔科夫链预测法

3.5.1 基本概念

1. 马尔科夫过程(Markov Process)

马尔科夫过程是研究事物的状态及其转移的理论。它通过对不同状态的初始概率及其状态间转移概率的研究来确定状态的变化趋势,从而达到预测目的。注意随机变量、随机向量、随机过程的区别。

2. 马尔科夫过程的特点——无后效性

当马尔科夫过程在时刻 t_0 所处的状态为已知的情况时,该过程在时刻 $t(t>t_0)$所处的状态与其在 t_0 之前的状态无关,这种特性称为无后效性。

3. 马尔科夫链

如果随机变量 X_t 在 $t=k+1$ 时取值的规律只与 X_t 在 $t=k$ 时的取值有关,而与以前取何值无关,这时的 X_t 称为一次链状时间序列,或称为一次马尔科夫链。同样,如果随机变量 X_t 在 $t=k+1$ 时取值的规律只与 X_t 在 $t=k$ 和 $t=k-1$ 时的取值有关,而与以前取何值无关,这时的 X_t 称为二次链状时间序列,或称为二次马尔科夫链。

同样的道理可以推广到三次、四次等马尔科夫链。由于马尔科夫链是最简单的马尔科夫过程,所以学习分析马尔科夫链是基础。

4. 系统的状态及其状态概率

从不同的目的出发,有不同的状态划分标准,如天气预报中有晴、阴、雨、风等,运输中有非常拥挤、拥挤、轻微拥挤、不拥挤,交通中有堵塞、拥挤、自由流等状态划分。

假定研究对象可能处于 $x_1, x_2, \cdots, x_n$ 等 n 个状态,且在某个时间点只能处于一个状态,则对于未来可能处于的状态,在不确定性条件下,可以用概率来表示。若用离散化形式 $p_j(t)$表示 t 时刻处于 j 状态的概率,显然有

$$\sum_{j=1}^{n} p_j(t)=1 \quad 0 \leqslant p_j(t) \leqslant 1, \quad j=1,2,\cdots,n \tag{3.32}$$

5. 状态转移概率及其矩阵

系统从当前 t 时刻的状态 $x_i(t)$转移到下一时刻 $t+1$ 的状态 $x_j(t+1)$是不确定的,其可能性用概率表示为其状态转移概率,即

$$p(x_i(t) \to x_j(t+1)) = p(x_j \mid x_i) = p_{ij}(t) \quad i, j, = 1, 2, \cdots, n \tag{3.33}$$

用矩阵表示为

$$\boldsymbol{P}(t) = (p_{ij}(t))_{n \times n} = \begin{pmatrix} p_{11}(t) & p_{12}(t) & \cdots & p_{1n}(t) \\ p_{21}(t) & p_{22}(t) & \cdots & p_{2n}(t) \\ \vdots & \vdots & & \vdots \\ p_{n1}(t) & p_{n2}(t) & \cdots & p_{nn}(t) \end{pmatrix} \tag{3.34}$$

这里 $\boldsymbol{P}(t)$称为状态转移概率矩阵。显然,当系统的发展趋于稳定状态时,$\boldsymbol{P}(t)$为稳态,即 $\boldsymbol{P}(t) = \boldsymbol{P}$,称为稳定状态转移概率矩阵,本书所讲述的就是这一稳态矩阵,且有

$$0 \leqslant p_{ij}(t) \leqslant 1, \quad \sum_{j=1}^{n} p_{ij}(t) = 1 \tag{3.35}$$

6. 稳定状态概率

系统经过若干次状态转移,若处于某一状态的概率趋于一个常数,此时的状态概率称为稳定状态概率,表示为

$$\lim_{t \to \infty} p_i(t) = p_i \tag{3.36}$$

7. 状态转移的数学表示

结合系统状态及其转移,显然有

$$\boldsymbol{X}(t+1) = (x_1(t+1), x_2(t+1), \cdots, x_n(t+1)) = \boldsymbol{X}(t) \times \boldsymbol{P} = (x_1(t), x_2(t), \cdots, x_n(t)) \times \boldsymbol{P} \tag{3.37}$$

$$\boldsymbol{p}(t+1) = (p_1(t+1), p_2(t+1), \cdots, p_n(t+1)) = \boldsymbol{p}(t) \times \boldsymbol{P} = (p_1(t), p_2(t), \cdots, p_n(t)) \times \boldsymbol{P} \tag{3.38}$$

如果达到稳定状态,则有

$$\boldsymbol{X}(t+1) = \boldsymbol{X}(t) = \boldsymbol{X} = \boldsymbol{X} \times \boldsymbol{P} \tag{3.39}$$

$$\boldsymbol{p}(t+1) = \boldsymbol{p}(t) = \boldsymbol{p} = \boldsymbol{p} \times \boldsymbol{P} \tag{3.40}$$

显然,通过式(3.39)和式(3.40)就可以计算出达到稳定状态时的状态及其概率。

3.5.2 一次链状马尔科夫预测

1. 实际工程问题中初始概率的确定

$$p_i \approx F_i = M_i / N \tag{3.41}$$

式中:N、M_i 分别为样本总个数和状态 i 出现的次数;F_i 为频数。

当样本具有足够大的数量时,可以用频数代替频率。

2. 实际工程问题中状态转移概率的确定

$$p_{ij} = p(x_i \to x_j) = p(x_j \mid x_i) \approx F(x_j \mid x_i) = M_{ij} / M_i \tag{3.42}$$

式中:$F(x_j \mid x_i)$为频数;M_{ij} 和 M_i 分别为各自的状态个数。

下面通过例子来说明其具体的简单应用。

例 3.8 为了分析某一交通运输企业应收账款情况，以便进行财务分析与决策，将应收账款分为四种状态：x_1 为逾期未还款（逾期没还款达 0~60 天）；x_2 为怀疑账款（逾期没还款达 61~180 天）；x_3 为呆账（逾期没还款达 180 天以上）；x_4 为付清。现知该企业应收账款总额为 6 500 万元，其中属于 x_1 状态 4 500 万元，x_2 状态 2 000 万元，根据隔月账面平均变化情况分析，可得每月状态转移服从一次马尔科夫链，状态转移概率矩阵为

$$\boldsymbol{P}=\begin{pmatrix}0.3 & 0.2 & 0 & 0.5\\ 0.2 & 0.1 & 0.3 & 0.4\\ 0 & 0 & 1 & 0\\ 0 & 0 & 0 & 1\end{pmatrix}$$

试利用上述信息，对应收账款状态变化及其趋势进行分析。

解 用 $\boldsymbol{X}(t)$ 表示第 t 个月该企业应收账款状态，由题知 $\boldsymbol{X}(t=1)=(4\,500,2\,000,0,0)$。由马尔科夫模型可得到

$\boldsymbol{X}(t=2)=\boldsymbol{X}(t=1)\times\boldsymbol{P}=(1\,750,1\,100,600,3\,050)$

$\boldsymbol{X}(t=3)=\boldsymbol{X}(t=2)\times\boldsymbol{P}=(745,460,930,4\,365)$

$\boldsymbol{X}(t=4)=\boldsymbol{X}(t=3)\times\boldsymbol{P}=(315.5,195,1\,068,4\,921.5)$

具体属于各类应收账款的趋势用表 3.8 和图 3.3 表示。显然，属于第一、二类应收账款的数量在逐步减少，这是由于没有其他新增应收账款；而属于其他两类账款的数量增加，这是由于第一、二类账款随时间的增加而转移到其他状态。

表 3.8 应用账款的趋势表

t	1	2	3	4
$x_1(t)$	4 500	1 750	745	315.5
$x_2(t)$	2 000	1 100	460	195
$x_3(t)$	0	600	930	1 068
$x_4(t)$	0	3 050	4 365	4 921.5

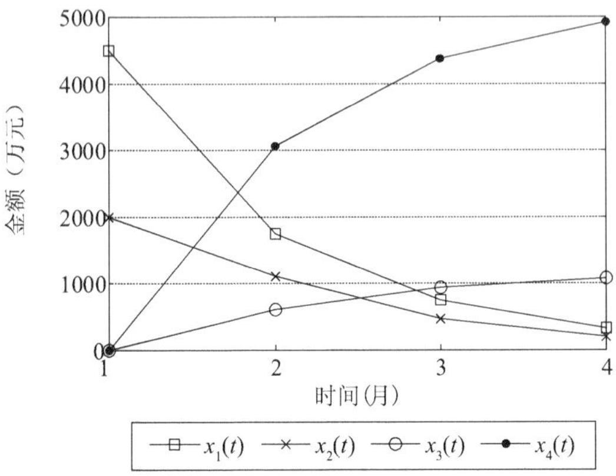

图 3.3 应收账款的趋势图

3.5.3 马尔科夫分析法

综合运用上述方法进行分析，下面通过例题简单说明。

例 3.9 某商店对前一天来店分别购买 A、B、C 牌号巧克力的共 100 位顾客购买情况进行了统计，假定每人每天购买且仅购买一盒巧克力（具体统计见表 3.9），并设每一位顾客今天购买某牌号巧克力，明天购买某牌号巧克力服从一次马尔科夫链。试求：

（1）某一今天购买 A 牌号巧克力的顾客，第三天购买各牌号巧克力的概率；

（2）第 90 天时，该顾客购买各牌号巧克力的概率。

表 3.9 某商店购买巧克力牌号统计数据

统计情况		今天购买的巧克力牌号		
		A	B	C
昨天购买的巧克力牌号	A	20	50	30
	B	20	70	10
	C	30	30	40

解 （1）由表 3.9 可知 $\boldsymbol{P}=\begin{pmatrix}0.2 & 0.5 & 0.3\\ 0.2 & 0.7 & 0.1\\ 0.3 & 0.3 & 0.4\end{pmatrix}$，$\boldsymbol{p}(t=1)=(1,0,0)$，则由马尔科夫模型可得到

$$\boldsymbol{p}(t=2)=\boldsymbol{p}(t=1)\times\boldsymbol{P}=(0.2,0.5,0.3)$$

$$\boldsymbol{p}(t=3)=\boldsymbol{p}(t=2)\times\boldsymbol{P}=(0.24,0.48,0.28)$$

（2）长期而言，则有

$$\begin{cases}\boldsymbol{p}(t+1)=\boldsymbol{p}=\boldsymbol{p}(t)=(p_1,p_2,p_3)=\boldsymbol{p}\times\boldsymbol{P}\\ p_1+p_2+p_3=1\end{cases}$$

求解得到

$$\boldsymbol{p}=(p_1,p_2,p_3)=(0.22,0.57,0.21)$$

3.6 非线性智能预测法

3.6.1 支持向量机预测法

1. 概念

支持向量机（Support Vector Machine，SVM）是通过内积函数定义的非线性变换将输入空间转化到一个高维空间，从而在高维空间中寻找输入向量和输出变量之间的非线性关系。与神经网络相比，SVM 不存在容易陷入局部最优等问题，且提高了泛化能力；其算法保证找到的解是全局最优解，能较好地解决小样本、非线性、高维数等实际问题，特别适用于交通规

划、运输与物流规划等小样本空间问题；其基于结构风险最小化原则的方法，优于传统的基于经验风险最小化原则的常规神经网络方法；其特别适用于模式识别等。

对于 l 个训练样本，第 i 个样本为 $(\boldsymbol{X}_i, y_i)(i=1,2,\cdots,l)$ ，$\boldsymbol{X}_i=(x_{i1},x_{i2},\cdots,x_{in})^{\mathrm{T}}\in\mathbf{R}^n$ ，$y_i\in\mathbf{R}$ ，其映射非线性模型为

$$\boldsymbol{y}=F(\boldsymbol{X})=\sum_{i=1}^{l}(w_i^1-w_i^2)K(\boldsymbol{X},\boldsymbol{X}_i)+b=\sum_{i=1}^{l}w_iK(\boldsymbol{X},\boldsymbol{X}_i)+b \tag{3.43}$$

式中：$\boldsymbol{y}$ 为需要预测果；w 为权重；b 为阈值；$K(\boldsymbol{X},\boldsymbol{X}_i)$ 为核函数，有多种形式，具体如下。

（1）线性核函数：

$$K(\boldsymbol{X},\boldsymbol{X}_i)=(\boldsymbol{X},\boldsymbol{X}_i) \tag{3.44}$$

（2）q 阶多项式核函数：

$$K(\boldsymbol{X},\boldsymbol{X}_i)=\left[(\boldsymbol{X},\boldsymbol{X}_i)+1\right]^q \tag{3.45}$$

（3）径向基核函数：

$$K(\boldsymbol{X},\boldsymbol{X}_i)=\exp\left\{-\frac{\|\boldsymbol{X}-\boldsymbol{X}_i\|^2}{2\sigma^2}\right\}\quad(\sigma>0) \tag{3.46}$$

（4）Sigmoid 核函数：

$$K(\boldsymbol{X},\boldsymbol{X}_i)=\tanh\left[\nu(\boldsymbol{X},\boldsymbol{X}_i)+c\right]\quad(\nu>0,c>0) \tag{3.47}$$

其中，公式中的括号表示内积。

该预测模型可表示为

$$\boldsymbol{y}=\boldsymbol{w}^{\mathrm{T}}\varphi(\boldsymbol{X})+b \tag{3.48}$$

式（3.48）可表示为下列非线性规划问题：

$$\begin{cases}\min\limits_{w,b,e} J(\boldsymbol{w},e)=\dfrac{1}{2}\boldsymbol{w}^{\mathrm{T}}\boldsymbol{w}+\dfrac{\gamma}{2}\sum\limits_{i=1}^{n}e_i^2\\ \text{s.t. } y_i=\boldsymbol{w}^{\mathrm{T}}\varphi(\boldsymbol{X}_i)+b+e_i\quad i=1,2,\cdots,l\end{cases} \tag{3.49}$$

式中：γ 为正则化参数，表示惩罚系数。

利用对偶原理，可将上述非线性规划问题转化为如下二次规划问题：

$$\begin{cases}\min\limits_{w} z=\dfrac{1}{2}\sum\limits_{i,j=1}^{l}(w_i^1-w_i^2)(w_j^1-w_j^2)k(x_i,x_j)+\sum\limits_{i=1}^{l}(w_i^1+w_i^2)\varepsilon-\sum\limits_{i=1}^{l}(w_i^1-w_i^2)y_i\\ \text{s.t. } \sum\limits_{i=1}^{l}(w_i^1-w_i^2)=0\quad 0\leqslant w_i^1,w_i^2\leqslant\gamma\quad i=1,2,\cdots,l\end{cases} \tag{3.50}$$

利用上述二次规划求解得到辨识后的 $\boldsymbol{w}$ 值后，就可以利用式（3.43）进行预测，这就是常规基于 SVM 的多元非线性预测法的基本模型。

由于式（3.49）、式（3.50）所示模型求解麻烦，且存在很多问题，学者们进行了各种各样的探讨，其中最小二乘 SVM（Least-Square SVM ）可以解决训练速度慢等问题，为广泛应用，将式（3.49）所示的问题转化为无约束优化问题，建立 Lagrange 函数：

$$L(\boldsymbol{w},b,e)=J(\boldsymbol{w},e)-\sum_{i=1}^{l}\lambda_i[\boldsymbol{w}^{\mathrm{T}}\varphi(\boldsymbol{X}_i)+b+e_i-y_i] \tag{3.51}$$

式中：λ_i是 Lagrange 乘子。

根据 Karush-Kuhn-Tucker（KKT）最优条件，消去其他中间参数，得到如下线性方程组：

$$\begin{bmatrix}0 & \boldsymbol{G}^{\mathrm{T}}\\ \boldsymbol{G} & \boldsymbol{K}+\boldsymbol{I}/\gamma\end{bmatrix}\begin{bmatrix}b\\ \boldsymbol{w}\end{bmatrix}=\begin{bmatrix}0\\ \boldsymbol{y}\end{bmatrix} \tag{3.52}$$

式中：$\boldsymbol{y}=[y_1,y_2,\cdots,y_l]^{\mathrm{T}}$；$\boldsymbol{G}=[1,\cdots,l]^{\mathrm{T}}$；$\boldsymbol{w}=[w_1,w_2,\cdots,w_l]^{\mathrm{T}}$；核函数矩阵 $\boldsymbol{K}=(K(X_i,X_j))_{l\times l}$。

显然通过式（3.52）辨识 $\boldsymbol{w}$ 值，即 SVM 算法的优化问题可转化为以最小二乘法求解问题，而不必像标准支持向量机那样求解二次规划问题。

同样，一般 SVM 预测时的所有输入均进行了归一化处理，输出也为归一化处理的结果。

2. 基于 SVM 的多元非线性回归预测法

若采用 SVM 对存在$y=F(x_1,x_2,\cdots,x_n)$的非线性关系的果进行预测，就要首先选取若干样本对，采用式（3.50）、式（3.51）对模型中各个权重进行辨识，然后确定预测的因变量，代入并利用式（3.43）计算出预测值。

例 3.10 对例 3.4 中河北省廊坊市货运量采用 SVM 进行非线性回归预测，其中选取区域人口、地区生产总值、社会消费品零售额、工业总产值、农业总产值等五个影响因素。

解 为说明该预测方法的有效性，以 1989—2002 年的数据为训练样本，共 14 个（年）样本训练预测模型，以 2003—2005 年的数据为检验样本，其中核函数选取径向基形式。此时得到的系数为

$$\boldsymbol{w}=[-2.953\,5,3.361\,2,-5.000\,0,5.000\,0,5.000\,0,5.000\,0,2.820\,3,-5.000\,0,-5.000\,0,\\ 2.940\,9,3.431\,3,5.000\,0,-5.000\,0,0.399\,7]^{\mathrm{T}}$$

$$b=0.045\,7$$

具体的训练误差以及以此为预测模型的检验误差如图 3.4 所示。

从例 3.10、例 3.11 到例 3.12，在本书中对采用该预测模型的过程予以说明，如果需要预测 2006 年及其以后的货运量，需要利用所有样本数据（含其中训练样本和检验样本）进行预测模型的训练。

3. 基于 SVM 的时间序列预测法

对于非线性时间序列 $\{x_{t-m},x_{t-m-1},\cdots,x_{t-1}\}$，要预测 x_t，则按照 3.4 节所述的方法建立 $t-m-1$ 个样本对，采用式（3.50）、式（3.51）所述方法辨识出权重，即确定出 $\hat{x}_t=F(x_{t-1},x_{t-2},\cdots,x_{t-m})$的非线性关系，即可进行预测。

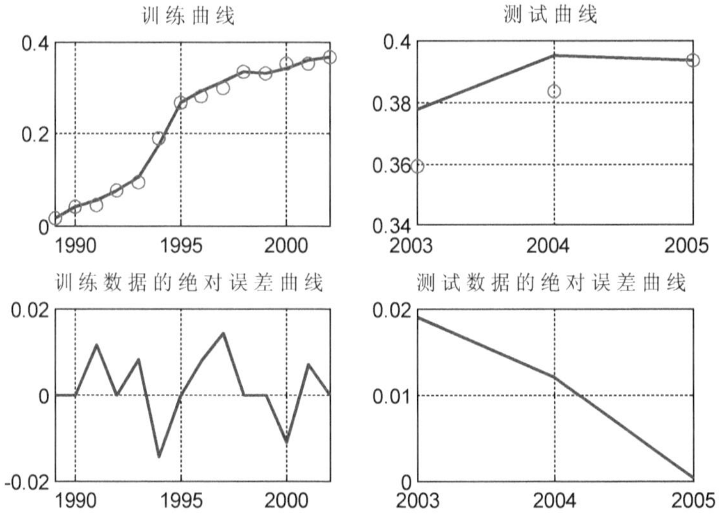

图 3.4　SVM 非线性回归货运量预测误差曲线

3.6.2　传统人工神经网络预测法

1. 概念

人工神经网络（Artificial Neural Network，ANN）就是模拟人脑的工作方式而设计的一个系统，可以是一台机器设备、社会经济系统、交通系统或计算机软件仿真系统等。实际上，ANN 为一个通用函数逼近器，只要有足够的隐单元，它可逼近定义紧集上的任何多元连续函数。也就是说，任意一个函数或模型包括预测模型，都可以用一个人工神经网络模型来表示。

由于 ANN 模仿人脑智能，其设计的系统采用存储等方式，使其模拟仿真的非线性动力学系统具有巨量并行性、存储分布性、结构可变性、高度非线性、自学习及自组织性等特点，成为 ITS、交通运输与物流领域采用的重要模型形式之一。本小节结合最基本的前馈型模型予以说明。

2. MP 神经元模型

MP 神经元模型是神经网络模型的基础，其为一个多输入、单输出的非线性信息处理单元，可用图 3.5 表示。

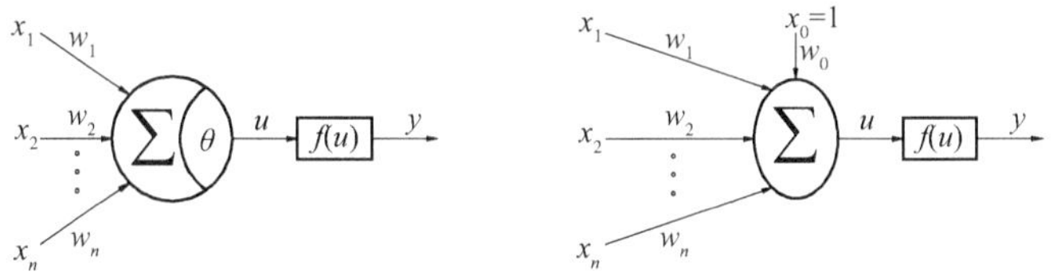

图 3.5　MP 神经元模型

神经元 i 的输出 y_i 计算公式为

$$u_i = \sum_{j=1}^{n} w_{ij} y_j - \theta_i = \sum_{j=0}^{n} w_{ij} y_j \tag{3.53}$$

$$y_i = f(u_i) = f(\sum_{j=1}^{n} w_{ij} y_j - \theta_i) = f(\sum_{j=0}^{n} w_{ij} y_j) \tag{3.54}$$

式中：y_i 是神经元 i 的输出；y_j 是与神经元 i 连接的神经元 j 的输出，也是 i 的输入，$i \neq j, j = 1,2,\cdots,n$；$w_{ij}$ 是神经元 j 至 i 的连接权重；θ_i 是神经元 i 的阈值；$f(u_i)$ 是神经元 i 的非线性作用函数，又称激发函数；且 $w_{i0} = -\theta_i, y_0 = 1$。

非线性作用函数有多种形式，常用的有以下几种。

（1）阶跃函数：

$$y = f(u) = \begin{cases} 1 & u \geqslant 0 \\ 0 & u < 0 \end{cases} \tag{3.55}$$

该函数的输出为 1 和 0，分别表示激活和抑制状态，常用于模式识别中，如智能交通系统中交通拥堵的判别等。同时，可以用对称型阶跃函数代替式（3.55）的非对称型阶跃函数，即

$$y = f(u) = \begin{cases} 1 & u \geqslant 0 \\ -1 & u < 0 \end{cases} \tag{3.56}$$

（2）非对称型 Sigmoid 函数：

$$y = f(u) = \frac{1}{1+\mathrm{e}^{-\beta u}}, \quad \beta > 0 \tag{3.57}$$

由于该函数是可微的，所以一般非线性函数采用神经网络模型逼近时，均可采用 Sigmoid 函数形式，一般取 $\beta = 1$。

（3）对称型 Sigmoid 函数，常用的形式有

$$y = f(u) = \frac{1-\mathrm{e}^{-\beta u}}{1+\mathrm{e}^{-\beta u}}, \quad \beta > 0 \tag{3.58}$$

$$y = f(u) = \frac{\mathrm{e}^{\beta u} - \mathrm{e}^{-\beta u}}{\mathrm{e}^{\beta u} + \mathrm{e}^{-\beta u}}, \quad \beta > 0 \tag{3.59}$$

3. 前馈型 ANN 模型及其算法

设系统模型 $y = F(x_1, x_2, \cdots, x_n)$ 时，该解析式未知且为非线性形式，可表示为多层前馈网络模型的形式，如图 3.6 所示。图 3.6 所示模型中，最左边一层是输入层，最右边一层为输出层，其他层为中间层（隐层），每层中画圈的为节点，代表一个 MP 神经元。在该图中输入层共 n 个节点，输出层为 1 个节点，一个中间层（实际上可以有多个中间层）。需要指出的是，神经网络的所有输入一般均进行了归一化处理，输出也为归一化处理的结果。

该系统模型的传统辨识方法即确定每一个神经元的阈值以及神经元之间的连接权重，采用反向传播（Back Propagation，BP）学习算法。其计算步骤如下。

（1）设置神经网络从第 j 节点到第 i 节点的初始连接权重 w_{ij}，一般为非常小的随机数。

（2）在第 t 步，对于给定的网络权重 $w_{ij}(t)$、第 p 组样本对 $(x_{1p}, x_{2p}, \cdots, x_{np}; y_p)$ $(p = 1,2,\cdots,P)$，计算网络的输出 $yd_p(t)$。其中，节点 i 在第 p 组样本输入时的输出为

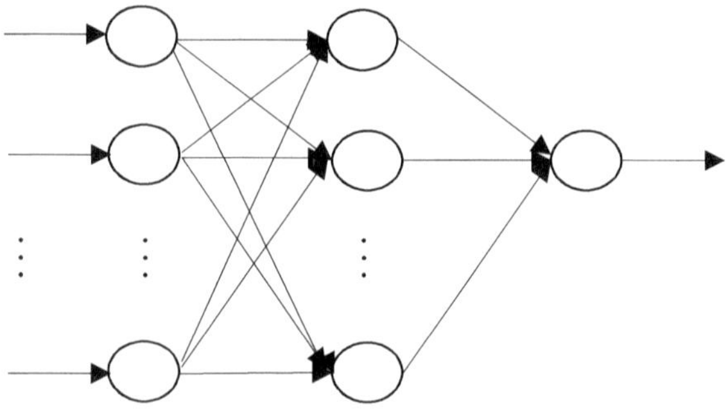

图 3.6　多层前馈网络模型

$$y_{ip}(t)=f[u_{ip}(t)]=f[\sum_{j}w_{ij}(t)I_{jp}] \tag{3.60}$$

式中：I_{jp} 是在第 p 组样本输入时，节点 i 的第 j 个输入。

对图 3.6 所示模型，中间隐层的第 $i(i=1,2,\cdots,I)$ 个节点输出表示为

$$yh_{ip}(t)=f[uh_{ip}(t)]=f[\sum_{j=0}^{n}w_{ij}x_j] \tag{3.61}$$

式中：uh_i 表示节点 i 的状态。

若输出层仅有一个节点，则输出表示为

$$yd_p(t)=f[u_p(t)]=f[\sum_{i=0}^{I}w_i yh_{ip}(t)] \tag{3.62}$$

该过程称为网络的工作过程、模型计算过程，即若网络已辨识（即权重已知），利用给定的输入计算网络所代表非线性模型的输出是由输入层逐步计算到输出层的。该过程用于预测、优化、评价、控制等已辨识模型的具体计算。

（3）计算目标函数，即所有样本的偏差之和，有

$$J(t)=\sum_{p=1}^{P}E_p(t)=\sum_{p=1}^{P}\frac{1}{2}e_p^2(t)=\sum_{p=1}^{P}\frac{1}{2}\left\|y_p-yd_p(t)\right\|=\sum_{p=1}^{P}\frac{1}{2}[y_p-yd_p(t)]^2 \tag{3.63}$$

式（3.63）中若为多输出，则采用范式方式。

（4）若 $J(t)\leqslant\varepsilon$，或者迭代次数足够多，算法结束，得到的权重即为该非线性模型的权重；否则，转向步骤（5）。

（5）采用梯度法反向计算，逐步调整权重，即

$$w_{ij}(t+1)=w_{ij}(t)+\Delta w_{ij}(t)=w_{ij}(t)-\eta\times\frac{\partial J(t)}{\partial w_{ij}(t)}=w_{ij}(t)-\eta\times\sum_{p}\frac{\partial E_p(t)}{\partial w_{ij}(t)} \tag{3.64}$$

式中：η 为步长，又称为学习算子、收敛因子，其值越大，权值调整越快，一般前面算法时其值较大，后面时为避免振荡，则可取小一些。

梯度的计算公式为

$$\frac{\partial E_p}{\partial w_{ij}}=\frac{\partial E_p}{\partial u_{ip}}\times\frac{\partial u_{ip}}{\partial w_{ij}}=\delta_{ip}\times I_{jp} \tag{3.65}$$

式中：δ_{ip}是第 i 个节点的状态 u_{ip} 对 E_p 的灵敏度。

对式（3.65）的计算分为以下两种情况。

①若 i 为输出层节点，式（3.65）中去掉 i，并将 j 用 i 代替，则有

$$\delta_p = \frac{\partial E_p}{\partial u_p} = \frac{\partial E_p}{\partial yd_p} \times \frac{\partial yd_p}{\partial u_p} = -e_p \times f'(u_p) = -(y_p - yd_p) \times f'(u_p) \tag{3.66}$$

则有

$$\frac{\partial E_p}{\partial w_i} = -e_p \times f'(u_p) \times yh_{ip} = -(y_p - yd_p) \times f'(u_p) \times yh_{ip} \tag{3.67}$$

$$w_i(t+1) = w_i(t) + \Delta w_i(t) = w_i(t) - \eta \times \sum_p \frac{\partial E_p(t)}{\partial w_i(t)} \tag{3.68}$$

②若 i 为中间隐层节点，则有

$$\delta_{ip} = \frac{\partial E_p}{\partial uh_{ip}} = \frac{\partial E_p}{\partial yh_{ip}} \times \frac{\partial yh_{ip}}{\partial uh_{ip}} = \frac{\partial E_p}{\partial yh_{ip}} \times f'(uh_{ip}) \tag{3.69}$$

$$\frac{\partial E_p}{\partial yh_{ip}} = \frac{\partial E_p}{\partial u_p} \times \frac{\partial u_p}{\partial yh_{ip}} = \delta_p \times w_i \tag{3.70}$$

注意，这里的非线性作用函数在隐层、输出层可能有不同的函数形式。权重的调整是从输出层到隐层的过程，又称为反向传播算法。

4. 基于 ANN 的多元非线性回归预测法

若采用 BP 神经网络对存在 $y = F(x_1, x_2, \cdots, x_n)$ 的非线性关系的果进行预测，要首先选取若干样本对，采用前述 BP 学习算法对模型中各个权重进行辨识，然后确定预测的因变量，代入并利用式（3.60）计算出预测值。

例 3.11 对例 3.4 中河北省廊坊市货运量采用 BP 神经网络进行非线性回归预测，其中选取区域人口、地区生产总值、社会消费品零售额、工业总产值、农业总产值等五个影响因素。

解 为说明该预测方法的有效性，以 1989—2002 年的数据为训练样本，共 14 个（年）样本训练预测模型，以 2003—2005 年的数据为检验样本。其中 ANN 预测模型采用前馈型三层结构，具体为 5-7-1 结构，即输入层 5 个节点；中间一个隐层， 7 个节点；输出层 1 个节点。具体训练采用不超过 5 万次或训练偏差不超过 0.000 1，训练过程如图 3.7 所示。可以看出，虽然仍未达到精度要求，但已有 5 万次迭代步，即可达到满意解。此时，中间隐层到输出层的权重（其他略）为

$$\boldsymbol{w} = [-2.066\,6, 1.361\,6, 0.695\,0, 0.016\,2, -0.567\,8, -1.384\,1, -2.068\,4]^{\mathrm{T}}$$

阈值为

$$w_0 = \theta = 0.243\,4$$

具体训练误差以及以此为预测模型的检验误差如图 3.8 所示。

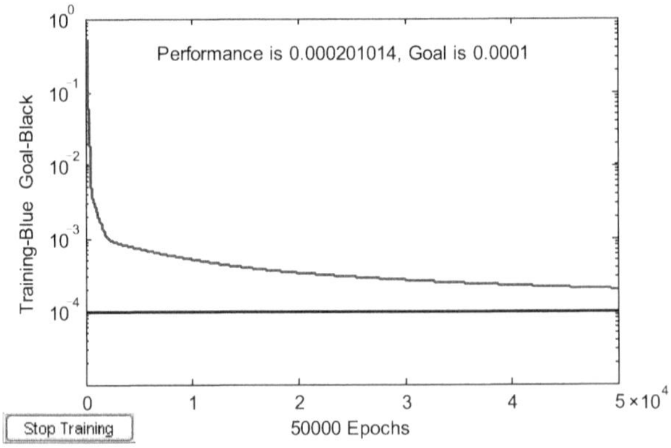

图 3.7　廊坊市货运量预测 ANN 非线性回归训练过程

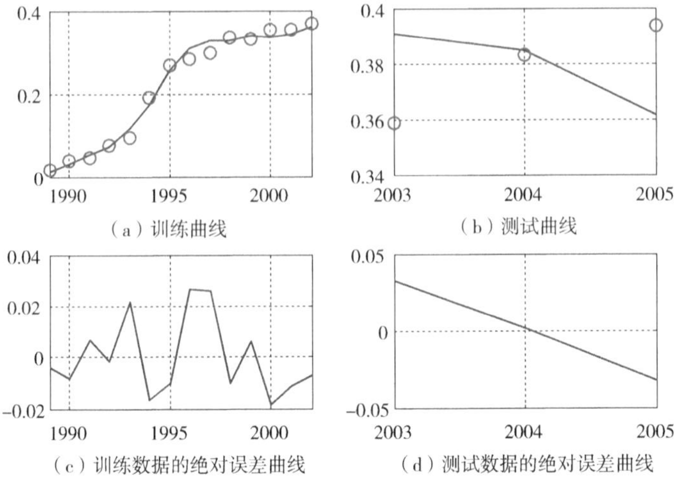

图 3.8　廊坊市货运量预测 ANN 非线性回归误差曲线

5. 基于 ANN 非线性的时间序列预测法

对于非线性时间序列 $\{x_{t-m}, x_{t-m-1}, \cdots, x_{t-1}\}$，要预测 x_t，则按照 3.4 节所述方法建立 t–m–1 个样本对，采用 2.4 节的内容中所述方法辨识权重，即确定 $\hat{x}_t = F(x_{t-1}, x_{t-2}, \cdots, x_{t-m})$ 的非线性关系，再进行预测。

例 3.12　对例 3.4 中河北省廊坊市货运量采用 BP 神经网络进行非线性时间序列预测。

解　为说明该预测方法的有效性，以 1989—2003 年的货运量构成一个时间序列，以前 6 年货运量为因，第 7 年货运量为果构成一个训练样本，共取 9 个样本训练预测模型，以 2004 年和 2005 年数据为检验样本。其中 ANN 预测模型采用前馈型三层结构，具体为 6-10-1 结构，即输入层 6 个节点；中间一个隐层，10 个节点；输出层 1 个节点。具体训练采用不超过 5 万次或训练偏差不超过 0.000 1，训练过程如图 3.9 所示。可以看出，虽然没有达到 4 万次迭代步，但已达到精度要求，即可达到满意解。此时，中间隐层到输出层的权重（其他略）为

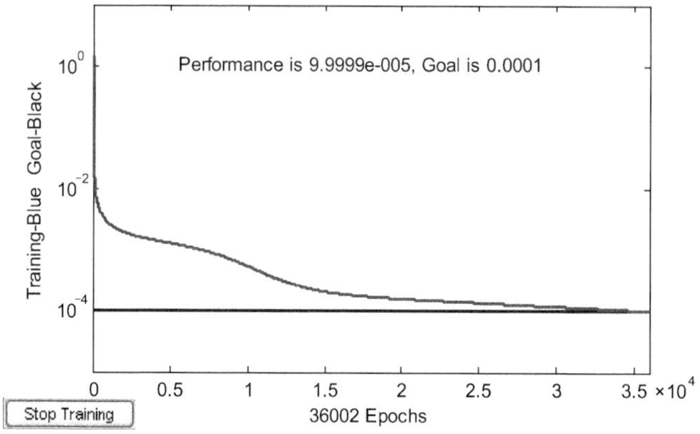

图 3.9 廊坊市货运量预测 ANN 非线性时间序列训练过程

$$\boldsymbol{w}=[-2.0995, 1.5633, 1.1531, -0.7929, -0.2252, 0.1431, -0.6270, 1.1707, -1.6193, 2.0982]^{\mathrm{T}},$$

阈值为

$$w_0=\theta=0.1913$$

具体训练误差以及以此为预测模型的检验误差如图 3.10 所示。

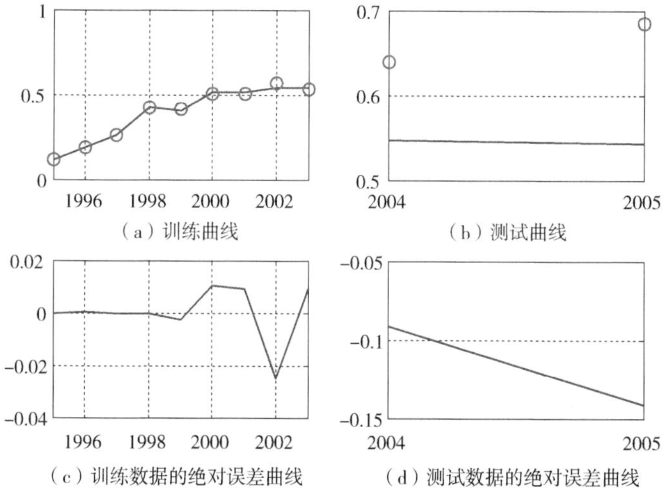

图 3.10 廊坊市货运量预测 ANN 非线性时间序列误差曲线

3.6.3 深度学习神经网络预测法

1. 基本概念

ANN 给人工智能等的发展提供了基本工具，虽然理论上采用多层前馈网络可以实现任何函数的逼近映射，但对多输入问题，如图像、涉及时空分布的交通运输量和交通量预测，输入数据还需要时间序列，输入数据量大，隐层足够多，使得数据计算量呈现爆炸性问题，由此产生了深度学习神经网络（2006 年）。

一般来说，隐层前馈性神经网络称为浅层神经网络，多隐层前馈性神经网络统一称为深层神经网络（Neural Network，NN），但这里的深度学习 NN 是一种特殊的深层 NN，其是针对传统深层 NN 的爆炸性等问题设计的特殊神经网络。常见的类型有卷积神经网络（Convolutional NN，CNN）、长短期记忆网络（Long-Short-Term Memory Network，LSTM Network）、强化学习网络（Reinforcement Learning Network，RLN）、循环神经网络（Recurrent NN，RNN）、生成对抗网络（Generative Adversarial Network，GAN）等。其通过结合各种有效的训练技巧，如最大池化、丢失连接和丢失输出等，使模型更加智能化，替代传统 ANN 和 SVM，广泛应用于语音识别、图像识别、文字识别、车牌识别、交通标志标线识别、地图识别、预测等多方面。

神经网络中的几个计算概念，如激活函数或激发函数、梯度下降法、反向传播算法、通用逼近定理、梯度下降法（随机梯度下降法）、归一化和局部归一化等同前，下面介绍一些新的概念。

（1）卷积，又名褶积，对应的有反卷积（反褶积），它是一种积分变换的数学方法，是分析数学中的一种重要计算，在很多方面得到了广泛应用。

定义 3.1 设 $f(x)$、$g(x)$ 是 R^1 上的两个可积函数，做积分

$$h(x)=\int_{-\infty}^{+\infty} f(\tau)g(t-\tau)\mathrm{d}\tau \tag{3.71}$$

可以证明，关于几乎所有的实数 x，上述积分是存在的。这样，随着 x 的取值不同，这个积分就定义了一个新的函数 $h(x)$，称该函数为 f 与 g 的卷积。容易验证，f 与 g 的卷积等同于 g 与 f 的卷积，并且仍为可积函数。这就是说，把卷积代替乘法是一个代数，甚至是巴拿赫代数。

定义 3.2 设 $f(i)$、$g(i)$ 是离散化函数，做计算

$$h(n)=\sum_{i=-\infty}^{+\infty} f(i)g(n-i) \tag{3.72}$$

卷积与傅里叶变换有密切关系，即两个函数的傅里叶变换的乘积等于它们卷积后的傅里叶变换，这样能使傅里叶分析中许多问题的处理得到简化。

由连续函数卷积得到的函数一般要比 f 与 g 都光滑，特别是当为具有紧致集的光滑函数，且为局部可积时，它们的卷积也是光滑函数。利用这一性质，对于任意的可积函数 f，都可以简单地构造出一组逼近于 f 的光滑函数列，这种方法称为函数的光滑化或正则化。

（2）内外卷积运算，其中内卷积是卷积神经网络的前向计算，外卷积是卷积神经网络的反向计算。

（3）膨胀卷积，又称扩张卷积，它是离散卷积中的一种特殊方式，支持以倍数方式扩大感受野，如 3×3 卷积，2 倍扩张后感受野为 7×7，4 倍扩张后感受野为 15×15。

（4）上下采样计算，在 CNN 计算中，上采样和下采样之间存在某种对应关系，不同的下采样运算（该过程称为池化过程）对应的上采样运算也不同。常见的下采样有平均下采样和最大下采样两种，又称为平均池化和最大池化，对应的上采样称为平均上采样和最大上采样。

（5）卷积面计算，一个卷积层可以包含很多卷积面（或称为卷积特征图、卷积图、特征

图），每个卷积面都是根据输入（一幅或者多幅图像）、卷积核（一个矩阵，或称为卷积滤波器、滤波器）和激活函数（同前）来计算的。

显然，通过卷积面计算，可以实现多幅图像的输入形式，其中每一幅图像的卷积核和激活函数不一定是相同的。

（6）丢失输出（随即让某些节点不工作）和丢失连接（一部分输出通过限制没有了）。

2. 卷积神经网络

1）CNN 基本概念

CNN 最初是视觉概念，针对二维（图像识别、文字识别、车牌识别、交通标志标线识别、地图识别）形状识别设计的一种生物物理模型。1989 年 LeCun 等将卷积层和下采样层结合，设计了 CNN 的主要结构，形成了 CNN 的雏形 LeNet。后来 Krizhevsky 等修正线性单元作为激活函数，形成了著名的突破模型 AlexNet，并在大规模的图像识别中应用，取得了好的识别效果，成为深度学习的重要拐点。

CNN 为特殊的多层感知器或者前馈神经网络。标准的 CNN 由输入层、交替的卷积层和池化层、全连接层和输出层组成，如图 3.11 所示。其中，卷积层又称为检测层（权重称为卷积核，可以是经过训练确定的，也可以是固定值），池化层又称为下采样层，它们可以看作特殊的隐层，各层数量不固定。

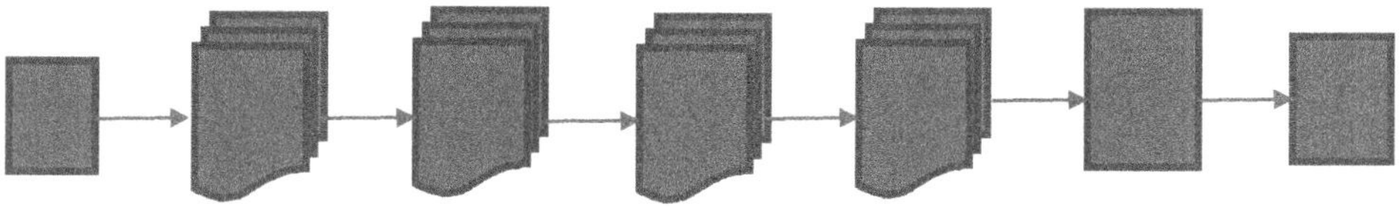

图 3.11　标准 CNN 结构图

2）CNN 的现代雏形 LeNet

CNN 的现代雏形 LeNet 最初用于美国银行支票的书写方面，并取得了非常大的成功，可以识别打印字符和手写字符。其主要特征是将卷积层和下采样层（池化层）结合作为网络的基本结构，包含 3 个卷积层和 2 个下采样层、1 个全连接层、1 个输出层，不含输入层，共 7 层，其输入是一个矩阵或者图像，大小为 32 × 32，如图 3.12 所示。

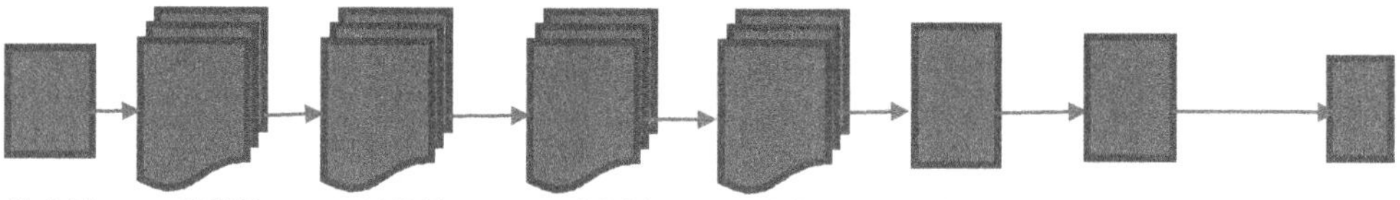

图 3.12　CNN 的现代雏形 LeNet 结构图

（1）C_1 为第一个卷积层，含 6 个卷积特征图，每个特征图的大小为 28 × 28，由一个 5 × 5 的卷积核（卷积滤波器）对输入图像进行内卷积运算得到，其中每个神经元与输入中对应 5 × 5 连接，每个卷积核有 5 × 5 个权重和 1 个阈值，共有（25+1）× 6=156 个参数，还有

122 304 个连接。

(2)S_2 为第一个下采样层，有 6 个 14 × 14 的下采样特征图，每个下采样特征图都是由相应的卷积特征图经过大小为 2 × 2、步长为 2 的窗口进行平均池化，然后利用 Sigmoid 激活函数进行一次非线性化处理得到的。进行下采样的目的是利用局部相关性减少后续处理量，同时保留有用信息，其与 C_1 层特征图相比，行、列分别缩小为原来的 1/2，整体缩小为原来的 1/4。每个下采样特征图有 1 个权重参数和偏置参数，共 12 个可训练参数和 5 880 个连接。

(3)C_3 为第二个卷积层，包含 16 个 10 × 10 的卷积特征图，在每个卷积特征图中，每个神经元都与 S_2 层中的若干个 5 × 5 邻域存在局部连接，这些 5 × 5 邻域分别位于不同特征图的相同位置上，共有 1 516 个参数，151 600 个连接。

(4)S_4 为第二个下采样层，有 16 个 5 × 5 的下采样特征图，每个下采样特征图都是由 C_3 层相应的卷积特征图经过 2 × 2 不重叠窗口的平均池化，然后利用 Sigmoid 激活函数进行一次非线性化处理得到的。其与 C_3 层特征图相比，行、列分别缩小为原来的 1/2，整体缩小为原来的 1/4。每个下采样特征图有 1 个权重参数和偏置参数，共 32 个可训练参数和 2 000 个连接。

(5)C_5 为第三个卷积层，包含 120 个 1 × 1 的卷积特征图，其中每个神经元都与 S_4 层中所有下采样特征图的一个 5 × 5 邻域连接，由于下采样特征图和卷积核的大小都是 1 × 1，这也意味着从 S_4 到 C_5 实际上是一个全连接。其标注为卷积层而不是全连接层，这是因为 LeNet-5 的输入通过填充变大了，但其他部分保持不变，导致其特征图为 1 × 1。其有 48 120 个可训练参数。

(6)F_6 为全连接层，包含 84 个神经元，每个神经元与 C_5 层的所有神经元连接，其值由 C_5 层的输出向量与 F_6 的权重向量做内积，加上一个偏置，再经过尺度化双曲正切函数的挤压作用得到，共 10 164 个可训练参数。

(7)H 为输出层，由 10 个欧几里得径向函数神经元组成，每个神经元代表一个类别，且与 F_6 层的 84 个神经元相连，其值由输入向量和权重向量的欧氏距离平方得到，其可训练参数为 840 个。

现常见的 LeNet 的标准模型上面已有不同，主要区别是将非线性变换从下采样层移到卷积层，且把输出层的激活函数从欧几里得径向函数替换为软最大函数。这样标准模型从结构上分解为输入层、卷积层、池化层、卷积层、池化层、全连接层和输出层，具体如图 3.11 所示。

LeNet 有 Café 代码，可用于书写数字识别、交通标志识别、交通网络提取等。

3)CNN 的突破模型 AlexNet

CNN 的快速发展是从 AlexNet 的提出和应用开始的。2010 年斯坦福大学李正飞正式组织并启动大规模视觉和图像识别竞赛；2012 年 Alex Krizhevsky 等提出了一种非常重要的卷积神经网络模型，并取得冠军，受到了学术界和工业界的广泛关注，称为 AlexNet 模型，且成为深度学习的突破成果，使神经网络重回人工智能范畴，也意味着深度学习得到广泛的应用。其具有以下不同点。

(1)结构调整，包含 1 个输入层、5 个卷积层(其中 3 个进行了最大池化)、3 个全连接层。

（2）激活函数不同，使用 ReLU 激活函数替代 Sigmoid 函数或 tanh 函数，在训练时间上更快，有助于训练更深的网络。

（3）使用 GPU（图形处理器）代替 CPU，可以更加快速、方便地处理图片。

（4）局部响应归一化，减少出错率。

（5）重叠池化，传统的池化窗口没有重叠，不同的窗口池化过程分别独立计算，AlexNet 使用重叠池化，有助于减少过拟合，降低出错率。

（6）减少过拟合，AlexNet 有 6 000 万个参数，远多于 LeNet 的参数，为了减少过拟合，除上述步骤外，AlexNet 还使用了数据扩容（如图像的平移、翻转，基于 PCA 和 RGB 的强度调整）和丢失输出（随机让网络中的某些节点不起作用）的训练技巧。

AlexNet 已经集成到 Caffe 框架中。

3. CNN 的发展与平台

1）常见 CNN 模型

（1）CNN 的应变模型，即 SPPNet 模型。CNN 要求输入的图像具有固定大小，难以适应大小变化的环境，一种有效的策略是采用空间金字塔池化网络 SPPNet 。其主要特点是在最后一个卷积层和全连接层之间插入一个空间金字塔池化层，利用这个空间金字塔池化层，SPPNet 对输入的图像进行裁剪或变形，就可以用于输入图像大小不同的情况，其也可以使用 Caffe 实现。

（2）CNN 的加深模型。随着 CNN 的不断发展，对其结构纵深提出了要求，主要有 VGGNet 和 GoogLeNet 模型，如应用于物体图像识别和鲜花识别等。

（3）CNN 的跨连模型。如快道网络（HighwayNet）、残差网络（ResNet）、密连网络（DenseNet）等，允许每层与非连接层直接连接，可增加速度和加大深度，如深度可达成百上千层。

（4）CNN 的区域模型。其主要用于目标检测，先从图像中检测并推荐候选区域，再利用 CNN 对候选区域进行分类，包括区域卷积网络（R-CNN）、快速区域卷积网络（Fast R-CNN）、更快区域卷积网络（Faster R-CNN）、你只看一次网络（YOLO）和单次检测器（SSD）等。

（5）CNN 的分割模型。其是目标检测任务上的推进，用于更精细的图像处理、语义分割、实例分割等。目标检测只需检测图像中每个对象的位置和类别；语义分割还要对每个像素进行分类；实例分割更难，需要把每个对象的不同实例都分割出来。其主要有全卷积网络（FCN）、金字塔场景分析网络（PSP）、掩膜区域卷积网络（Mask R-CNN）等。

（6）CNN 的特殊模型等，如孪生网络（SiameseNet）。

2）CNN 平台和工具

CNN 平台和工具有 Theano、TensorFlow、Caffe、Caffe2、CNTK、MXnet、Torch、Deeplearning4 J、Keras 等；网站为 http：//www.deeplearning.net/software/theano/，http：//tensorflow.org，http：//cafe.berkeleyvision.org，http：//developer.nvidia.com/caff2，http：//cntk.codeplex.com/，http：//mxnet.io，http：//torch.ch/，http：//deeplearning4J.org，http：//keras.io/。

3)CNN 中案例数据集合(测试数据集合)

(1)MNIST(Mixed National Institute of Standard and Technology)是书写数据集(数字),有 60 000 个训练样本 、1 万个测试样本,每个样本图像的大小为 28 × 28,仅包含一个单一的手写数字字符,像素的取值范围为[0, 255],其中 0 表示黑,255 表示白,中间值表示灰色度。

(2)GTSRB(German Traffic Sign Recognition Benckmark)是德国交通数据集合,有两套训练集和测试集,都含有 43 类交通标志,一套有 39 209 个训练样本和 12 630 个测试样本,另一套有 26 640 个训练样本和 12 569 个测试样本。其图片格式是.ppm 类型,大小为 15 × 15~250 × 250 不等,每个样本的长度、兴趣区、标签等注释信息存放在对应的.csv 文件中。为便于处理,需要将其转化为.jpg 格式,并归一化为 32 × 23 大小。

(3)RRSI(Road Remote Sensing Image)是一个交通路网遥感图像的数据集合,包括公路、城市道路、停车场、广场等,有 30 幅大小不等的图像和 2 种标注。

(4)ImageNet 是一个拥有超过 1 500 万幅图像、约 2 200 个类别的数据集,可用于大规模的图像识别和检测。

(5)CIFAR-10 是一个常见物体数据集,分为 10 个类别,包含 60 000 幅 32 × 32 的彩色图像,其中 50 000 幅用于训练,其余用于测试,可支持 Python、Matlab 和 Binary 版本。

(6)Oxford-17 是一个鲜花数据集合,包含 1 369 幅图像,分为 17 个类别,每类 80 幅图像,大小不尽相同。

(7)AR 是一个人脸识别的数据集合,包括 126 个人在不同表情、光照和妆容条件下的 4 000 多幅人脸识别图像。

(8)VOC 2007 是一个物体和场景的图像数据集合。

(9)不同场景的图像数据集合 SIFT Flow 和 ADE20K,前者包含 2 688 幅图像(其中 2 488 幅用于训练),后者包含 22 210 幅图像(其中 20 210 幅用于训练)。

(10)COCO-2014 是微软团队制作的一个图像数据集。

(11)CelebA 是一个名人人脸的图像数据集合。

(12)Gamerecords 是一个围棋棋局文件的数据集合。

4. 长短期记忆网络

1)基本概念

长短期记忆网络(LSTM network)是一种时间循环神经网络,它是为解决一般的循环神经网络(RNN)存在的长期依赖问题而专门设计的,所有的 RNN 都具有一种重复神经网络模块的链式形式。在标准 RNN 中,这个重复的结构模块只有一个非常简单的结构,如一个 tanh 层。

LSTM 网络相关首次发表于 1997 年。由于独特的设计结构, LSTM 网络适用于处理和预测时间序列中间隔和延迟非常长的重要事件,如交通流、运输和物流预测方面。

LSTM 网络的表现通常比时间递归神经网络及隐马尔科夫模型(HMM)更好,如用在不分段连续手写识别上。2009 年,用 LSTM 网络构建的人工神经网络模型赢得了 ICDAR 手写识别比赛冠军。LSTM 网络还普遍用于自主语音识别, 2013 年运用 TIMIT 自然演讲数据库达到了 17.7%错误率的纪录。作为非线性模型, LSTM 网络可作为复杂的非线性单元用于构造更大型的深度神经网络。

2)结构

LSTM 网络是一种含有 LSTM 区块(block)或其他的类神经网络,相关文献或其他资料中 LSTM 区块可能被描述成智能网络单元,因为它可以记忆时间长度不定的数值,区块中有一个门能够决定输入是否重要到能被记住及能否被输出,具体如图 3.13 所示。

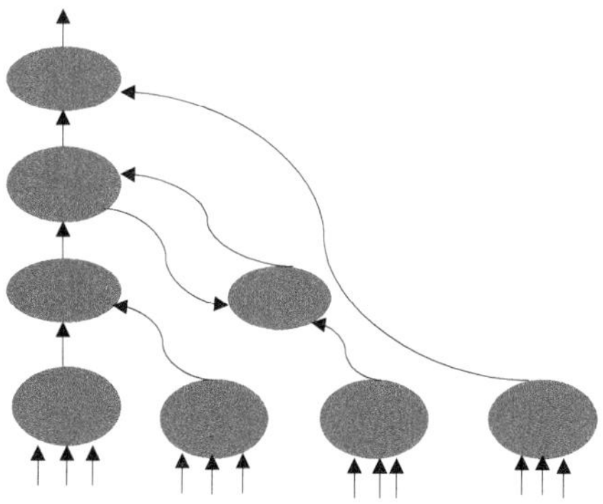

图 3.13 LSTM 网络结构图

图 3.13 最下面是四个 S 函数单元,最左边函数依情况可能成为区块的输入,右边三个函数会经过门决定输入是否能传入区块;左边第二个为输入门,如果其产出值近似于零,将把该值挡住,不会进到下一层;左边第三个为遗忘门,如果其产生值近似于零,将把区块里记住的值忘掉;左边第四个也就是右边第一个为输出门,它可以决定在区块记忆中的输入是否能输出。

3)训练方法

训练方法采用梯度法即可。

4)LSTM 网络的变体

LSTM 网络的变体有双向循环神经网络(Bi-LSTM)和深层循环神经网络。

双向循环神经网络的主体结构是由两个单向循环神经网络组成的,在每一个时刻 t,输入会同时提供给这两个方向相反的循环神经网络,而输出则是由这两个单向循环神经网络共同决定的,可应用于道路交通流速度、城市轨道交通 OD 的多步预测中,并可避免信息丢失。

为了增强模型的表达能力,深层循环神经网络在每一个时刻 t 上将循环体结构复制多次,同一层循环体中的参数是一致的,而不同层中的参数可以不同。

3.7 基于图卷积和注意力机制的高速公路交通流预测

3.7.1 预测系统结构

高速公路管理控制的基础之一是短时交通流预测,近年来大数据挖掘驱动方法研究已成为其主要方向。高速公路不同于城市道路,其管控实施效果存在滞后性,如相邻上下游匝道间距离较远,若下游较远路段出现拥堵,则匝道调节效果需较长时间才能发挥作用,因此高速公路管理控制措施必须适度提前，而多步预测成为其必要条件之一。高速公路交通流预测可采用如自回归滑动平均、卡尔曼滤波等统计模型方法以及ANN、SVM、非参数回归等机器学习方法，这些方法虽有各自的特点和优势，但在多步预测时偏差较大，难以满足工程需要，且大部分方法使用时仅利用预测断面或路段数据，没有利用可能影响预测路段流量的其他路段数据，尤其是高速公路上游和可能反向传播的下游数据，无法体现交通流空间分布特点。

编-解码序列对序列（Sequence to Sequence，Seq2Seq）结构由于能够提供一个输入-输出序列可不等长的框架，近年来被广泛应用于机器翻译领域，也是研究深度学习的主要方法之一，特别是在多步预测方面可取得较高精度。其中，注意力机制加入编码层后，给每一个输入数据分配权重，使解码时能选择与预测目标值权重更大的元素，从而提高预测精度。在基于注意力机制的Seq2Seq多步预测模型中，输入序列的选择和特征提取是预测结果是否达到高精度的关键，如通过正反向学习时间依赖关系，避免信息丢失的双向长短期记忆（Bi-directional Long Short Term Memory，Bi-LSTM）网络模型；将输入门和遗忘门合为一体，只保留更新门和重置门的双向门控循环单元（Bi-Gated Recurrent Unit，Bi-GRU）模型，通过其双向门处理得到有效信息，克服了传统机器学习在处理长期依赖问题时存在的梯度消失和爆炸性问题，提升运算精准性，并由于比其他方法所需神经单元数量少、效率更高、稳定性更好、更容易进行训练，成为深度学习多步预测特征提取中的最新方法。基于此，本小节介绍一种考虑时空分布的高速公路交通流多步深度学习预测方法，结合路网结构提取预测路段和“可能影响的上下游其他路段”的空间特征，将融合后的历史和实时时间序列数据作为输入，建立图卷积神经网络和注意力机制融合的高速公路交通流多步预测模型Bi-GRU-Seq2Seq，并通过试验予以分析验证。

1. 预测系统结构

预测系统依托道路拓扑结构由信息采集子系统、数据库、知识库、预测模块等组成，结构如图3.14所示。

（1）高速公路网络表示为$G(V, E, \boldsymbol{A})$，V为节点集，取检测器所在的主线门架、出入口匝道门架、立交桥门架等位置；E为边集，每一条边e为点间的路段（基本单元）；$\boldsymbol{A} \in \mathrm{R}^{N\times N}$为$G$的邻接矩阵，$a_{ij}$为其元素，其值为1表示路段$e_i$和$e_j$连接，为0则表示不连接。

（2）预测对象为网络中每一个路段（边）或节点在未来时间段的交通流参数估计值，如主线断（截）面流量、路段流量或密度、速度等。

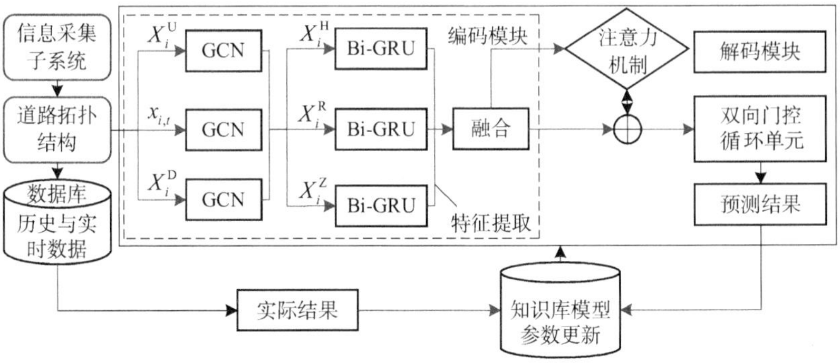

图3.14　预测系统结构

2. 预测系统原理

（1）由信息采集子系统采集的实时交通流信息存储在数据库中，并计算处理以供系统使用。

（2）采用 GCN 方法，结合道路拓扑结构，将可能影响断面 i 流量的上游路段时间序列 X_i^{U}、下游路段时间序列 X_i^{D} 和本断面时间序列 $x_{i,t}$ 进行空间特征提取。

（3）采用 Bi-GRU 模型对经过时空融合更新后的断面历史临近时段时间序列 X_i^{H}、日周期性时间序列 X_i^{R}、周周期性时间序列 X_i^{Z} 分别提取时序特征。

（4）采用注意力机制获取各特征值的权重，将提取的包含空间特征的时间序列数据加权融合后代入 GRU 模型，得到路段交通流多步预测值。

（5）将预测值和随后采集到的交通流实时值存入知识库中，更新预测模型中的相关参数值。

3. 预测路段（断面）空间数据选取

断面 i 交通流参数会影响其未来 l 个时段的预测值 $\boldsymbol{X}_{i,\,t+l}=(x_{i,\,t+1},x_{i,\,t+2},\cdots,x_{i,\,t+l})^{\mathrm{T}}\in\mathrm{R}^l$ 的空间数据。

1）上游路段

考虑到高速公路各路段（基本单元）较长，对于短时交通流预测，只有“车辆以最大速度抵达被预测路段”的上游路段的交通流参数会对预测产生影响，将受到影响的上游路段数 u_1 定义为

$$\arg_{u_1}[(l_{i-u_1,i-u_1+1}/v_{\max,i-u_1,i-u_1+1}+\cdots+l_{i-2,i-1}/v_{\max,i-2,i-1}+l_{i-1,i}/v_{\max,i-1,i})\geqslant T\cdot k] \tag{3.73}$$

式中：$l_{i-1,i}$ 和 $v_{\max,i-1,i}$ 分别为断面 i-1 与 i 之间的路段长度和最大限速值；T 为预测时间步长；k 为预测的步数。

式（3.73）表示若按最大限速值行驶，上游路段 $l_{i-u_1,i-u_1+1}$ 车辆可在第 k 步抵达本路段，但路段 $l_{i-u_1-1,i-u_1}$ 车辆尚不可能抵达本路段，将路段 $l_{i-1,\,i}$ 至 $l_{i-u_1,i-u_1+1}$ 的所有路段作为上游空间影响路段，其特征参数作为断面 i 交通流参数预测影响变量。若上游有互通式立交桥，需按流向对各方向的交通流分别进行计算确定，上游影响路段时间序列为 $\boldsymbol{X}_i^{\mathrm{U}}=(x_{i-u_1,t}^{\mathrm{U}},x_{i-u_1+1,t}^{\mathrm{U}},\cdots,x_{i-1,t}^{\mathrm{U}})^{\mathrm{T}}$，其中 $x_{i-1,t}^{\mathrm{U}}$ 为 t 时断面 i-1 的交通流参数。

2）下游路段

下游出现拥堵时，主线会出现反向传播情景，从而影响预测断面 i 的交通流参数，对于预测第 k 步参数 $x_{i,t+k}$，可能影响预测断面 t 的下游路段数 u_2 定义为

$$\arg_{u_2}[(l_{i,i+1}/w_{\max,i,i+1}+l_{i+1,i+2}/w_{\max,i+1,i+2}+\cdots+l_{i+u_2-1,i+u_2}/w_{\max,i+u_2-1,i+u_2})\geqslant T\cdot k] \tag{3.74}$$

式中：$w_{\max,i,i+1}$ 为路段 $l_{i,\,i+1}$ 的最大反向传播速度。

式（3.74）表示若下游路段 $l_{i+u_2-1,i+u_2}$ 拥堵，将以最大速度反向传播，并在第 k 步传播到本路段，但不会传播到路段 $l_{i+u_2,i+u_2+1}$，将 $l_{i,i+1}$ 到 $l_{i+u_2-1,i+u_2}$ 间的所有路段作为下游影响路段，其特征参数作为 i 时段交通流参数预测影响变量。同时，若下游有互通式立交桥，需按流向对各方向的交通流分别进行计算确定，下游影响路段时间序列为 $\boldsymbol{X}_i^{\mathrm{D}}=(x_{i+1,t}^{\mathrm{D}},\cdots,x_{i+u_2-1,t}^{\mathrm{D}},x_{i+u_2,t}^{\mathrm{D}})^{\mathrm{T}}$，其中 $X_{i+1,t}^{\mathrm{D}}$ 为 t 时断面 i+1 的交通流参数。

4. 预测路段时间数据选取

预测路段特征参数分为时间临近性特征参数（实时数据）和周期性特征参数（历史数据）两部分。

（1）时间临近性特征参数，即受前几个时段影响，一般为 $X_i^{\mathrm{H}}=(x_{i,t-n+1}^{\mathrm{H}}, x_{i,t-n+2}^{\mathrm{H}}, \cdots, x_{i,t}^{\mathrm{H}})^{\mathrm{T}}$，其中 $x_{i,t}^{\mathrm{H}}$ 为第 t 时段路段 i 的交通流参数，n 为临近时段的影响数量。

（2）周期性特征参数。考虑到高速公路具有城市道路每天不同时段交通流参数的相似性特征，且也具有日和周的周期性特征，交通流参数需分工作日、节假日、不良天气等情况分别预测，如正常工作日选取日和周的周期性特征参数。其中，日周期性时间序列为 $X_i^{\mathrm{R}}=(x_{i,d-D+1}^{\mathrm{R}}, x_{i,d-D+2}^{\mathrm{R}}, \cdots, x_{i,d}^{\mathrm{R}})^{\mathrm{T}}$，其中 $x_{i,d}^{\mathrm{R}}$ 为第 d 天（同类型天）路段 i 的交通流参数，D 为临近天数的影响数量；周周期性时间序列为 $X_i^{\mathrm{Z}}=(x_{i,w-W+1}^{\mathrm{Z}}, x_{i,w-W+2}^{\mathrm{Z}}, \cdots, x_{i,w}^{\mathrm{Z}})^{\mathrm{T}}$，其中 $x_{i,w}^{\mathrm{Z}}$ 为第 w 周（同类型周）路段 i 的交通流参数，W 为临近周数的影响数量。

3.7.2 基于注意力机制交通流的 Seq2Seq 预测模型

1. 特征提取

1）空间特征提取

采用 GCN 方法进行空间特征提取，利用 K 阶邻域矩阵对上述高速公路网络中的每个截面流量数据进行时空融合。对于截面 i 可能受到的上下游空间影响路段数 u_1 和 u_2，定义其 K 阶路段集合为 $\lambda_i(K)\{j\in[i-u_1, i+u_2]\}$。为模仿拉普拉斯矩阵，对于邻接矩阵 $\boldsymbol{A}$ 添加单位矩阵 $\boldsymbol{I}$，其 K 阶邻域矩阵可通过计算 $\boldsymbol{A}+\boldsymbol{I}$ 的 K 次幂得到，即

$$\boldsymbol{A}_{\mathrm{GC}}^{K}=\boldsymbol{CI}[(\boldsymbol{A}+\boldsymbol{I})^{K}] \tag{3.75}$$

式中：$\boldsymbol{CI}(\cdot)$ 为矩阵裁剪函数。

$\boldsymbol{A}_{\mathrm{GC}}^{K}(i,j)$ 值计算如下：

$$\boldsymbol{A}_{\mathrm{GC}}^{K}(i,j)=\begin{cases}1 & e_j\in\lambda_i(K)\ \text{或}\ i=j\\ 0 & \text{其他}\end{cases} \tag{3.76}$$

对可能影响本路段的上下游时间序列进行图卷积操作，通过下式完成全部截面信息更新：

$$\boldsymbol{X}_t(K)=(\boldsymbol{W}_{\mathrm{GC}}\odot\boldsymbol{A}_{\mathrm{GC}}^{K})\cdot\boldsymbol{X}_t \tag{3.77}$$

式中：$\boldsymbol{W}_{\mathrm{GC}}$ 为初始训练矩阵；$\boldsymbol{W}_{\mathrm{GC}}\odot\boldsymbol{A}_{\mathrm{GC}}^{K}$ 为融合 K 阶邻域信息的新训练矩阵；$(\boldsymbol{W}_{\mathrm{GC}}\odot\boldsymbol{A}_{\mathrm{GC}}^{K})\cdot\boldsymbol{X}_t$ 表示对 $\boldsymbol{X}_t$ 进行空间卷积；$\boldsymbol{X}_t(K)$ 为各截面 t 时融合空间影响的时间序列流量数据。

式（3.77）中截面 i 的更新过程如下：

$$[x_{i,t-n+1}(K),\cdots,x_{i,t}(K)]=(\boldsymbol{W}_{\mathrm{GC}}[i]\odot\boldsymbol{A}_{\mathrm{GC}}^{K}[i])^{\mathrm{T}}\cdot[x_{i,t-n+1},\cdots,x_{i,t}] \tag{3.78}$$

式中：$\boldsymbol{W}_{\mathrm{GC}}[i]$ 和 $\boldsymbol{A}_{\mathrm{GC}}^{K}[i]$ 分别为 $\boldsymbol{W}_{\mathrm{GC}}$ 和 $\boldsymbol{A}_{\mathrm{GC}}^{K}$ 的第 i 行；$x_{i,t}(K)$ 是 i 路段 t 时融合上下游的时空数据。

2）时间特征提取

在上述空间特征提取的基础上，采用 Bi-GRU 方法进行时间序列特征的提取。对于 i

截面 t 时段实时交通流参数 $x_{i,t}$，结合上一步隐状态 $h_{i,t-1}$，利用 GRU 通式分别计算临近周期性、日周期性、周周期性特征各自的向前隐向量 $\overrightarrow{h_{i,t-1}}$ 和向后隐向量 $\overleftarrow{h_{i,t-1}}$，并更新每个时段的隐藏层状态 $h_{i,t}$：

$$\overrightarrow{h_{i,t}} = GRU(x_{i,t}, \overrightarrow{h_{i,t-1}})\ ;\ \overleftarrow{h_{i,t}} = GRU(x_{i,t}, \overleftarrow{h_{i,t-1}}) \tag{3.79}$$

$$h_{i,t}^{\mathrm{H}} = (V_t^{\mathrm{H}} \overrightarrow{h_{i,t}^{\mathrm{H}}} + V_t^{\mathrm{H}'} \overleftarrow{h_{i,t}^{\mathrm{H}}} + b_t^{\mathrm{H}}) \tag{3.80}$$

$$h_{i,t}^{\mathrm{R}} = (V_t^{\mathrm{R}} \overrightarrow{h_{i,t}^{\mathrm{R}}} + V_t^{\mathrm{R}'} \overleftarrow{h_{i,t}^{\mathrm{R}}} + b_t^{\mathrm{R}}) \tag{3.81}$$

$$h_{i,t}^{\mathrm{Z}} = (V_t^{\mathrm{Z}} \overrightarrow{h_{i,t}^{\mathrm{Z}}} + V_t^{\mathrm{Z}'} \overleftarrow{h_{i,t}^{\mathrm{Z}}} + b_t^{\mathrm{Z}}) \tag{3.82}$$

式中：$GRU(\cdot)$为非线性映射函数，为 t-1 时段正反向隐藏层状态；V_t, V_t', b_t 分别为 t 时段网络自学习的正反隐状态权重和偏置。

式（3.80）至式（3.82）分别表示临近周期性、日周期周期性、周周期周期性的时序特征，对以上 Bi-GRU 的输出进行加权融合，得到综合时间序列特征：

$$H_{\mathrm{f}} = W_{\mathrm{h}} H_{\mathrm{h}} + W_{\mathrm{r}} H_{\mathrm{r}} + W_{\mathrm{z}} H_{\mathrm{z}} + b_{\mathrm{f}} \tag{3.83}$$

式中：H_{f} 为融合后影响因素状态集合；$W_{\mathrm{h}}, W_{\mathrm{r}}, W_{\mathrm{z}}, b_{\mathrm{f}}$ 分别为各自特征的权重及偏置；$H_{\mathrm{h}}, H_{\mathrm{r}}, H_{\mathrm{z}}$ 分别为临近周期性、日周期周期性、周周期周期性时序特征中不同时间段隐藏层状态的集合。

2. 预测模型输入（特征向量）计算

由式（3.83）计算得到多特征融合后引入注意力机制，由融合后的隐状态 $h_{i,t}^{\mathrm{f}}$ 与解码层上一步隐状态 $s_{i,t+l-1}$ 的相关性给出注意力分配评分值 $e_{i,t+l}$，再通过 softmax 函数计算注意力权重系数 $\alpha_{i,t+l}$，然后将各时段对应权重系数 $\alpha_{i,t+l}$ 和 $h_{i,t}^{\mathrm{f}}$ 相乘得到含有注意力概率分布的交通流参数 $x_{i,t+l}$ 的特征向量 $\boldsymbol{c}_{i,t+l}$：

$$e_{i,t+l}^{t} = score(s_{i,t+l-1}, h_{i,t}^{\mathrm{f}}) \tag{3.84}$$

$$\alpha_{i,t+l} = \frac{\exp(e_{i,t+l})}{\sum_{t=1}^{T} e_{i,t+l}} \tag{3.85}$$

$$\boldsymbol{c}_{i,t+l} = \sum_{t=1}^{T} \alpha_{i,t+l} h_{i,t}^{\mathrm{f}} \tag{3.86}$$

3. 预测值计算

将解码器上一时段预测值 $x_{i,t+l-1}$、隐状态 $s_{i,t+l-1}$ 和当前时段的注意力向量 $\boldsymbol{c}_{i,t+l}$ 作为 GRU 模型的输入来更新当前时段交通流隐状态，经过 $\boldsymbol{v}_y$ 线性变换得到当前交通流参数预测值：

$$s_{i,t+l} = f_1(s_{i,t+l-1}, x_{i,t+l-1}, \boldsymbol{c}_{i,t+l}) \tag{3.87}$$

$$x_{i,t+l} = \boldsymbol{v}_y^{T}(\boldsymbol{c}_{i,t+k}, s_{i,t+l}) + b_y \tag{3.88}$$

式中：f_1 为解码器 GRU 模型的非线性映射函数；b_y 为模型自学习的偏置。

4. 模型参数动态更新

对于第 l 步的预测值 $x_{i,\ t+l}$，使用均方根误差（RMSE）最小化为预测模型参数确定和动态实时更新的依据，具体采用 Adam 优化器梯度下降法进行迭代训练：

$$RMSE=\frac{1}{N}\sum_{k=1}^{N}(x_{i,t+l}-x'_{i,t+l})^2 \tag{3.89}$$

第 t 步预测模型参数 θ_t 的更新步骤如下。

(1)计算第 t 步梯度 g_t。

(2)计算 g_t 的指数移动平均 m_t 和纠偏值 m_{1t},其中 β_1 为梯度指数遗忘因子或衰减率:

$$m_t=\beta_1 m_{t-1}+(1-\beta_1)g_t \tag{3.90}$$

$$m_{1t}=m_t/(1+\beta_1^t) \tag{3.91}$$

(3)计算 g_t 平方的指数移动平均 vp_t 和纠偏值 vp_{1t},其中 β_2 为梯度平方指数衰减率:

$$vp_t=\beta_2 vp_{t-1}+(1-\beta_2)g_t^2 \tag{3.92}$$

$$vp_{1t}=vp_t/(1+\beta_2^t) \tag{3.93}$$

(4)更新参数:

$$\theta_t=\theta_{t-1}-\alpha m_{1t}/(\sqrt{vp_{1t}}+\varepsilon) \tag{3.94}$$

式中:α 为学习率;ε 为避免除数变为 0 的设置数。

3.7.3 应用分析

1. 试验背景

以京港澳高速涿州—保定北为试验分析对象,该段含 6 对出入口匝道和 2 个与其他高速的互通式立交桥,主线为单向 4 车道,长度 76.4 km,限速值大车 100 km/h、小车 120 km/h,反向传播速度 25 km/h。依据设置在门架上的视频检测器、各匝道出入口和互通式立交桥进行基本单元(路段)划分,见表 3.10。数据由高速公司通过视频软件处理提供,2020 年 10—12 月,前 49 天为训练集,后 14 天为测试集。断面交通上下游影响分别按车辆最大限速和反向传播速度考虑,如徐水断面预测粒度为 20 min 时,上游对其影响最多 40 km,至廊涿立交,取四段路(基本单元),长度分别为 14.2 km、2.8 km、4.3 km、13.7 km;下游对其影响最多 8.4 km,至保津互通,取一段路(基本单元),长度为 16.2 km。

表 3.10 路段划分和长度

编号	1	2	3	4	5	6	7
起始点	涿州—廊涿立交	廊涿立交—高碑店北	高碑店北—高碑店南	高碑店南—定兴	定兴—徐水	徐水—保津互通	保津互通—保定北
长度(km)	13.7	4.3	2.8	14.2	21.2	16.2	4.0

试验基于 PyTorch 框架,使用 32 个大小相同的卷积核计算,其中批大小为 64,学习率为 0.001, Dropout 为 0.5,迭代 100 次,并将数据进行最小-最大归一化处理,设预测未来时段长度 T_p 为 0.5 h,如 2020 年 11 月 26 日早 8:00—8:30,历史数据部分设置 h、r、z 分别为 6、2、2,如图 3.15 所示。其中,T_h 为当前时段前 3 个小时,T_r 为前 2 日相同时段,T_z 为前 2 周相同时段。

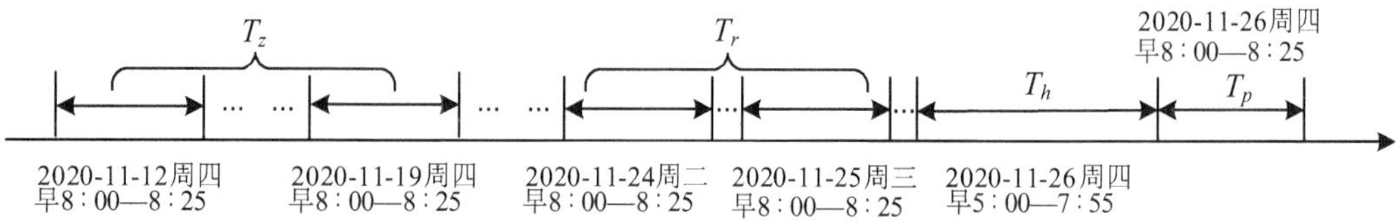

图 3.15　预测模型中输入-输出示范

2. 试验结果分析

以徐水门架断面 2020 年 11 月 26 日为例，图 3.16（图中 0 代表 8∶00）所示为采用不同时间粒度的 2 步流量预测值与真实值对比，图 3.17 和 3.18 所示分别为自由流和拥堵状态下多步流量预测值与实际值对比，其中步长分别取 1、2、3 和 4，指标为平均绝对误差（MAE）、均方根误差（RMSE）和平均绝对百分比误差（MAPE）。

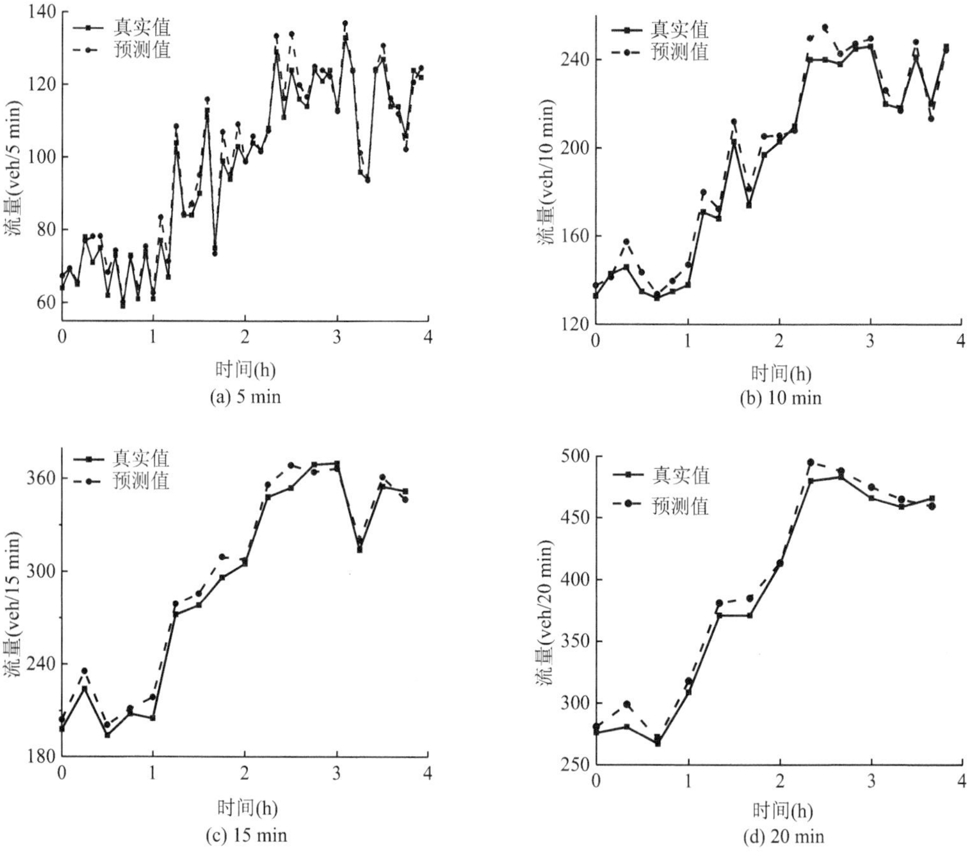

图 3.16　不同时间粒度预测值与真实值对比

（1）预测值和实际值间偏差较小。预测拟合曲线基本反映了未来一段时间内交通流的变化趋势，表明了本方法的适用性。同时，从图 3.16、图 3.17 和图 3.18 可以看出，随着粒度的增加，预测精度稍显下降，这是由于随着时间粒度的增大，交通流间差异性降低，进而模型捕获交通流时空差异性的能力逐渐减小所致。

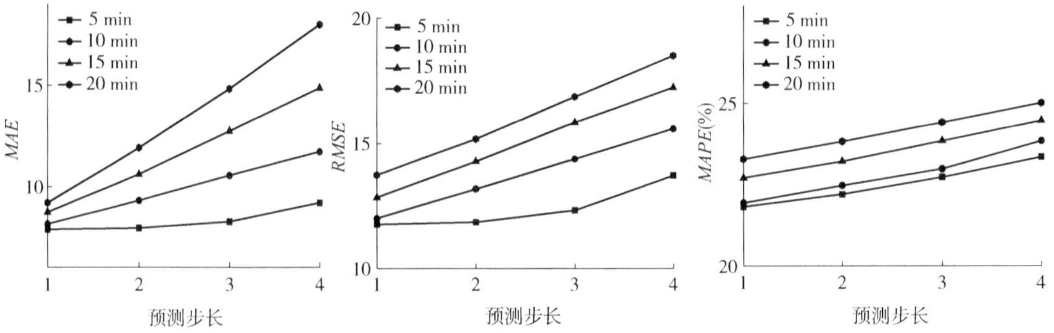

（a）*MAE*　（b）*RMSE*　（c）*MAPE*

图 3.17　自由流状态下预测指标对比

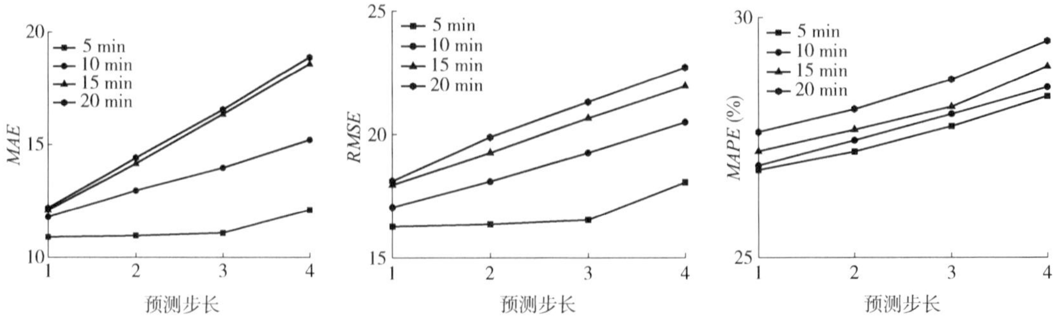

（a）*MAE*　（b）*RMSE*　（c）*MAPE*

图 3.18　拥堵状态下预测指标对比

（2）预测精度随着预测步长的增加逐渐减小。这是因为本预测步长均不少于 5 min，精度得到了保障；但作为高度非线性系统，随着预测步数的增多，后续趋势是否发生转变只能依据原有趋势进行外推，误差逐渐累积所致。而本多步预测方法由于充分利用了注意力机制和 Bi-GRU 捕获时间特性，并采用图卷积充分捕获空间影响的特性和捕捉交通流时空差异性，可较好地依据当前状态预测未来短期趋势，偏差较小；且时间粒度为 5~10 min 时，3 步内的预测结果均在合理范围内。

（3）不同交通状态对预测精度产生影响。不同交通状态下，随着预测步长的增加，评价指标均呈增加趋势，验证了“预测是利用原有趋势外推，误差会逐渐增加”的现象；但自由流状态下各指标均小于拥堵状态下，这是因为作为时空分布不均衡的高度非线性系统，拥堵状态下交通流波动较大，增加了预测难度。虽然精度降低，但由于本模型充分考虑时空特性，可很好地适应交通波动，预测精度依然在合理范围内，无论是一般状态还是拥堵状态，短时交通流预测均能取得较高精度，满足实时管理控制需要。

3. 与其他方法对比分析

以 5 min 为粒度进行不同预测方法对比试验，其中本方法为方法 1；选取不考虑上下游路段，其他与本方法相同（即不考虑空间）为方法 2；采用图卷积注意力模型为方法 3；采用 Seq2Seq 模型为方法 4。图 3.19 和 3.20 所示分别为自由流和拥堵状态下的流量预测值与实际值对比。

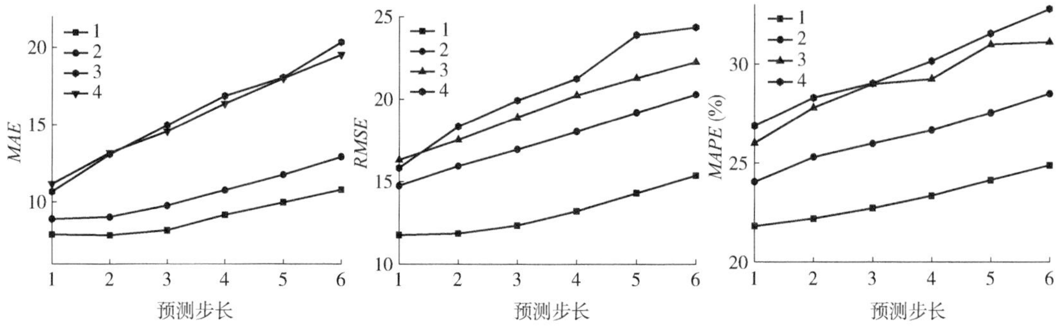

（a）*MAE*　　（b）*RMSE*　　（c）*MAPE*

图 3.19　自由流状态下不同方法预测指标对比

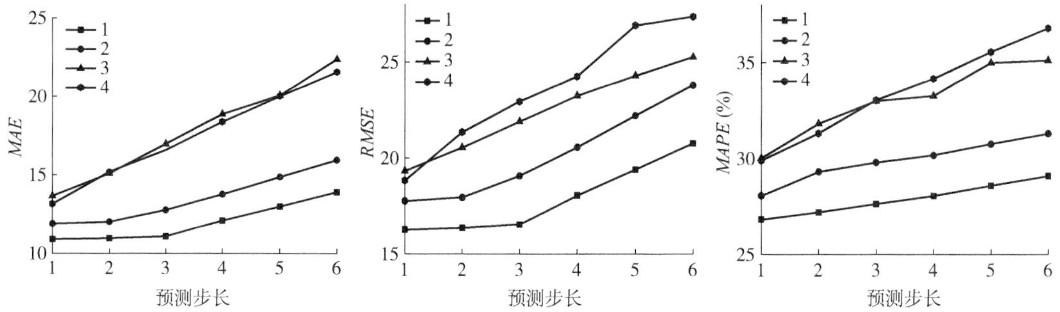

（a）*MAE*　　（b）*RMSE*　　（c）*MAPE*

图 3.20　拥堵状态下不同方法预测指标对比

（1）在各种预测方法中，基于深度学习的本方法（方法 1）和方法 2 精度较高，无论是不同的预测步数，还是交通流处于不同状态。而方法 3 和方法 4 没有综合各种深度学习的优缺点，使其精度较低，特别是多步预测时。

（2）本方法预测精度最高。这是因为本方法不仅利用双门控循环单元提取时间特征，还考虑了上下游影响范围，并利用图卷积网络提取空间特征、更好地挖掘交通流量时空特性，使预测模型更能高度映射内部的非线性关系，能够满足工程实际需要。

（3）随着预测步数的增加，本方法误差增长趋势更加缓慢。这是因为深度学习并非要学习更多数据信息，无用信息过多，反而会影响模型精度。利用最大限速和反向传播速度考虑上下游影响范围更贴合实际，进而基于注意力的 Seq2Seq 策略能给出更合适的权重，提升多步预测精度，进一步显示了本方法在多步预测中的优势。

显然，本研究综合交通流空间分布特征和周期性特点，建立了高速公路短时交通流 Bi-GRU-Seq2Seq 多步预测模型。通过试验予以分析验证，证明了本方法的有效性和能满足多步预测精度的要求。本研究仅为初步研究，尚需针对拥堵状态下交通流非线性特点，结合其波动大的特征，研究进一步提高其精度的改进方法，以期对高速公路拥堵状态下的预判、控制提供决策支持。

作 业

1. 简述交通系统预测时限与时间尺度选择的一般范围。

2. 对例 3.5,要求用偏最小二乘法建立 $m=4$ 的加权滑动时间序列预测模型,并对第 13 个月的货运量进行预测。

3. 某地区交通系统连续 8 个月的货运量统计资料见附表 3.1,要求建立指数平滑模型,并分别选择平滑系数 α 为 0.3、0.5、0.8 预测下月的货运量,根据预测结果,你得到何种结论?

附表 3.1 货运量统计数据

时间(月)	1	2	3	4	5	6	7	8
货运量 x_t(万吨)	97	95	96	92	94	98	102	98

4. 对题 3,建立非线性时间序列预测模型,具体分别采用人工神经网络和 SVM 对第 9 个月的货运量进行预测。

5. 某大型公路施工企业为合理安排施工机械维修资金,需要预测机械的状态。机械状态分为四种状态:x_1 表示优,x_2 表示良,x_3 表示中,x_4 表示差。第一年处于优、良、中、差状态的机械数量分别为 200、400、300、100 辆。根据以往经验,得到日常保养下的车辆数量状态转移服从一次马尔科夫链,状态转移概率矩阵为

$$\boldsymbol{P}=\begin{pmatrix} 0.65 & 0.2 & 0.1 & 0.05 \\ 0 & 0.7 & 0.2 & 0.1 \\ 0 & 0 & 0.8 & 0.2 \\ 0 & 0 & 0 & 1 \end{pmatrix}$$

试用马尔科夫模型预测日常保养下第 2、3 年的机械状况,并对机械状态变化和趋势进行分析。

6. 假定连接某一城市及其卫星城有乘坐轨道交通 A、乘坐汽车公交 B、驾驶私人小汽车 C 三种方式,乘客对象、数量固定,但乘客常常会在每月由一种方式转换为另外一种方式(由于采用月票方式,只能在月初转换,且本月固定),下一个月转换服从马尔科夫分布。1 月 1 日有 1/4 乘客乘坐轨道交通,1/3 乘客乘坐汽车公交、5/12 乘客驾驶私人小汽车。每个月中,轨道交通保有原有乘客 90%,而损失 10%乘客至 B;汽车公交保有原有乘客 5%,而损失 85%至 A,损失 10%至 C;驾驶私人小汽车保有原有乘客 40%,而损失 50%至 A,损失 10%至 B。

(1)直接写出状态转移概率矩阵。

(2)2 月 1 日和 3 月 1 日,三种方式拥有乘客比例为多少?

(3)假设依照此方式长期而言,三种方式拥有乘客比例为多少?

7. 某长途汽车线路由 A、B、C 共三条班线组成,且已知乘客每周乘坐且仅乘坐一次。假定乘客在各条班线之间的状态转移服从一次马尔可科夫链,状态转移概率矩阵为

$$P = \begin{pmatrix} 3/4 & 1/4 & 0 \\ 0 & 2/3 & 1/3 \\ 1/4 & 1/4 & 1/2 \end{pmatrix}$$

(1)本周乘坐 A 班线的某一乘客,第三周乘坐各个班线的概率是多少?

(2)长期而言,乘客乘坐各个班线的概率是多少?

第 4 章

交通系统模型建立

4.1 系统模型的基本概念

4.1.1 系统模型的分类

系统模型一般有物理模型和数学模型两类。

（1）物理模型是将真实的系统按一定比例缩小或放大构成，具有原型系统的物理性质或其他性质，如在风洞中试验的飞机模型、在船池中试验的舰船模型等。

（2）数学模型是用数学工具把系统的某一部分特性反映出来，也就是用数学公式、图、表或计算机程序表述出系统某一方面的性质和状态。数学模型具有高度抽象性（因而有广泛的适用性）、高度精确性、易于修改变动、易于发展扩充，以及建立模型投资少、时间快等特点。数学模型按照其反映系统中的特征可分为概念模型（结构模型）和数量模型。

第 2 章已经讲述了系统概念模型的建立，在此基础上通过系统辨识建立系统的数量模型，从而完成系统模型的建立。本章所讲的系统数学模型仅指系统的数量模型，即狭义的数学模型。

4.1.2 系统数学模型的本质

系统数学（数量）模型是一组描述和代表真实系统的方程或图、表，其是对一个系统（结构的和非结构的）及其环境的各个方面进行研究和分析的结果。这组方程揭示了问题的不同方面，即系统的各个组成成分及其与环境之间的函数关系。因此，系统数学模型的本质如下。

（1）系统数学模型是系统各个要素间以及内部要素与外部输入变量、输出变量间随时间变化的数量化关系反映。系统的输出变量为系统的外部可以观察的表现形式，我们的目标都可以用系统输出变量的数学表达式来表示；系统的输入变量中有系统的可控变量即决策变量和不可控变量即环境变量。可控变量是系统模型优化必须求出的解，不可控变量则需要尽可能找出其统计规律。

（2）由于系统本身的复杂性和人类认识水平的限制，系统数学模型不可能也很难是实际系统百分之百的反映和完全拟合，一般数学模型只是系统的一种近似描述。这种模型在目前情况下基本描述了系统主要的内部变量与外部变量间的关系，对于影响不大的次要变量在一些情况下可以不予考虑或给一个固定值予以处理，外部随机变量在一些要求不高的情况下用期望值来表示，即可满足在实际中解决问题的需要。

（3）同一系统不同的数学模型具有不同的表现形式和用途，即可从不同角度、目标、立场、环境条件出发建立不同形式、深度的数学模型，如可以建立静态模型、动态模型，还可以建立数学规划模型、模拟仿真模型。模型的深度和广度由现有建立模型的技术与方法、工程实际需要和可能收集到的样本资料决定，以解决实际问题为根本。漂亮但无法在实际中推广应用或者不满足技术、经济可行性要求的数学模型都是没有价值的。

（4）随着科学技术的发展，尤其是数学、信息技术的发展，建立的系统数学模型的层次水平会更高，与实际系统会更贴近，也就是说系统数学模型所表示的虚拟系统与实际系统的误差会越来越小，这就为现在不能解决的或现在虽然能够解决但效果不很好的系统问题提供可能。所以，系统数学模型水平的提高依赖于基础科学的不断发展与应用。

4.1.3 系统数学模型的组成与分类

系统数学模型是由系统目标、系统内部关系方程、系统内部变量与外部变量间的关系方程以及各种约束等组成的，从不同的角度有不同的分类，主要如下。

1. 线性模型和非线性模型

线性模型是指系统的目标、关系方程、约束等均可用线性方程来表示，而其中之一为非线性形式，即非线性规划。

$$\begin{cases} \text{Opt} \quad f(X) \\ \text{s.t.} \begin{cases} G(X) \leqslant 0 \\ H(X) = 0 \end{cases} \end{cases} \tag{4.1}$$

式中：约束、决策变量均为向量表达式。

2. 单目标模型和多目标模型

当系统的目标为单一目标时所建立的模型为单目标模型，当系统的目标为多目标时所建立的模型为多目标模型，即

$$\begin{cases} \text{Opt} \quad f_1(X), f_2(X), \cdots, f_K(X) \\ \text{s.t.} \begin{cases} G(X) \leqslant 0 \\ H(X) = 0 \end{cases} \end{cases} \tag{4.2}$$

3. 确定性模型和概率（随机）型模型

前述 1 和 2 模型均为确定性模型。当系统的一些环境变量通过先验信息确定为是随机变量时，就需要建立概率（随机）型模型，如在交通控制中交通流模型、交通运输售票的排队论模型即概率（随机）型模型。

4. 静态模型和动态模型

前述 1 和 2 模型均为静态模型。若系统变量随时间的变化而变化，即系统动态模型，从控制角度称为控制模型，如交通控制模型；从运输调度角度又称为调度模型。其中，离散型

表示形式见本书第 6 章内容，连续型表示形式为

$$\min J=\theta(X(t),t)\Big|_{t_0}^{t_f}+\int_{t_0}^{t_f}\varphi[X(t),U(t),t]\mathrm{d}t \tag{4.3}$$

$$\text{s.t.}\ \ \frac{\mathrm{d}X(t)}{\mathrm{d}t}=f[X(t),U(t),t] \tag{4.4}$$

$$Y(t)=p[X(t),U(t),t] \tag{4.5}$$

$$G[X(t),U(t),t]\leqslant 0,\quad H[X(t),U(t),t]=0 \tag{4.6}$$

式中：$X(t)$为系统状态变量；$Y(t)$为系统输出变量，即观测变量，系统通过采集到的该观测变量，利用系统内部关系方程计算出实时的系统状态变量；$U(t)$为系统的输入变量，其可分为两部分，如仅有可控变量（决策变量），则为确定性动态模型，如有随机变量和可控变量（决策变量）两部分，则为随机动态模型。

式（4.3）为动态系统追求目标，即控制目标或调度目标；式（4.4）为系统状态转移方程；式（4.5）为系统输出方程，其不同于一般静态系统优化模型；式（4.6）为系统内部关系方程和约束。

5. 集中参数模型和分布参数模型

集中参数模型是指在整个系统中各个参数和因变量可认为是均匀的，对变化忽略不计，一般所讲述的模型均为该类模型；分布参数模型则需考虑系统中逐点的变化，物理系统很多是分布参数系统，如扩散方程：

$$T\left[\frac{1}{r}\frac{\partial}{\partial r}\left(r\frac{\partial\rho}{\partial r}\right)\right]=S\ \frac{\partial\rho}{\partial t}\pm Q \tag{4.7}$$

6. 单人决策模型和多人对策（博弈）模型

上述模型均为单人决策模型，若系统中存在两个及以上人（或组织）的对策（博弈）模型，每个人均可做出决策，即均有决策变量、追求的目标，但各自目标又受到其他决策人决策的影响，即所有决策变量的函数。若有两个决策者，各自的决策变量分别为 U_1 和 U_2，比较简单的模型中决策人 1 的模型为

$$\begin{cases}\max f_1(U_1,U_2)\\ \text{s.t.}\ \begin{cases}G_1(U_1,U_2)\leqslant 0\\ H_1(U_1,U_2)=0\end{cases}\end{cases} \tag{4.8}$$

决策人 2 的模型为

$$\begin{cases}\max f_2(U_1,U_2)\\ \text{s.t.}\ \begin{cases}G_2(U_1,U_2)\leqslant 0\\ H_2(U_1,U_2)=0\end{cases}\end{cases} \tag{4.9}$$

在该模型中，对于每个决策人想分别独立的优化自己的目标函数是不可能的，必须考虑到其他决策人可能的决策集合，这就涉及双方的对策（博弈）问题，该方面内容见第 8 章。

7. 数学规划模型、变分不等式模型、模拟仿真模型和本构模型

规划类模型、模拟仿真模型已知，变分不等式模型为

$$f(X)(X-X^*)\geqslant 0 \tag{4.10}$$

式中：X^* 是最优解。

该模型在力学等一些工程系统中广泛采用，在交通及其运输中可用于建立模型的过程，需要进一步转化使其变为数学规划类模型，进行优化求解。

8. 解析模型、图表模型、模拟仿真模型

能用数学公式简单表述出来的为解析模型，能用表、图等表示出来的为图表模型，用计算机程序或软件编写的为模拟仿真模型。

另外，还有神经网络、模糊神经网络、支持向量机模型等。

4.1.4 建模方法与步骤

系统数学模型是物理系统的最近似模拟反映，误差最小化为其根本宗旨和思想。就目前建立数学模型的方法来说，基本上围绕这一思想来进行，即数学模型形式的选择、模型中各个参数的估计等。真实的系统可用一个数学模型描述，在真实系统和数学模型上施加同样的输入，会产生两个不同的响应，即系统的输出和模型的输出。这两个响应的逼真性即反映数学模型的精确度和真实性，若误差超过允许的范围则该模型较差，需要重新选择数学模型，否则即可得到达到精度要求的数学模型。

1. 建模方法

建立数学模型的方法需要根据 4.1.3 小节中不同的模型种类采用不同的方法，具体是科学化与艺术性结合的产物，选择模型是经验艺术性，但对模型中参数的估计则为科学性。参数估计的基本方法一般有两种，即最小二乘法和最大似然法，具体原理见第 3 章。

2. 建立数学模型的步骤

系统数学模型建立的程序如图 4.1 所示。

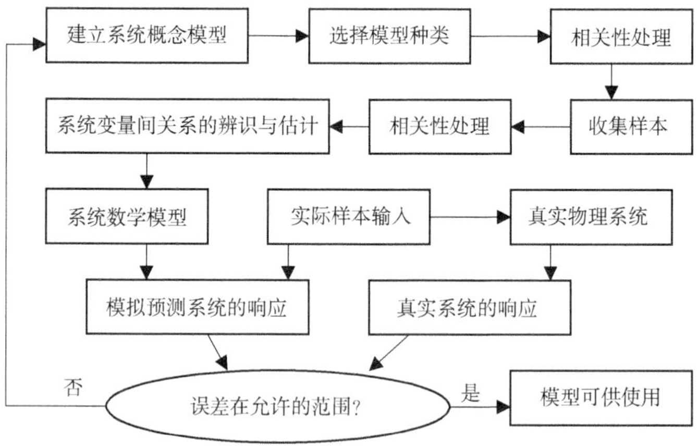

图 4.1 系统数学模型建立的程序

4.2 Wardrop 均衡原理及其配流模型

4.2.1 基本概念

1. 节点(node)

节点是在运筹学、最优化中广泛使用的概念,但在交通系统中有不同的定义与解释。

(1)在公路网规划中,节点指城镇、交通中心、交叉口、立交桥等。

(2)在高速公路网规划、城市快速路规划中,节点指出入口(含现高速公路收费站)、立交桥等。

(3)在公路交通管理中,节点的定义同(1)、(2)。

(4)在城市道路网规划中,节点指居民居住小区、工商业小区等,如天津市以前有 156 个小区(包括城市规划),现发展到 260 多个。

(5)在城市交通管理和控制中,节点指交叉口。

节点包含三方面情况:

(1)中间节点,不产生交通量也不吸引交通量,主要是指非城镇的交通中心;

(2)单一的 O 点或 D 点,主要是指运输中的个别货物中心,如大同作为煤炭的 O 点;

(3)既是 O 点又是 D 点,大部分上述节点均属该类情况。

真实的节点实际上是一个自然聚类的过程,目前我们确定节点的方法不完全科学,但比较接近实际,这是一个长期自然选择的结果。如果人为确定的节点科学、合理并不自觉地实现了优化,这个节点就能得到发展壮大(如运输的场、站),这涉及节点选择(含站场设置)的优化问题。

某一个节点用 n 表示, $n \in N$, N 为节点的集合; w 表示从 O 点到 D 点的一个 OD 对, $w \in W$, W 为所有 OD 对的集合; g_w 表示 OD 对 w 的总交通量(或运输量、物流量)。

2. 弧(arc, link)和路径(route)

两个相邻节点之间带箭头的连线称为弧,其在交通网络中表示具体道路、铁路线、水运航线或航空线。某一个弧用 a 表示, v_a、c_a 分别表示弧 a 上的流量和出行费用,且 $a \in A$, A 为弧的集合,因此一个交通网络可用 $G(N,A)$来表示。

对于一个交通网络 $G(N,A)$,若两个节点之间存在至少一条点、弧、点、弧、点等的交错序列,使连通这两个节点且对于任意弧的上下游节点就是其交错序列的节点,则称为连通两个节点的路径或线路(即运筹学上的链)。

一个 OD 对间可能有多个路径,包括不同运输方式、相同运输方式的不同路,如天津—北京的道路、铁路等。

$r_w \in R_w$,其中 r_w 表示 OD 对 w 的某一路径, R_w 表示 OD 对 w 的路径集合, h_r 表示分配在路径 r 的流量,显然有 $\sum_{r_w \in R_w} h_r = g_w$。

考虑到路径与弧之间的区别与联系,有

$$v_a = \sum_{w \in W} \sum_{r \in R_w} p_{ar} h_r, \quad \forall a \in A \tag{4.11}$$

设 $\boldsymbol{P}=(p_{ar})$ 是弧与路径之间的关联矩阵，当路径 r 包含弧 a 时，$p_{ar}=1$；否则为 0。

3. 路径与弧上的广义费用（路阻等）

路径的广义费用包含节点间（弧）的时间（travel time）、费用（票价、油耗、高速公路收费等）、舒适程度、满足程度等，以及所经过各个节点时的时间、费用等。其中，时间和费用易量化，可表示为

$$c_r = c_{1r} + \lambda t_r \tag{4.12}$$

式中：c_r 表示路径 r 的广义出行成本；λ 表示费用和时间的转化系数。

$$c_r = \sum_{a\in A} p_{ar}c_a + \text{所经过各个节点时的广义费用} \tag{4.13}$$

一般情况下，舒适程度、满足程度等不易量化，或看作固定值不予考虑；所经过各个节点时的广义费用忽略不计。这是不科学的，如道路交通及运输管理中的路径，不仅考虑到所有两个节点间（弧）的时间，还需考虑到交叉口延误。

在海运、航空运输、铁路运输中，在道路交通非拥挤状态（自由流状态）下，式（4.12）、式（4.13）所表示的广义费用一般是固定的。在道路交通拥挤状态下，针对每一条弧，其广义费用、时间随着道路交通量的增加而增加，对所经过的每一条道路（弧）有 $c_a = f(v_a)$，这是一个单调递增函数。其中，有关具体一条弧所需要时间的常见（典型）表现形式有以下两种。

（1）线性函数形式：

$$t_a = a + b\times v_a \tag{4.14}$$

（2）美国公路局公式：

$$t_a = t_a^0 \times \left[1+\alpha\times\left(\frac{v_a}{v_a^{\max}}\right)^{\beta}\right] \tag{4.15}$$

式中：α 一般为 0.01~0.3，β 为 3~5，一般根据具体道路和运输情况，通过试验测得样本数据，采用类似预测中常用的回归方法确定。

需要强调的是，一般书及论文中均将时间以外的其他费用看作相同的，并予以忽略，仅考虑时间，这是不准确的；式（4.14）和式（4.15）仅对弧有效，对路径无效，且在网络中需要考虑到所经过中间节点的时间费用。

4. OD 对之间的总交通量 g_w

（1）对于固定需求（刚性需求），g_w 不变。

（2）对于弹性需求，g_w 与 OD 对间的最小出行成本 c_w 之间呈单调递减关系，如客流、物流，即有 $g_w = G(c_w)$ 为一阶单调递减函数。其主要有以下形式：

$$g_w = g_w^{\max} - \alpha\times c_w \tag{4.16}$$

$$g_w = g_w^{\max}\times \exp(-\alpha\times c_w) \tag{4.17}$$

式（4.17）为常用的负指数分布，具体有关系数可以通过试验测定。

需要指出的是 g_w 在不同的用途中有不同的含义和表示，如货运量（万吨/d 或月或 h 等）、客运量（人或万人/d 或月或 h 等）、车流量（veh/d 或 min 或 h 等），具体依据具体工程问题来确定。对于以货运量、客运量表示的形式，需要将其转化为标准车流量（veh 或 pcu）

予以解决。

一般对货运量来说，弹性需求的比例比较大；而对客运量来说，固定需求的比例更大一些，需要依据具体问题来加以确定。

4.2.2 Wardrop 均衡原理

若你是一个出行者，从天津到北京，开车有很多条路径和不开车选择其他出行方式（如长途客车、高铁、一般火车、出租车等）可供选择，每条路的拥挤程度、收费等不一样，你如何选择？

显然，你会选择广义出行费用最少的路径（你若从事交通运输业，在重载情况下是追求经济效益最大化，在空载情况下是追求成本最小化）。很多与你一样的理性出行者都选择广义出行费用最少的路径，使得出行费用高的道路没有车辆，出行费用低的道路车流量巨大。此时原来出行费用低的道路由于交通量的增加，广义出行费用增加；原来出行费用高的道路由于交通量的减少，广义出行费用减少。增减的结果形成一种均衡状态，呈现出所有有车的道路均相等且是最小出行成本。

1952 年，Wardrop 针对这一交通问题，提出了关于交通分配（又称为配流）的两个基本原理。

第一原理：用户最优均衡原理（User Equilibrium，UE），在所有实际使用的路径上（即所有交通量不为零的道路上），出行成本相等（为最小出行成本），且小于任何未使用路径上的出行成本。

第二原理：系统最优均衡原理（System Equilibrium，SE），在整个路网上，总的出行成本最低。

以上两个原理中，系统最优均衡原理符合铁路、民航的实际调度指挥情况，因为这些系统的出行者数量有限，出行均是通过指挥调度（控制）予以实现的；在道路运输和道路交通管控中，用户最优均衡原理符合实际情况，系统最优均衡原理是交通管理者的意愿和目标，但可能做不到。在道路交通中，对于不拥挤的交通网络，上述两个原理是等价的，在后面我们可通过具体模型予以说明。

需要指出两点：一是在流量不大的道路交通网络上，所有道路交通都处于非拥挤状态（自由流状态）下，这样每条道路的广义成本均是固定值，无法改变，使得广义成本大的个别道路上可能没有交通量或运输量；二是这里所讲的配流或分配是英文 assign 的直译，在道路交通中没有一个组织、单位或个人来做这件事即分配交通量，实际上是出行者追求各自广义出行成本最小化的一种自组织行为，即博弈结果。

在上述两个原理的基础上，很多学者如 Dafermos、Sparrow、Rosenthal、Beckman、Devarjan 等进行了大量的数学分析和建模，证明了该原理存在的合理性，并建立了相关变分不等式、数学规划等模型，为交通运输、交通工程学科的发展奠定了基础。我国从改革开放开始，逐步引入并发展该学科，通过几十年来在交通规划、交通管控领域的具体发展应用，为中国现代化交通系统建设和运营提供了理论方法支持。

4.2.3 完全信息条件下的用户最优均衡配流模型

设在完全信息条件下，即出行者对路网的出行成本完全知道，设 c_r 为路径 r 上的出行成本，c_w 为 OD 对 w 上所有路径的最小出行成本。

如果 $c_r > c_w$，则有 $h_r = 0$；如果 $c_r = c_w$，则有 $h_r > 0$。即有

$$c_r - c_w \begin{cases} = 0 & h_r > 0 \\ \geqslant 0 & h_r = 0 \end{cases} \tag{4.18}$$

式(4.18)是一个互补问题，可写为

$$\begin{cases} (c_r - c_w)h_r = 0 \\ c_r - c_w \geqslant 0 \end{cases} \tag{4.19}$$

上述互补问题等价于下列变分不等式：

$$(c_r - c_w)(h_r - h_r^{*}) \geqslant 0, \quad \forall r \in R_w \tag{4.20}$$

式中：h_r^* 为均衡时路径的流量，即我们需要求得的最优解。

对式(4.20)求和可得

$$\sum_{w\in W}\sum_{r\in R_w} c_r(h_r - h_r^*) - \sum_{w\in W}\sum_{r\in R_w} c_w(h_r - h_r^*) \geqslant 0 \tag{4.21}$$

结合式(4.11)和式(4.13)，式(4.21)可变为

$$\sum_{a\in A} c_a(v_a - v_a^*) - \sum_{w\in W} c_w(g_w - g_w^*) \geqslant 0 \tag{4.22}$$

即为

$$\sum_{a\in A} c_a(v_a - v_a^*) - \sum_{w\in W} G_w^{-1}(g_w^*)(g_w - g_w^*) \geqslant 0 \tag{4.23}$$

式中：G_w^{-1} 是需求函数 G 的反函数。

式(4.23)可分为弹性需求和固定需求。

(1)当 OD 对 w 间的需求量是固定需求时，显然 g_w=常数，我们得到完全信息条件下具有固定需求的用户均衡配流模型。

定理 4.1 完全信息条件下具有固定需求的用户最优均衡配流模型等价于以下非线性规划问题：

$$\begin{cases} \min z_1(v,h) = \sum\limits_{a\in A}\int_0^{v_a} c_a(x)\mathrm{d}x \\ \text{s.t.} \begin{cases} g_w = \sum\limits_{r\in R_w} h_r, h_r \geqslant 0; \forall r \in R_w, w \in W \\ v_a = \sum\limits_{w\in W}\sum\limits_{r\in R_w} p_{ar}h_r, \quad \forall a \in A \end{cases} \end{cases} \tag{4.24}$$

(2)当 OD 对 w 间的需求量是弹性需求时，显然 $g_w \neq$ 常数，我们得到完全信息条件下具有弹性需求的用户最优均衡配流模型。

定理 4.2 完全信息条件下具有弹性需求的用户最优均衡配流模型等价于以下非线性性

规划问题：

$$\begin{cases} \min z_2(v,h)=\sum\limits_{a\in A}\int_0^{v_a} c_a(x)\mathrm{d}x-\sum\limits_{w\in W}\int_0^{g_w} G_w^{-1}(y)\mathrm{d}y \\ \text{s.t.}\begin{cases} g_w=\sum\limits_{r\in R_w} h_r, \quad h_r\geqslant 0;\forall r\in R_w, w\in W \\ v_a=\sum\limits_{w\in W}\sum\limits_{r\in R_w} p_{ar}h_r, \quad \forall a\in A \end{cases} \end{cases} \tag{4.25}$$

4.2.4 系统最优配流模型

定理 4.3 具有固定需求的系统最优配流模型等价于以下非线性规划问题：

$$\begin{cases} \min z_3(v,h)=\sum\limits_{a\in A} c_a\times v_a \\ \text{s.t.}\begin{cases} g_w=\sum\limits_{r\in R_w} h_r, \quad h_r\geqslant 0;\forall r\in R_w, w\in W \\ v_a=\sum\limits_{w\in W}\sum\limits_{r\in R_w} p_{ar}h_r, \quad \forall a\in A \end{cases} \end{cases} \tag{4.26}$$

其中，目标函数最小化表示网络中所有出行者的出行成本合计。

定理 4.4 具有弹性需求的系统最优配流模型等价于以下非线性规划问题：

$$\begin{cases} \min z_4(v,h)=\sum\limits_{a\in A} c_a v_a-\eta\sum\limits_{w\in W} g_w \\ \text{s.t.}\begin{cases} g_w=\sum\limits_{r\in R_w} h_r, \quad h_r\geqslant 0;\forall r\in R_w, w\in W \\ v_a=\sum\limits_{w\in W}\sum\limits_{r\in R_w} p_{ar}h_r, \quad \forall a\in A \end{cases} \end{cases} \tag{4.27}$$

式中：η 表示出行成本折算为出行量系数，整个目标函数表示决策者在出行成本最小化和出行量最大化之间寻找一种折中方式。

需要指出的是，系统最优与用户最优在一定条件下具有等价性。

系统最优模型与用户最优模型约束是相同的，目标函数是不同的。对于不拥挤的道路交通网络，由于 $c_a(v_a)=c_a$，即只与弧 a 有关，而与 v_a 无关，此时：

$$\min z_1=\sum_{a\in A}\int_0^{v_a} c_a(x)\mathrm{d}x=\sum_{a\in A} c_a\int_0^{v_a}\mathrm{d}x=\sum_{a\in A} c_a v_a=z_3 \tag{4.28}$$

这时用户最优等价于系统最优。这进一步验证了伟大领袖马克思所说的“当物质极大丰富时就实现了共产主义”的名言，即每一条道路、路径足够宽，所有路都不拥挤时，每个人的追求就是系统追求。

例 4.1 考虑一个只有两条路径连接的 OD 对简单网络，c_i、v_i（i=1，2）分别表示两条路径的阻抗和流量。已知 $c_1=2+v_1$，$c_2=1+2v_2$，OD 对间流量为 g，分别求在各种情况下的流量等指标。

（1）若已知具有固定需求 g=5，在完全信息条件下，要求分别采用 Wardrop 用户最优均衡原理、用户最优均衡配流模型确定分配在各个路径上的交通量、每条路径上的单位出行成本和总出行成本、系统总的出行成本。

（2）在（1）条件下，采用系统最优模型确定分配在各个路径上的交通量、每条路径上的单位出行成本和总出行成本、系统总的出行成本。与（1）比较，你能得到何结论？

（3）若为弹性需求，且 $g=60\times\exp(-3c)$，其中 c 是最小出行成本，要求分别建立完全信息条件下具有弹性需求的用户最优配流模型和系统最优配流模型。

解 本例只有一个 OD 对，相对简单，下面的 h 相当于 v。

（1）①根据具有固定需求的用户最优均衡原理，如果 $h_1>0, h_2>0$，则必有 $c_1=2+h_1=c_2=1+2h_2$，又有

$$h_1+h_2=5$$

将 $h_2=5-h_1$ 代入可解得

$$v_1=h_1=3,\ v_2=h_2=2,\ c_1=c_2=5$$

系统总的出行成本为

$$c_1\times v_1+c_2\times v_2=25$$

② 根据定理 4.1，可以建立以下模型：

$$\min z_1=\int_0^{v_1}c_1(x)\mathrm{d}x+\int_0^{v_2}c_2(x)\mathrm{d}x=\int_0^{v_1}(2+x)\mathrm{d}x+\int_0^{v_2}(1+2x)\mathrm{d}x$$

$$\text{s.t. } h_1+h_2=5, h_1\geqslant 0, h_2\geqslant 0; v_1=h_1, v_2=h_2$$

可以解得同样的结果：

$$v_1=h_1=3,\ v_2=h_2=2,\ c_1=c_2=5$$

系统总的出行成本为

$$c_1\times v_1+c_2\times v_2=25$$

显然，Wardrop 均衡配流第一原理等同于用户最优配流模型，即定理 4.1。对于本问题只有一个 OD 对，可以采用两个方法中的任何一种，但对于复杂网络系统，只能采用规划类模型进行优化求解。

（2）根据系统最优配流模型有：

$$\min z_3=c_1v_1+c_2v_2=(2+v_1)v_1+(1+2v_2)v_2$$

$$\text{s.t. } h_1+h_2=5, h_1\geqslant 0, h_2\geqslant 0; v_1=h_1, v_2=h_2$$

将 $h_2=5-h_1$ 代入目标函数中有：

$$z_3=(2+h_1)\times h_1+(1+2h_2)\times h_2=2h_1+h_1^2+5-h_1+2\times(5-h_1)^2$$

求导得到系统最优时流量为

$$v_1=h_1=19/6,\ v_2=h_2=11/6;\ c_1=31/6, c_2=28/6=14/3$$

系统总的出行成本为

$$c_1\times v_1+c_2\times v_2=897/36$$

显然 897/36<25，因此按照系统最优原则分配的交通量可使得社会出行成本最优化。但用户最优符合道路交通的实际情况，系统最优是我们所希望的。

（3）因为 $g=60\times\exp(-3c)$，所以

$$c=G^{-1}(g)=-\frac{1}{3}\ln\frac{g}{60}=\frac{1}{3}\ln\frac{60}{g}$$

具有弹性需求的用户最优均衡配流模型：

$$\min z_2=\int_0^{v_1}c_1(x)\mathrm{d}x+\int_0^{v_2}c_2(x)\mathrm{d}x-\int_0^{g}G^{-1}(y)\mathrm{d}y=\int_0^{v_1}(2+x)\mathrm{d}x+\int_0^{v_2}(1+2x)\mathrm{d}x-\frac{1}{3}\int_0^{g}\ln\frac{60}{y}\mathrm{d}y$$

$$\text{s.t. } h_1+h_2=g, h_1\geqslant 0, h_2\geqslant 0; v_1=h_1, v_2=h_2$$

具有弹性需求的系统最优配流模型

$$\min z_4=(c_1v_1+c_2v_2)-\eta g=(2+v_1)v_1+(1+2v_2)v_2-\eta g$$

$$\text{s.t. } h_1+h_2=g, h_1\geqslant 0, h_2\geqslant 0; v_1=h_1, v_2=h_2$$

4.2.5　不完全信息条件下的用户最优均衡配流模型

在实际情况下，出行者对路网的了解很难是完全信息的，这就造成了实际路径的出行成本 c_r 和出行者依据判断的出行成本之间有偏差，结合这些偏差在具体处理中有很多形式，其中最基本的典型形式有三种。

1. logit 模型

假定以上偏差是服从 Gumbel 分布且相互独立的，依据效用函数理论，出行者选择路径 r 的概率为

$$p_r=\frac{\exp(-\theta c_r)}{\sum_{k\in R_w}\exp(-\theta c_k)}=\frac{1}{1+\sum_{k\in R_w,k\neq r}\exp[-\theta(c_k-c_r)]}, r\in R_w, w\in W \tag{4.29}$$

得到 logit 模型为

$$h_r=g_w\times p_r=g_w\times\frac{\exp(-\theta c_r)}{\sum_{k\in R_w}\exp(-\theta c_k)} \tag{4.30}$$

式中：θ 表示出行者对道路网络的平均了解程度，当 $\theta\to\infty$ 时，上述模型等同于完全信息条件下的均衡配流模型。

例 4.2　如图 4.2 所示，一个只有两条路径（弧）的 OD 对简单网络（如连接两个城市的铁路、高速公路），设弧的阻抗 c 与流量 v 无关，且 c_1=4，c_2=2，OD 对间的流量 g=1 000，设两条路径上的运输量是随机分配的，且选择路径 1 的概率为

$$p_1=\frac{1}{1+\exp(c_1-c_2)}$$

（1）按照用户最优原则计算分配在各条路径上的运输量 v、网络系统总的出行费用。

（2）若路径 1 扩大其通行能力，其阻抗 c_1=3，按照用户最优原则计算分配在各条路径上的运输量 v、总出行费用。

（3）通过上述两种情况比较，你分别得到何结论？

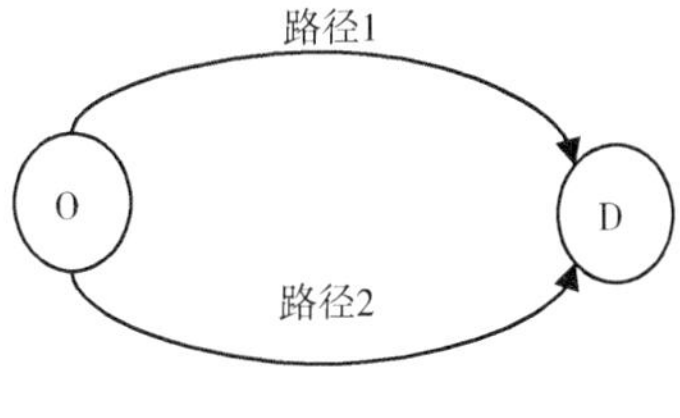

图 4.2　一个两条路径简单网络示例图

解 （1）显然

$$p_1=\frac{1}{1+\exp(c_1-c_2)}=\frac{1}{1+\exp(4-2)}=0.119$$

$$v_1=h_1=p_1\times g=119,v_2=g-v_1=881$$

$$c_{总}=c_1v_1+c_2v_2=2\ 238$$

（2）若路径 1 扩大其通行能力，则有

$$p_1=\frac{1}{1+\exp(c_1-c_2)}=\frac{1}{1+\exp(3-2)}=0.269$$

$$v_1=h_1=p_1\times g=269,v_2=g-v_1=731$$

$$c_{总}=c_1v_1+c_2v_2=2\ 269$$

（3）说明在本例中扩大某一路径的容量（如铁路的改扩建等），系统总的出行费用反而增加，这就是著名的 Braess 诡异现象。即在运输或交通网络中，"假定出行量不变，随意地进行运输（交通）网络扩建，不能保证网络总出行费用降低"。因此，在运输或交通网络扩建前，必须进行科学的、定量的分析，否则就可能浪费宝贵的建设资金，且使网络运行效率降低，社会效益下降。

logit 模型在只有一个 OD 对情况下，易于理解和计算；当在多个 OD 对情况下，寻找路径即为一个复杂的过程，不易计算，需要采用非线性规划模型进行优化求解。

2. 不完全信息条件下具有固定需求的用户最优均衡配流模型

定理 4.5 不完全信息条件下具有固定需求的用户最优均衡配流模型等价于以下非线性规划问题：

$$\begin{cases}\min z_5(v,h)=\sum_{a\in A}\int_0^{v_a}c_a(x)\mathrm{d}x+\frac{1}{\theta}\sum_{w\in W}\sum_{r\in R_w}h_r(\ln h_r-1)\\ \text{s.t.}\begin{cases}g_w=\sum_{r\in R_w}h_r,\quad h_r\geqslant 0;\quad \forall r\in R_w,w\in W\\ v_a=\sum_{w\in W}\sum_{r\in R_w}p_{ar}h_r,\quad \forall a\in A\end{cases}\end{cases}\tag{4.31}$$

3. 不完全信息条件下具有弹性需求的用户最优均衡配流模型

定理 4.6 不完全信息条件下具有弹性需求的用户最优均衡配流模型等价于以下非线性规划问题：

$$\begin{cases}\min z_6(v,h)=\sum_{a\in A}\int_0^{v_a}c_a(x)\mathrm{d}x+\frac{1}{\theta}\sum_{w\in W}\sum_{r\in R_w}h_r(\ln h_r-1)-\frac{1}{\theta}\sum_{w\in W}g_w(\ln g_w-1)-\\ \qquad\sum_{w\in W}\int_0^{g_w}G_w^{-1}(y)\mathrm{d}y\\ \text{s.t.}\begin{cases}g_w=\sum_{r\in R_w}h_r,\quad h_r\geqslant 0;\quad \forall r\in R_w,w\in W\\ v_a=\sum_{w\in W}\sum_{r\in R_w}p_{ar}h_r,\quad \forall a\in A\end{cases}\end{cases}\tag{4.32}$$

该模型全面，前面四个用户最优均衡配流模型均是该模型的特例。

例 4.3 对例 4.1,分别写出下面情况下的模型。

(1)若已知具有固定需求 g=5,不完全信息 θ =3,试写出在该条件下具有固定需求不完全信息的用户最优均衡配流模型。

(2)若为弹性需求,且 g=60 × exp(−3c),其中 c 是最小出行成本,不完全信息 θ =3,试写出在该条件下的具有弹性需求不完全信息的用户最优均衡配流模型。

解 (1)具有固定需求不完全信息的用户最优均衡原理:

$$\min z_5 = \int_0^{v_1} c_1(x)\mathrm{d}x + \int_0^{v_2} c_2(x)\mathrm{d}x + \frac{1}{\theta}[h_1(\ln h_1 - 1) + h_2(\ln h_2 - 1)]$$

$$= \int_0^{v_1} (2+x)\mathrm{d}x + \int_0^{v_2} (1+2x)\mathrm{d}x + \frac{1}{3}[h_1(\ln h_1 - 1) + h_2(\ln h_2 - 1)]$$

$$\text{s.t. } h_1 + h_2 = 5, h_1 \geqslant 0, h_2 \geqslant 0; v_1 = h_1, v_2 = h_2$$

(2)因为 $g = 60\times\exp(-3c)$,所以

$$c = G^{-1}(g) = -\frac{1}{3}\ln\frac{g}{60} = \frac{1}{3}\ln\frac{60}{g}$$

具有弹性需求不完全信息的用户最优均衡原理:

$$\min z_6 = \int_0^{v_1} c_1(x)\mathrm{d}x + \int_0^{v_2} c_2(x)\mathrm{d}x + \frac{1}{\theta}[h_1(\ln h_1 - 1) + h_2(\ln h_2 - 1)] - \frac{1}{\theta}g(\ln g - 1) - \int_0^{g} G^{-1}(y)\mathrm{d}y$$

$$= \int_0^{v_1} (2+x)\mathrm{d}x + \int_0^{v_2} (1+2x)\mathrm{d}x + \frac{1}{3}[h_1(\ln h_1 - 1) + h_2(\ln h_2 - 1)] - \frac{1}{3}g(\ln g - 1) - \frac{1}{3}\int_0^{g} \ln\frac{60}{y}\mathrm{d}y$$

$$\text{s.t. } h_1 + h_2 = g, h_1 \geqslant 0, h_2 \geqslant 0; v_1 = h_1, v_2 = h_2$$

4.3 交通运输货运车辆优化调度模型

我国有世界上先进的现代化运输物流系统,其中交通运输(物流)企业为主要主体,其优化调度的核心是对一系列装货点和卸货点组织适当的行驶线路,使载运工具有序地通过它们。在满足一定的约束条件(如货物需求量/发送量、交发货时间、载运工具容量限制、行驶里程限制、时间限制等)下,达到一定的目标(如利润最大化、广义费用最小化等)。对其的优化调度针对不同问题有不同的特点,具有不同的模型表现形式。本节以道路运输中货运车辆的优化调度问题为例,来说明货运优化调度模型的本质和具体表现形式,即对水运、航空运输等其他调度问题,以及我国高度发达的网约车等,其实质等同于货运车辆的优化调度模型。

对车辆优化调度问题,根据问题的空间和时间特性的相对重要性来划分。一般认为,当不考虑时间要求仅根据空间位置安排线路时,称为车辆线路安排问题(VRP);考虑时间要求安排线路时,称为车辆调度问题(VSP);同时考虑空间位置和时间要求时称为 Routing 和 Scheduling 混合问题。但是,所有问题均可以转变为 VSP 问题,本书所指的 VSP 问题就是泛指这三种情况。

车辆优化调度问题从不同角度、按不同标准有不同分类,如按任务特征分有纯装问题、

纯卸问题及装卸混合问题；按任务性质分有对弧服务问题（如中国邮递员问题）、对点服务问题（如旅行商问题）及混合服务问题（如交通车辆线路安排问题）；按车辆载货状况分有满载问题（货运量不小于车辆容量，完成一项任务需要不止一辆车）和非满载问题（货运量小于车辆容量，多项任务用一辆车）；按车场（或货场、配送中心等）数目分有单车场问题和多车场问题；按车辆类型数分有单车型问题（所有车辆容量相同）和多车型问题（执行任务的车辆容量不全相同）；按车辆对车场的所属关系分有车辆开放问题（车辆可以不返回其发出车场）和车辆封闭问题（车辆必须返回其发出车场）；按优化目标数来分有单目标问题和多目标问题；按调度时间分有离线调度（计划）和在线调度等。

一般来说，车辆调度问题可以构造成混合整数规划模型、图论及其他优化模型形式。其中，混合整数规划模型为目前的主流，在此基础上可采用相关启发式算法优化求解。

4.3.1 集货或送货非满载车辆优化调度模型

有一个车场，拥有容量为 q 的车辆若干，现有 l 项货物运输任务需要完成，并以 $1,2,\cdots,l$ 表示，已知任务 i 的货运量为 g_i（$i=1,2,\cdots,l$, $g_i<q$），求满足货运需求的费用最小的车辆行驶线路。

将车场编号为 0，任务及车场均以点 i（$i=0,1,\cdots,l$）来表示，定义变量：

$$y_{ki}=\begin{cases}1, & \text{点}i\text{的任务由车辆}k\text{完成}\\ 0, & \text{否则}\end{cases}$$

$$x_{ijk}=\begin{cases}1, & \text{车辆}k\text{从点}i\text{行驶到点}j\\ 0, & \text{否则}\end{cases}$$

可得到模型为

$$\begin{cases}\min z=\sum\limits_{i}\sum\limits_{j}\sum\limits_{k} c_{ij}x_{ijk} \\ \text{s.t.}\begin{cases}\sum\limits_{i} g_i y_{ki}\leqslant q \quad \forall k,\ \sum\limits_{k} y_{ki}=1 \quad i=1,2,\cdots,l \\ \sum\limits_{i} x_{ijk}=y_{kj} \quad j=0,1,\cdots,l;\ \forall k \\ \sum\limits_{j} x_{ijk}=y_{ki} \quad i=0,1,\cdots,l;\ \forall k \\ X=(x_{ijk})\in S \\ x_{ijk}=0 \text{ or } 1 \quad i,j=0,1,\cdots,l;\ \forall k \\ y_{ki}=0 \text{ or } 1 \quad i,i=0,1,\cdots,l;\ \forall k\end{cases}\end{cases} \tag{4.33}$$

式中：c_{ij} 表示从点 i 到点 j 的广义运输成本，包括距离、费用、时间等，一般按照如下情况确定。

（1）当 i 为车场时，包括固定费用和运行费用，即

$$c_{0j}=c_0+c_1t_{0j} \quad j=1,2,\cdots,l \tag{4.34}$$

（2）当 i 为任务点时，只有运行费用，即

$$c_{ij}=c_1t_{ij} \quad i\neq 0, j=1,2,\cdots,l \tag{4.35}$$

式中：c_1 为单位车辆单位时间运行费用系数；c_0 为单位车辆的固定费用，即增加一辆车的边际费用。

设完成任务 i 需要的时间（装货或卸货）为 T_i，任务 i 的开始时间需在一定的时间范围 $[ET_i, LT_i]$ 内，其中 ET_i 为任务 i 的允许最早开始时间，LT_i 为任务 i 的允许最迟开始时间。如果车辆到达的时间早于 ET_i，则车辆需在 i 处等待；如果车辆到达的时间晚于 LT_i，任务 i 要延迟进行。求满足货运要求的费用最少的车辆行驶线路的问题称为有时间窗约束的车辆优化调度问题，否则为无时间窗约束的车辆优化调度问题。

以 s_i 表示车辆到达点 i 的时间，t_{ij} 表示车辆由点 i 行驶到点 j 的时间，一般应有以下关系式：

$$s_0 = 0 \quad ET_i \leqslant s_i \leqslant LT_i \tag{4.36}$$

若每项任务必须在要求的时间范围内完成，超出这个时间范围，则得到的解为不可行解，称为硬时间窗 VSP 问题。

如果某项任务不能在要求的时间范围内完成，则给予一定的惩罚；若车辆在 ET_i 之前到达点 i，则车辆在此等待，发生了机会成本损失；若车辆在 LT_i 之后到达点 i，则服务被延迟，必须支付一定的罚金。此类情况称为软时间窗 VSP 问题。

4.3.2 集货和送货一体化非满载车辆优化调度模型

如果一些货物运输任务的每一项都有自己的集货点和送货点，要求车辆在一定的集货点装货后运至一定的送货点卸货，即所有任务不是纯装或纯卸，而是既有装又有卸，即为集货和送货一体化的车辆调度问题。该类问题可描述为有 l 项货物运输任务，表示为 $1,2,\cdots,l$，每项任务有自己的集货点和送货点，已知任务 i 要求在集货点 μ_i 装货，然后运至送货点 v_i 卸货，货运量为 g_i，这些任务由车场发出的车辆来完成，车辆容量为 q，已知 $g_i<q$，如何确定车辆行驶线路，才能使总费用最少。

如果货运任务有 $\frac{1}{2}q<g_i<q$，不同的任务难以用一辆车来完成运输，只能考虑单项运输；如果货运任务的货运量不超过车辆容量的二分之一，需要将几项任务合起来用一辆车运输，即实行组合运输，一辆车顺次在几个集货点装货，然后分别到几个送货点卸货。

分析大部分任务有 $\frac{1}{2}q<g_i<q$ 的非满载车辆优化调度问题，由于各项任务难以组合，这时一辆车执行完一项任务后，由该项任务的送货点空驶向下一任务的集货点，即实行单项运输。考虑每项货运任务由其集货点至送货点为重车行驶，且必须完成，故将这一运输任务看成一个点，称之为重载点。重载点内为重车行驶，其行驶线路可按任意点对间的广义最短路方法确定。在满足一定约束条件下，车辆交替重驶和空驶，形成车辆行驶线路，而当各任务有时间要求时，即成为有时间窗的集货和送货一体化车辆优化调度问题。

将 l 项货物运输任务编号为 $1, 2,\cdots, l$，车场编号为 0，设任务 i 要求在一定的时间范围 $[ET_i, LT_i]$ 内开始。设 t_{ij} 为重载点 i 的送货点到重载点 j 的集货点的空驶时间，t_{0i} 为车场 0 到重载点 i 的集货点的空驶时间，t_{i0} 为重载点 i 的送货点到车场 0 的空驶时间。

1. 有确定开始时间的车辆优化调度问题

以 s_i 表示任务 i 的开始时间，完成任务 i 所需要的时间为 T_i，那么完成任务 i 的终止时间为 $e_i = s_i + T_i$。此时，车辆调度问题为有确定开始时间的车辆调度问题，即确定总费用最少的车辆行驶线路，其模型为

$$\begin{cases} \min z = \sum_i \sum_j c_{ij} x_{ij} \\ \text{s.t.} \begin{cases} \sum_j x_{ij} = 1 \quad \sum_i x_{ij} = 1 \quad i, j = 1, 2, \cdots, l \quad (i, j) \in A \\ \sum_j x_{j0} = \sum_i x_{0i} \quad x_{ij} = 0\text{或}1 \end{cases} \end{cases} \tag{4.37}$$

2. 有时间窗的车辆优化调度问题

在有确定开始时间车辆优化调度问题的基础上，有时间窗的车辆优化调度问题模型为

$$\begin{cases} \min z = \sum_i \sum_j c_{ij} x_{ij} \\ \text{s.t.} \begin{cases} \sum_j x_{ij} = 1 \quad \sum_i x_{ij} = 1 \quad i, j = 1, 2, \cdots, l \quad (i, j) \in A \\ \sum_j x_{j0} = \sum_i x_{0i} \quad x_{ij} = 0\text{或}1 \\ x_{ij} > 0 \Rightarrow e_i + t_{ij} \leqslant s_j \quad (i, j) \in \bar{A} \\ ET_i \leqslant s_i \leqslant LT_i \quad i = 1, 2, \cdots, l \end{cases} \end{cases} \tag{4.38}$$

其中

$$\begin{cases} A_s = \{(i, j): ET_i + T_i + t_{ij} \leqslant LT_j \,|\, i, j = 1, 2, \cdots, l\} \cup \{(i, 0), (0, i) \,|\, i = 1, 2, \cdots, l\} \\ \bar{A}_s = \{(i, j) \in A_s \,|\, i, j \neq 0\} \end{cases} \tag{4.39}$$

4.3.3 单车型满载车辆的优化调度模型

前面两个为非满载车辆优化调度问题，下面讨论满载车辆的优化调度。假定要完成的货运任务共 m 项，表示为 $A_1, A_2, \cdots, A_m$，每项任务的集货点分别为 $\mu_1, \mu_2, \cdots, \mu_m$，对应的送货点分别为 $v_1, v_2, \cdots, v_m$，货运量依次为 $g_1, g_2, \cdots, g_m$，已知运输工具的可载量为 q。假定有 n 个车场 $A_{m+1}, A_{m+2}, \cdots, A_{m+n}$ 供使用（发出空车和接收空车），它们与各货运任务的集货点和送货点位于同一连通道路网上，各车场根据自己当时的情况，将第二天可派出的空车数 b_{m+1}，$b_{m+2}, \cdots, b_{m+n}$ 与可接收的空车数 $b'_{m+1}, b'_{m+2}, \cdots, b'_{m+n}$ 及时提供给调度中心。调度中心首先要确定完成各项任务所需的车辆数，当一项货运业务量不小于车辆容量时，完成这项任务就需要车辆满载行驶。对于该类问题的 $g_i > q$（$i=1, 2, \cdots, m$）情况，即为满载车辆的优化调度。

完成货物运输任务 A_i 所需的车辆数 a_i 的确定如下。

（1）当 g_i/q 为整数时，取 $a_i = g_i/q$。

（2）若 g_i/q 不为整数，有 $g_i = [g_i/q] + \Delta = a'_i + \Delta$，此时 $\Delta > 0$，$[g_i/q]$ 为数值不大于 g_i/q 的最大整数。若不允许车辆超载，则取 $a_i = a'_i + 1 = [g_i/q] + 1$；若允许车辆超载，且可将货物量 Δ 全部分配于 a'_i 辆车上，则取 $a_i = a'_i$；若虽允许车辆超载，但因货物量 Δ 较大，而不能全部分

配给 a_i' 辆车，则不考虑超载，仍取 $a_i = a_i' + 1$ 。

考虑每项货运任务由其集货点至送货点为重车行驶，且必须完成，故将这一运输任务简化成一个重载点。

对重载点 i，为运送其货物量 g_i 需要 a_i 辆空车，它们将货物运抵目的地后，又提供出空车 a_i 辆，这些空车驶向其他货运业务的集货点（或车场），继续执行运输任务。在重载点之间及重载点与车场之间为空车行驶，在重载点内部为重车行驶，车辆交替地进行空驶和重驶，直至完成运输任务返回某一车场。各重载点之间以及重载点与车场之间的距离可按（广义的）最短路方法确定。

设由点 i（车场或重载点）发往点 j 的空车数为 x_{ij}，其运行费用为 c_{ij}，则使总费用最少的优化调度模型为

$$\begin{cases} \min z = \sum_{i=1}^{m+n}\sum_{j=1}^{m+n} c_{ij}x_{ij} \\ \text{s.t.} \begin{cases} \sum_{j=1}^{m+n} x_{ij} = a_i \quad i=1,2,\cdots,m, \quad \sum_{j=1}^{m+n} x_{ij} \leqslant b_i \quad i=m+1,m+2,\cdots,m+n \\ \sum_{i=1}^{m+n} x_{ij} = a_j \quad j=1,2,\cdots,m, \quad \sum_{i=1}^{m+n} x_{ij} \leqslant b_j \quad j=m+1,m+2,\cdots,m+n \\ x_{ij} = 0\text{且为整数}; \quad i,j=1,2,\cdots,m+n \end{cases} \end{cases} \tag{4.40}$$

选用不同的费用目标，模型中的 c_{ij} 会有所不同：若取一般性目标，则 c_{ij} 表示总运行费用；当点 i 为车场时，c_{ij} 包括使用车辆的固定费用和从点 i 到点 j 的空驶费用；当点 i 为重载点时，仅包括空驶费用。c_{ij} 可取为

$$\begin{cases} c_{ij} = c_1 d_{ij} \quad i=1,2,\cdots,m; j=1,2,\cdots,m+n \\ c_{ij} = c_0 + c_1 d_{ij} \quad i=m+1,m+2,\cdots,m+n; j=1,2,\cdots,m \\ c_{ij} = M \quad i,j=m+1,m+2,\cdots,m+n \end{cases} \tag{4.41}$$

式中：d_{ij} 是点 i 到点 j 的空驶距离；c_0 是发出一辆车的固定费用；c_1 是相对于空驶距离的费用系数；M 是一个足够大的正数，避免由车场发出的空车不经重载点直接驶向另一车场。

4.3.4 多车型满载车辆的优化调度模型

实际的运输企业（或车场）大都有一种以上的货运车辆，由于不同的货物有不同的比重和外形特征，可能采用不同的包装方法，运输车辆的载重量和车厢尺寸各异，以及道路条件的限制等，使得多车型运输组织要比单车型运输组织复杂得多。在建立多车型满载车辆的优化调度模型时，要考虑到货物的包装单位不一致，车辆的磨损、油耗等经济效益问题，某些货物对车型有特殊要求，同一货物使用不同车型时的装卸车时间不同，车速不一样等，因此当使用不同车型时，其额定里程就不一样。

当有多种车型可用时，对同一项运输业务来说，使用不同车型的车辆运输，其可载量常不一样，所需的空车数也不相同。此外，每一车场可派出的空车数和可接收的空车数通常也因车型不同而不同。因此，对多车型运输问题来讲，每一重载点所需的空车数和可提供的空

车数，每一车场可提供的空车数和可接收的空车数，以及由某点（指重载点或车场）驶向某点的空车数（求解变量 x_{ij}）都是一个向量。

设共有 K 种车型，以总费用最小化为目标，多车型满载车辆的优化调度模型为

$$\begin{cases} \min z = \sum_{i=1}^{m+n}\sum_{j=1}^{m+n}\sum_{k=1}^{K} c_{ij}x_{ij}^{(k)} \\ \text{s.t.} \begin{cases} \sum_{j=1}^{m+n} x_{ij}^{(k)} = a_i^{(k)} \quad i=1,2,\cdots,m, \quad \sum_{j=1}^{m+n} x_{ij}^{(k)} \leqslant b_i^{(k)} \quad i=m+1,m+2,\cdots,m+n \\ \sum_{i=1}^{m+n} x_{ij}^{(k)} = a_j^{(k)} \quad j=1,2,\cdots,m, \quad \sum_{i=1}^{m+n} x_{ij}^{(k)} \leqslant b_j^{(k)} \quad j=m+1,m+2,\cdots,m+n \\ x_{ij}^{(k)} \geqslant 0\text{且为整数}; \quad i,j=1,2,\cdots,m+n; \quad k=1,2,\cdots,K \end{cases} \end{cases} \tag{4.42}$$

式中：c_{ij} 为 i 点到 j 点的费用，含义同单车型模型；$x_{ij}^{(k)}$ 为车型 k 由点 i 到点 j 的空车数，为待求变量；约束条件的右侧常数 $a_i^{(k)}$ 为由重载点 $i \in [1,\ m]$发出的第 k 种车型的空车数；$a_j^{(k)}$ 为重载点 $j \in [1,\ m]$所需的第 k 种车型的空车数，即车型 k 驶入重载点 j 的空车数；$b_i^{(k)}$ 为车场 $i \in [1,\ m]$可供给第 k 种车型的空车数；$b_j^{(k)}$ 为车场 $j \in [1,\ m]$可接收第 k 种车型的空车数；且当 $i=j$ 时，有 $a_i^{(k)} = a_j^{(k)}$。

$a_i^{(k)}$，$a_j^{(k)}$ 以及 $b_i^{(k)}$，$b_j^{(k)}$ 均可以用向量的形式来表示，对 $b_i^{(k)}$，$b_j^{(k)}$ 的取值主要取决于各个车场当时的情况。$a_i^{(k)}$，$a_j^{(k)}$ 值的确定方法为

$$a_i^{(k)} = [(g_i - \sum_{k_1=1}^{k} \lambda_i^{k_1}\overline{a}_i^{k_1}\overline{q}_i^{k_1}) / q_i^{(k)}]\lambda_i^{(k)} \tag{4.43}$$

式中：$\lambda_i^{(k)}$ 为车辆的相容系数，当可用 k 型车运送货物 i 时，$\lambda_i^{(k)}=1$，否则为 0；[　]表示取值不大于其中数值的最大整数；$q_i^{(k)}$ 为用 k 型车运送货物 i 时的单车可载量；$\overline{q}_i^{k_1}$ 为用 k_1 型车运送货物 i 时的实际单车载运量，$\overline{a}_i^{(k_1)}$ 为已确定运送货物 i 的 k_1 型车的车数。

$\overline{q}_i^{k_1}$ 和 $\overline{a}_i^{(k_1)}$ 的引入是由于在实际安排线路时，可能暂时尚不能全部满足 $a_i^{(k_1)}$ 的要求，且实际单车载运量 $\overline{q}_i^{k_1}$ 也可能与 $q_i^{(k_1)}$ 不同。

作　业

1. 简述交通系统中节点如何选择。

2. 某三条连接一个 OD 对的简单网络，出行者对路网交通出行状况不完全知道，平均为 θ=2.5。已知各路径的出行成本函数为 $c_1=10\times[1+0.55(v_1/2)^4]$，$c_2=20\times[1+0.35(v_2/2)^4]$，$c_3=25\times[1+0.15(v_3/2)^4]$。整个 OD 对间的出行量服从弹性分布，为 $g=120\times\exp(-3c)$。要求直接写出用户最优均衡配流模型。

3. 分别直接写出附图 4.1 和附图 4.2 所示交通网络中在具有固定需求和弹性需求两种情况完全信息条件下的用户最优均衡配流模型。其中，每条道路的流量为 v_i，路阻函数为

$c_i(v_i)$，且均为四个 OD 对，每个 OD 对间流量为 g_{ij}。

（1）

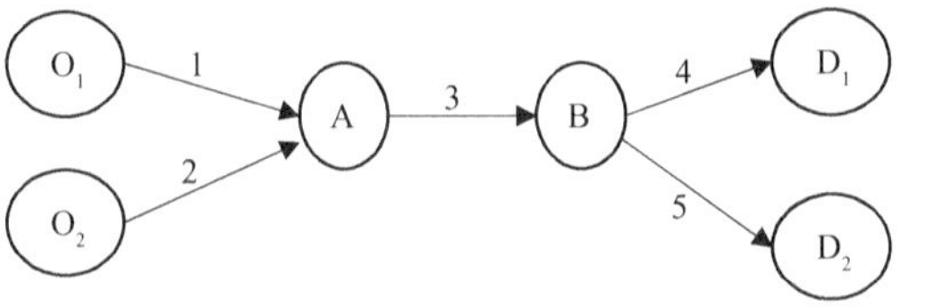

附图 4.1

（2）

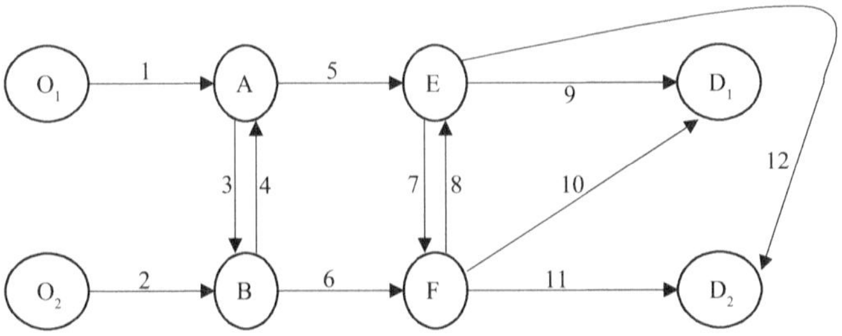

附图 4.2

4. 设只有一个 OD 对的简单网络，如附图 4.3 所示，OD 对间具有固定交通需求，g=6，每条弧（道路）上的出行成本函数为 $c_1(v_1)=50+v_1$，$c_2(v_2)=50+v_2$，$c_3(v_3)=10v_3$，$c_4(v_4)=10v_4$。

（1）按照 Wardrop 均衡配流第一原理计算各弧（路径）上的交通量、单位出行成本和总出行成本、整个交通网络的总出行成本。

（2）直接写出完全信息条件下具有固定需求的用户均衡配流模型。

（3）直接写出系统最优均衡配流模型。

（4）如果政府计划建设一条新的线路（用 5 表示），建设后的网络如附图 4.4 所示，其中新建道路（弧）的出行成本函数为 $c_5(v_5)=10+v_5$，其余弧上的出行成本函数不变。要求直接用 Wardrop 均衡配流第一原理重新计算各弧（路径）上的交通量、单位出行成本和总出行成本、整个网络系统的总出行成本。

（5）从（1）和（4）的各路径上单位出行成本、网络系统总出行成本比较中，你得出何种结论？

（6）针对附图 4.4 分别写出用户最优（具有固定需求完全信息）、系统最优的均衡配流模型。

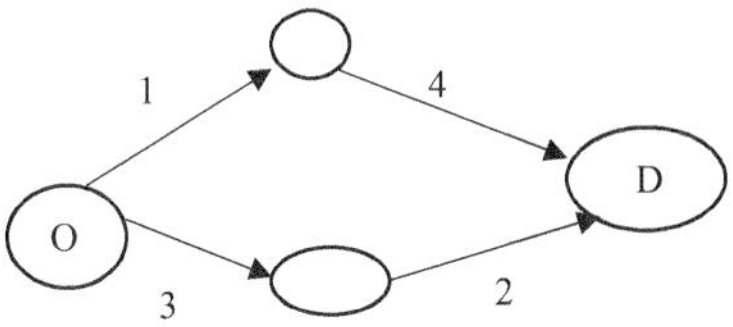

附图 4.3

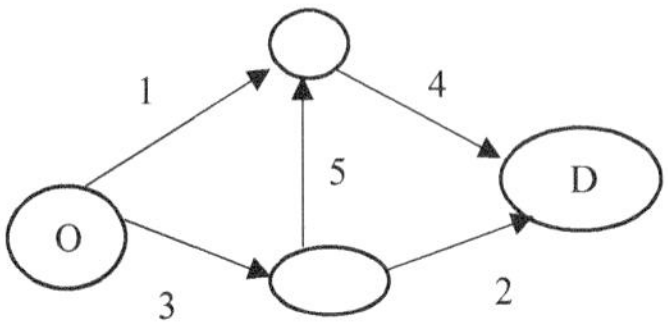

附图 4.4

5. 设只有一个 OD 对的交通系统，具有固定交通需求量为 16，只有三条路径连接 OD 对点，c_i、v_i 分别表示弧 i 的出行成本和交通流量，且 $c_1=2+4v_1$，$c_2=4+2v_2$，$c_3=3+3v_3$。

（1）采用 Wardrop 用户最优均衡原理确定分配在各个弧（路径）上的交通量、每条路径上的成本和系统总的出行成本。

（2）直接写出完全信息条件下具有固定需求的用户最优均衡配流模型（不要求计算）。

（3）按照系统最优均衡模型确定分配在各个路径上的交通量、每条路径上的成本和系统总的出行成本。

（4）比较（1）与（3），你能得到何结论？

6. 一个只有三条路径的 OD 对简单网络，设路径的阻抗 c 与流量 h 无关，且 $c_1=4$、$c_2=3$、$c_3=2$。OD 对间的流量 $g=2\,000$，设三条路径上的交通流是随机分配的，且选择路径 1、路径 2 的概率分别为

$$p_1=\frac{1}{1+\exp(c_1-c_3)}, \qquad p_2=\frac{1}{1+\exp(c_2-c_3)}$$

（1）计算分配在各条路径上的交通流 h 和总出行费用。

（2）若扩大路径 1 的通行能力，其阻抗 $c_1=3$，计算分配在各条路上的交通流 h 和总出行费用。

（3）通过上述两种情况对比，你得到何结论？

7. 结合第 2 章、本章所讲述内容，就部分特大城市中心区、市区和郊区间在特点时间段（如上下班高峰）征收交通拥挤费事宜，画出其概念框图，并写出拥挤费用确定的博弈模型。

第 5 章

交通系统模型优化

5.1 优化求解的基本概念

5.1.1 优化求解的分类

交通系统数学模型建立以后,需要对其进行优化计算,其中优化计算方法可分为两种:一种为精确算法,指可以求出最优解的计算方法,高等数学求导、运筹学中的绝大部分计算方法为该算法,该方法适用于模型比较简单且符合标准模型要求的情况;另一种为启发式算法。

5.1.2 启发式算法

1. 定义

启发式(heuristics)算法为通过对过去经验的归纳推理以及试验分析来解决问题的方法,即借助于某种直观推断或试探的方法。启发式算法要求分析人员必须运用自己的感知和洞察力,从与研究问题有关而较基本的模型及算法中寻求其间的联系,并从中得到启发,去发现适于解决该问题的思路和途径。

2. 原因

(1)很多问题不存在严格最优解,这时对目标的满意性通常比最优性更能准确地描述人们的选择行为。

(2)对有些问题,得到它的最优解所花的代价太大。

(3)从实际决策的需要出发,有时要求解具有过高的精度没有意义。启发式方法能够比较快地得到满意解,这对解决非确定性多项式(NP)难题来说有着不可估量的作用。

3. 分类

(1)运筹学中非线性规划的爬山法(梯度法、共轭梯度法、牛顿法等的统称)。该类算法类似于线性规划的单纯性法,是从一个解到另一个解使目标函数值得到改进,是一种单传性的优化求解方法。我国近 40 多年的改革开放发展史,实际上就类似于爬山,不断地发展取得社会经济的发展进步。

（2）主要的进化计算与机器学习算法，如遗传算法、蚁群算法、粒子群算法等。该类算法是一种类似于种群式的改进方法，每一代有多个解。

（3）一些其他进化计算与机器学习算法，如神经网络算法、模拟退火算法等。

5.1.3 基本概念

1. 一般静态非线性系统模型

最简单的一般非线性规划模型为

$$\begin{cases} \min f(\boldsymbol{X}) \\ \text{s.t.} \begin{cases} h_i(\boldsymbol{X})=0, & i=1,2,\cdots,m \\ g_j(\boldsymbol{X})\geqslant 0, & j=1,2,\cdots,l \end{cases} \end{cases} \tag{5.1}$$

式中：$\boldsymbol{X}=(x_1,x_2,\cdots,x_n)^{\mathrm{T}}\in \mathrm{E}^n$ 为变量。

2. 局部最优解和全局最优解

设 $f(\boldsymbol{X})$ 为 n 维欧氏空间的实函数，对 $\boldsymbol{X}^*\in\mathrm{E}^n$，如果存在某个 $\varepsilon>0$，使所有与 $\boldsymbol{X}^*$ 的距离小于 ε 的 $\boldsymbol{X}\in\mathrm{E}^n$（$\left\|\boldsymbol{X}-\boldsymbol{X}^*\right\|<\varepsilon$）均满足不等式 $f(\boldsymbol{X})\geqslant f(\boldsymbol{X}^*)$，则称 $\boldsymbol{X}^*$ 为 $f(\boldsymbol{X})$ 在 E^n 上的局部极小点，对应的 $f(\boldsymbol{X}^*)$ 称为局部极小值。

若对 $\boldsymbol{X}^*\in\mathrm{E}^n$，使所有的 $\boldsymbol{X}\in\mathrm{E}^n$ 均满足不等式 $f(\boldsymbol{X})\geqslant f(\boldsymbol{X}^*)$，则称 $\boldsymbol{X}^*$ 为 $f(\boldsymbol{X})$ 在 E^n 上的全局极小点，对应的 $f(\boldsymbol{X}^*)$ 称为全局极小值。

3. 梯度和海塞矩阵及其最优性条件

定义 5.1 设 $f(\boldsymbol{X})$ 为 n 维欧氏空间的实函数，若其具有一阶连续偏导数，则称其为该函数的梯度，即

$$\nabla f(\boldsymbol{X})=\left[\frac{\partial f(\boldsymbol{X})}{\partial x_1},\frac{\partial f(\boldsymbol{X})}{\partial x_2},\cdots,\frac{\partial f(\boldsymbol{X})}{\partial x_n}\right]^{\mathrm{T}} \tag{5.2}$$

定义 5.2 设 $f(\boldsymbol{X})$ 为 n 维欧氏空间的实函数，若其具有二阶连续偏导数，则称其为该函数的海塞（Hessan）矩阵，即

$$\boldsymbol{H}(\boldsymbol{X})=\begin{bmatrix} \dfrac{\partial^2 f(\boldsymbol{X})}{\partial x_1^2} & \dfrac{\partial^2 f(\boldsymbol{X})}{\partial x_1\partial x_2} & \cdots & \dfrac{\partial f^2(\boldsymbol{X})}{\partial x_1\partial x_n} \\ \dfrac{\partial^2 f(\boldsymbol{X})}{\partial x_2\partial x_1} & \dfrac{\partial^2 f(\boldsymbol{X})}{\partial x_2^2} & \cdots & \dfrac{\partial^2 f(\boldsymbol{X})}{\partial x_2\partial x_n} \\ \vdots & \vdots & \ddots & \vdots \\ \dfrac{\partial^2 f(\boldsymbol{X})}{\partial x_n\partial x_1} & \dfrac{\partial^2 f(\boldsymbol{X})}{\partial x_n\partial x_2} & \cdots & \dfrac{\partial^2 f(\boldsymbol{X})}{\partial x_n^2} \end{bmatrix} \tag{5.3}$$

定理 5.1 设 $f(\boldsymbol{X})$ 为 n 维欧氏空间的实函数，且具有一阶连续偏导数，则 $\boldsymbol{X}^*$ 为其极小点的必要条件为其在 $\boldsymbol{X}^*$ 处的梯度为 0；若其梯度、海塞矩阵存在，则 $\boldsymbol{X}^*$ 为其极小点的充要条件为其在 $\boldsymbol{X}^*$ 处的梯度为 0，海塞矩阵正定。

该定理等同于高等数学中的一阶导数得驻点，且二级导数大于 0 点为极小值点，小于 0 点为极大值点的规则。

4. 凸函数和凹函数

定义 5.3 设 $f(\boldsymbol{X})$ 为 n 维欧氏空间的实函数，若对于任何实数 $\alpha(0<\alpha<1)$ 和 n 维欧氏空间的两点 $\boldsymbol{X}^{(1)}$ 和 $\boldsymbol{X}^{(2)}$，恒有下式成立：

$$f(\alpha\boldsymbol{X}^{(1)}+(1-\alpha)\boldsymbol{X}^{(2)})\leqslant\alpha f(\boldsymbol{X}^{(1)})+(1-\alpha)f(\boldsymbol{X}^{(2)}) \tag{5.4}$$

则称 $f(\boldsymbol{X})$ 为凸函数。若该式为严格不等式则为严格凸函数。

定义 5.4 设 $f(\boldsymbol{X})$ 为 n 维欧氏空间的实函数，若对于任何实数 $\alpha(0<\alpha<1)$ 和 n 维欧氏空间的两点 $\boldsymbol{X}^{(1)}$ 和 $\boldsymbol{X}^{(2)}$，恒有下式成立：

$$f(\alpha\boldsymbol{X}^{(1)}+(1-\alpha)\boldsymbol{X}^{(2)})\geqslant\alpha f(\boldsymbol{X}^{(1)})+(1-\alpha)f(\boldsymbol{X}^{(2)}) \tag{5.5}$$

则称 $f(\boldsymbol{X})$ 为凹函数。若该式为严格不等式则为严格凹函数。

用以上两式判别函数凸、凹的方法复杂，下面定理能比较简单地进行判别。

定理 5.2 设 $f(\boldsymbol{X})$ 为 n 维欧氏空间的实函数，且其梯度、海塞矩阵存在，则其为凸函数的充要条件为其海塞矩阵处处正定；其为凹函数的充要条件为其海塞矩阵负定。

判别矩阵正、负定的条件很多，其中最简单的方式如下：主子式均为非负时为正定；主子式为负、正相间时为负定；主子式为 0 时既可作为正定又可作为负定。

因此，线性函数既可作为凸函数又可作为凹函数。

5. 凸规划

对非线性规划问题即式（5.1），若其目标函数为凸函数，约束均为凹函数（不一定严格），即可行域在凸集合内，该规划为凸规划。

凸规划为非线性规划中比较典型和具有代表意义的规划问题，交通及运输、物流中的很多问题即为凸规划。凸规划有两个代表性的结论需要我们掌握：其局部最优解即全局最优解；其驻点即其最优解点。因此，若一个问题为凸规划，即可采用简单的方法予以求解。

5.1.4 目标函数值改进的基本思想

1. 基本思想

采用令梯度为 0 的方法不一定能直接求出驻点，即使求出也无法得到判别。所以，模型优化的基本思想是类似于线性规划的单纯性法，由一个解求出另外一个比其更好的解，具体步骤如下。

（1）选定一初始可行解 $\boldsymbol{X}^{(1)}$，令 $k=1$。

（2）对于第 k 步的 $\boldsymbol{X}^{(k)}$，确定搜索方向 $\boldsymbol{P}^{(k)}$，并求得最优步长 λ_k，产生下一个可行解 $\boldsymbol{X}^{(k+1)}$，即

$$\boldsymbol{X}^{(k+1)}=\boldsymbol{X}^{(k)}+\lambda_k\boldsymbol{P}^{(k)} \tag{5.6}$$

（3）若 $\boldsymbol{X}^{(k+1)}$ 为满意解，则停止迭代；否则令 $k=k+1$，返回（2）。

2. 步长的选定

这里方向 $\boldsymbol{P}^{(k)}$ 是同 $\boldsymbol{X}^{(k)}$ 的一个向量，而步长 λ_k 的确定方法有很多，常用的有以下几种。

（1）给予一个固定值，或者让初始迭代步长大一些，后面小一些，如前 10 步步长取 λ，第 11~20 步取 0.1λ，第 21~30 步取 0.01λ，依次类推。

（2）对第 k 步时，求目标函数的极值：

$$\lambda_k = \arg\min f(\boldsymbol{X}^{(k)} + \lambda \boldsymbol{P}^{(k)}) \tag{5.7}$$

该方法简单易理解，缺点是对式（5.7）不一定能求出最优解，围绕其有 0.618 法、斐波那契法、插值法、微积分中的切线法、二分法等。

（3）针对具体问题具体算法的一些求解方法，具体见 5.2 节内容。

3. 取得满意解的判别——迭代停止的判别

若迭代步数达到足够多，即可停止计算，从而得到满意解。一般下面五个式中的任意一个满足即可停止迭代，或左边取平方也可，其中右边均为足够小的正数。

$$\left\|\boldsymbol{X}^{(k+1)} - \boldsymbol{X}^{(k)}\right\| \leqslant \varepsilon_1 \tag{5.8}$$

$$\left|f(\boldsymbol{X}^{(k+1)}) - f(\boldsymbol{X}^{(k)})\right| \leqslant \varepsilon_2 \tag{5.9}$$

$$\frac{\left\|\boldsymbol{X}^{(k+1)} - \boldsymbol{X}^{(k)}\right\|}{\left\|\boldsymbol{X}^{(k)}\right\|} \leqslant \varepsilon_3 \tag{5.10}$$

$$\frac{\left|f(\boldsymbol{X}^{(k+1)}) - f(\boldsymbol{X}^{(k)})\right|}{\left|f(\boldsymbol{X}^{(k)})\right|} \leqslant \varepsilon_4 \tag{5.11}$$

$$\left\|\nabla f(\boldsymbol{X}^{(k)})\right\| \leqslant \varepsilon_5 \tag{5.12}$$

5.2 无约束非线性规划的求解

对式（5.1）中的模型，若不存在约束，则相对简单。

5.2.1 最速下降法（梯度法）

1. 原理

若 $f(\boldsymbol{X})$ 梯度存在，对式（5.6）确定的 $\boldsymbol{X}^{(k+1)}$，欲使其满足：

$$\begin{aligned} f(\boldsymbol{X}^{(k+1)}) &= f(\boldsymbol{X}^{(k)} + \lambda_k \boldsymbol{P}^{(k)}) = f(\boldsymbol{X}^{(k)}) + \lambda_k \nabla f(\boldsymbol{X}^{(k)})^{\mathrm{T}} \boldsymbol{P}^{(k)} + o(\lambda_k) \\ &= f(\boldsymbol{X}^{(k)}) + \lambda_k \times \left\|\nabla f(\boldsymbol{X}^{(k)})\right\| \times \left\|\boldsymbol{P}^{(k)}\right\| \times \cos\theta + o(\lambda_k) < f(\boldsymbol{X}^{(k)}) \end{aligned} \tag{5.13}$$

其中

$$\lim_{\lambda_k \to 0} \frac{o(\lambda_k)}{\lambda_k} = 0 \tag{5.14}$$

θ 是 $\left\|\nabla f(\boldsymbol{X}^{(k)})\right\|$ 和 $\boldsymbol{P}^{(k)}$ 的夹角，只要 λ_k 足够小，θ 可取为 180°，即

$$\boldsymbol{P}^{(k)} = -\nabla f(\boldsymbol{X}^{(k)}) \tag{5.15}$$

时，目标函数的改进（下降）最快，因此采用该方法确定下降方向称为最速下降法（梯度法）。

若海塞矩阵存在，且取负梯度为可行下降方向，即

$$\boldsymbol{X}^{(k+1)}=\boldsymbol{X}^{(k)}-\lambda_k\nabla f(\boldsymbol{X}^{(k)}) \tag{5.16}$$

对 $f(\boldsymbol{X})$ 再次进行泰勒级数展开，有

$$\begin{aligned}f(\boldsymbol{X}^{(k+1)})&=f(\boldsymbol{X}^{(k)}-\lambda_k\nabla f(\boldsymbol{X}^{(k)})\\&\approx f(\boldsymbol{X}^{(k)})-\lambda_k\nabla f(\boldsymbol{X}^{(k)})^{\mathrm{T}}\nabla f(\boldsymbol{X}^{(k)})+\\&\quad\frac{1}{2}\lambda_k\nabla f(\boldsymbol{X}^{(k)})^{\mathrm{T}}\mathrm{H}(\boldsymbol{X}^{(k)})\lambda_k\nabla f(\boldsymbol{X}^{(k)})\end{aligned} \tag{5.17}$$

预使式(5.17)取最小值，求导使其等于0，得到极小值时的近似最佳步长为

$$\lambda_k=\frac{\nabla f(\boldsymbol{X}^{(k)})^{\mathrm{T}}\nabla f(\boldsymbol{X}^{(k)})}{\nabla f(\boldsymbol{X}^{(k)})^{\mathrm{T}}\boldsymbol{H}(\boldsymbol{X}^{(k)})\nabla f(\boldsymbol{X}^{(k)})} \tag{5.18}$$

若海塞矩阵不存在，只能采用式(5.7)等方法予以确定。

2. 计算步骤

(1)选定一初始可行解 $\boldsymbol{X}^{(1)}$，令 $k=1$。

(2)对于第 k 步的 $\boldsymbol{X}^{(k)}$，按照式(5.15)确定搜索方向 $\boldsymbol{P}^{(k)}$，按照式(5.18)求得最优步长 λ_k，产生下一个可行解 $\boldsymbol{X}^{(k+1)}$。

(3)若 $\boldsymbol{X}^{(k+1)}$ 为满意解，则停止迭代；否则令 $k=k+1$，返回(2)。

例 5.1 用梯度法求

$$f(\boldsymbol{X})=(x_1-1)^2+(x_2-1)^2$$

的极小点，取 $\boldsymbol{X}^{(1)}=(0,0)^{\mathrm{T}}$，$\varepsilon=0.1$。

解 由题可得

$$\nabla f(\boldsymbol{X})=[2(x_1-1),2(x_2-1)]^{\mathrm{T}}$$

$$\nabla f(\boldsymbol{X}^{(1)})=(-2,-2)^{\mathrm{T}}$$

$$\left\|\nabla f(\boldsymbol{X}^{(1)})\right\|^2=8>\varepsilon$$

$$\boldsymbol{H}(\boldsymbol{X})=\begin{pmatrix}2&0\\0&2\end{pmatrix}$$

若按照式(5.18)确定步长，可得

$$\lambda_1=1/2$$

$$\boldsymbol{X}^{(2)}=\boldsymbol{X}^{(1)}-\lambda_1\nabla f(\boldsymbol{X}^{(1)})=(1,1)^{\mathrm{T}}$$

$$\nabla f(\boldsymbol{X}^{(2)})=(0,0)^{\mathrm{T}}$$

故得到极小点。

若不按照式(5.18)确定步长，可得

$$\boldsymbol{X}^{(2)}=\boldsymbol{X}^{(1)}-\lambda_0\nabla f(\boldsymbol{X}^{(1)})=(2\lambda,2\lambda)^{\mathrm{T}}$$

代入目标函数中可得

$$f(\boldsymbol{X})=(2\lambda-1)^2+(2\lambda-1)^2$$

对上式求导并令其为 0,可得

$$\lambda = 0$$

$$\boldsymbol{X}^{(2)} = (1,1)^{\mathrm{T}}$$

为其极小点。

5.2.2 共轭梯度法

1. 概念

定义 5.5 设 $\boldsymbol{X}$ 和 $\boldsymbol{Y}$ 是 n 维欧氏空间的两个向量,若有

$$\boldsymbol{X}^{\mathrm{T}}\boldsymbol{Y} = 0 \tag{5.19}$$

则称 $\boldsymbol{X}$ 和 $\boldsymbol{Y}$ 正交;设 $\boldsymbol{A}$ 是 $n \times n$ 对称正定阵,如果 $\boldsymbol{X}$ 和 $\boldsymbol{AY}$ 正交,即有

$$\boldsymbol{X}^{\mathrm{T}}\boldsymbol{AY} = 0 \tag{5.20}$$

则称 $\boldsymbol{X}$ 和 $\boldsymbol{Y}$ 关于 $\boldsymbol{A}$ 共轭。

定义 5.6 设 $\boldsymbol{A}$ 是 $n \times n$ 对称正定阵,如果存在非零向量组 $\boldsymbol{P}^{(1)}, \boldsymbol{P}^{(2)}, \cdots, \boldsymbol{P}^{(n)} \in \mathrm{E}^n$ 满足:

$$(\boldsymbol{P}^{(i)})^{\mathrm{T}}\boldsymbol{AP}^{(j)} = 0 \quad (i \neq j;\ i, j = 1, 2, \cdots, n) \tag{5.21}$$

则称该向量组关于 $\boldsymbol{A}$ 共轭。

定理 5.3 设 $f(\boldsymbol{X})$ 为 n 维欧氏空间的实函数,若 $f(\boldsymbol{X})$ 为正定二次型,其海塞矩阵为 $\boldsymbol{H}$,必存在一向量组 $\boldsymbol{P}^{(1)}, \boldsymbol{P}^{(2)}, \cdots, \boldsymbol{P}^{(n)} \in \mathrm{E}^n$ 关于 $\boldsymbol{H}$ 共轭,使得从任一点 $\boldsymbol{X}^{(1)}$ 出发,以该向量组为搜索方向的下列算法:

$$\begin{aligned} &\boldsymbol{X}^{(k+1)} = \boldsymbol{X}^{(k)} + \lambda_k \boldsymbol{P}^{(k)} \\ &\min_{\lambda} f(\boldsymbol{X}^{(k)} + \lambda \boldsymbol{P}^{(k)}) = f(\boldsymbol{X}^{(k)} + \lambda_k \boldsymbol{P}^{(k)}) \end{aligned} \tag{5.22}$$

经 n 次迭代一定收敛于问题的极小点 $\boldsymbol{X}^*$。

上述定理说明对于 $f(\boldsymbol{X})$ 为正定二次型的,只要找到关于 $\boldsymbol{H}$ 共轭的向量组为其可行下降方向,即可经 n 次迭代达到最优解。对于非二次型,虽找不到该向量组,但可以近似找到一组向量进行搜索,即可达到近似解。

2. 步骤

(1)对于初始点 $\boldsymbol{X}^{(1)}$,取初始 $\boldsymbol{P}^{(1)} = -\nabla f(\boldsymbol{X}^{(1)})$。

(2)对于第 k 步,按照下列规则可产生下一个可行解 $\boldsymbol{X}^{(k+1)}$:

$$\begin{aligned} &\boldsymbol{X}^{(k+1)} = \boldsymbol{X}^{(k)} + \lambda_k \boldsymbol{P}^{(k)} \\ &\lambda_k = -\frac{\nabla f(\boldsymbol{X}^{(k)})^{\mathrm{T}} \boldsymbol{P}^{(k)}}{(\boldsymbol{P}^{(k)})^{\mathrm{T}} \boldsymbol{H}(\boldsymbol{X}^{(k)}) \boldsymbol{P}^{(k)}} \\ &\boldsymbol{P}^{(k+1)} = -\nabla f(\boldsymbol{X}^{(k+1)}) + \beta_k \boldsymbol{P}^{(k)} \\ &\beta_k = \frac{\nabla f(\boldsymbol{X}^{(k+1)})^{\mathrm{T}} \boldsymbol{H}(\boldsymbol{X}^{(k)}) \boldsymbol{P}^{(k)}}{(\boldsymbol{P}^{(k)})^{\mathrm{T}} \boldsymbol{H}(\boldsymbol{X}^{(k)}) \boldsymbol{P}^{(k)}} \end{aligned} \tag{5.23}$$

(3)若 $\boldsymbol{X}^{(k+1)}$ 为满意解,则停止迭代;否则令 $k = k+1$,返回(2)。

5.2.3 变尺度法

1. 原理

设$f(\boldsymbol{X})$为n维欧氏空间的实函数,若$f(\boldsymbol{X})$具有二级偏导数,$\boldsymbol{X}^{(k)}$为其极小点的某一个近似,在该点进行二级泰勒级数展开,有

$$f(\boldsymbol{X}) \approx f(\boldsymbol{X}^{(k)}) + \nabla f(\boldsymbol{X}^{(k)})^{\mathrm{T}} \Delta \boldsymbol{X} + \frac{1}{2} \Delta \boldsymbol{X}^{\mathrm{T}} \boldsymbol{H}(\boldsymbol{X}^{(k)}) \Delta \boldsymbol{X} \tag{5.24}$$

其中

$$\Delta \boldsymbol{X} = \boldsymbol{X} - \boldsymbol{X}^{(k)} \tag{5.25}$$

对式(5.24)求导并令其为零,可得

$$\nabla f(\boldsymbol{X}) = 0 \approx \nabla f(\boldsymbol{X}^{(k)}) + H(\boldsymbol{X}^{(k)}) \Delta \boldsymbol{X} \tag{5.26}$$

显然为

$$\boldsymbol{X} = \boldsymbol{X}^{(k)} - \boldsymbol{H}(\boldsymbol{X}^{(k)})^{-1} \nabla f(\boldsymbol{X}^{(k)}) \tag{5.27}$$

如果$f(\boldsymbol{X})$为二次函数,其海塞矩阵为常数矩阵且可以求逆,则从任意点出发,经过式(5.27)可以一步求出其极小点。如果$f(\boldsymbol{X})$不是二次函数,此时式(5.27)求得的只是一个极小点的近似,需要在该点基础上进一步迭代搜索,一般取$-\boldsymbol{H}(\boldsymbol{X}^{(k)})^{-1}\nabla f(\boldsymbol{X}^{(k)})$为搜索方向,即

$$\boldsymbol{P}^{(k)} = -\boldsymbol{H}(\boldsymbol{X}^{(k)})^{-1} \nabla f(\boldsymbol{X}^{(k)}) \tag{5.28}$$

$$\boldsymbol{X}^{(k+1)} = \boldsymbol{X}^{(k)} + \lambda_k \boldsymbol{P}^{(k)} \tag{5.29}$$

$$\min_{\lambda_k} f(\boldsymbol{X}^{(k)} + \lambda \boldsymbol{P}^{(k)}) = f(\boldsymbol{X}^{(k)} + \lambda_k \boldsymbol{P}^{(k)}) \tag{5.30}$$

按照上述步骤进行计算的方法称为广义牛顿法,$-\boldsymbol{H}(\boldsymbol{X}^{(k)})^{-1}\nabla f(\boldsymbol{X}^{(k)})$为牛顿方向。该方法收敛速度非常快。

显然,当$f(\boldsymbol{X})$的二阶导数及其海塞矩阵求逆便于计算时,使用这一方法非常好。但对一般函数,该方法计算量非常大,特别是矩阵求逆。人们则通常采用矩阵$\boldsymbol{H}_1(\boldsymbol{X}^{(k)})$来近似代替$\boldsymbol{H}(\boldsymbol{X}^{(k)})^{-1}$。

2. 步骤

(1)对于初始点$\boldsymbol{X}^{(1)}$,给出梯度允许误差$\varepsilon > 0$。

(2)若$\left\|\nabla f(\boldsymbol{X}^{(1)})\right\|^2 \leqslant \varepsilon$,则$\boldsymbol{X}^{(1)}$即为近似极小点;否则转向(3)。

(3)令

$$\boldsymbol{H}_1^{(1)} = I, \quad \boldsymbol{P}^{(1)} = -\boldsymbol{H}_1^{(1)} \nabla f(\boldsymbol{X}^{(1)}) \tag{5.31}$$

按照式(5.30)确定步长,按式(5.29)计算一个近似点$\boldsymbol{X}^{(2)}$。

(4)对于$\boldsymbol{X}^{(k)}$,若$\left\|\nabla f(\boldsymbol{X}^{(k)})\right\|^2 \leqslant \varepsilon$,则$\boldsymbol{X}^{(k)}$即为近似极小点;否则按照下式确定方向$\boldsymbol{P}^{(k)}$:

$$\boldsymbol{P}^{(k)} = -\boldsymbol{H}_1^{(k)} \nabla f(\boldsymbol{X}^{(k)}) \tag{5.32}$$

$$H_1^{(k)} = H_1^{(k-1)} + \frac{\Delta X^{(k-1)}(\Delta X^{(k-1)})^{\mathrm{T}}}{(\Delta G^{(k-1)})^{\mathrm{T}}\Delta X^{(k-1)}} - \frac{H_1^{(k-1)}\Delta G^{(k-1)}(\Delta G^{(k-1)})^{\mathrm{T}}H_1^{(k-1)}}{(\Delta G^{(k-1)})^{\mathrm{T}}H^{(k-1)}\Delta G^{(k)}} \tag{5.33}$$

$$\Delta X^{(k-1)} = X^{(k)} - X^{(k-1)} \tag{5.34}$$

$$\Delta G^{(k-1)} = \nabla f(X^{(k)}) - \nabla f(X^{(k-1)}) \tag{5.35}$$

按照式(5.30)确定步长,按式(5.29)计算一个近似点$X^{(k+1)}$。

(5)若$X^{(k+1)}$达到精度要求,则为近似最优解;否则令$k=k+1$,转向(4)。

5.3 约束非线性规划的求解

5.3.1 基本思想

对式(5.1)中的一般非线性规划模型,也可转化为

$$\begin{cases} \min \quad f(X) \\ \text{s.t.} \quad g_j(X) \geqslant 0, \quad j=1,2,\cdots,l \end{cases} \tag{5.36}$$

对式(5.1)中的一般非线性规划模型和上述模型求解,一般的思想是将带约束的非线性规划问题转化为无约束的非线性规划问题。常用的方法有外点法(罚函数法)和内点法(闸函数法)。

5.3.2 外点法(罚函数法)

1. 基本原理

对非线性规划问题式(5.36)构造一个函数,即

$$\psi(t) = \begin{cases} 0, & 当 t \geqslant 0 \\ \infty, & 当 t < 0 \end{cases} \tag{5.37}$$

现将约束$g_j(X)$看作t,显然当满足约束时,$\psi[g_j(X)]=0, j=1,2,\cdots,l$;否则$\psi[g_j(X)]=\infty$。

再构造一个函数,即

$$\varphi(X) = f(X) + \sum_{j=1}^{l}\psi[g_j(X)] \tag{5.38}$$

这样就把式(5.36)的最优化问题转化为对式(5.38)的无约束的最小化问题。考虑到式(5.38)构造的函数不连续,没有导数,因此将函数修改为

$$\psi(t) = \begin{cases} 0, & 当 t \geqslant 0 \\ t^2, & 当 t < 0 \end{cases} \tag{5.39}$$

就可解决这一问题。

设M是一个充分大的正数,在式(5.39)的基础上,式(5.1)所代表的非线性规划问题等价于下列无约束的非线性规划问题:

$$\min P(X,M) = f(X) + M \times \{\sum_{j=1}^{l}[\min(0,g_j(X))]^2 + \sum_{i=1}^{m}[h_i(X)]^2\} \tag{5.40}$$

上述函数为惩罚函数，其中第二项为惩罚项，M 是惩罚因子，在具体迭代过程中惩罚因子将逐步变大，即有

$$0 < M_1 < M_2 < \cdots < M_k < \cdots$$

外点法可做以下解释：对于一定的经济行为给出一些约束，违背约束的行为给一个惩罚项，否则就不给；当惩罚因子足够大，使得惩罚项只能为 0 时，即可达到最优解。

例 5.2 采用外点法求解非线性规划问题的极小点。

$$\begin{cases} \min f(\boldsymbol{X}) = x_1 + x_2 \\ \text{s.t.} \begin{cases} g_1(\boldsymbol{X}) = -x_1^2 + x_2 \geqslant 0 \\ g_2(\boldsymbol{X}) = x_1 \geqslant 0 \end{cases} \end{cases}$$

解 构造惩罚函数：

$$\min P(\boldsymbol{X}, M) = x_1 + x_2 + M \times \{[\min(0, (-x_1^2 + x_2))]^2 + [\min(0, x_1)]^2\}$$

$$\frac{\partial P}{\partial x_1} = 1 + 2M\{\min[0, (-x_1^2 + x_2) \times (-2x_1)]\} + 2M[\min(0, x_1)]$$

$$\frac{\partial P}{\partial x_2} = 1 + 2M\{\min[0, (-x_1^2 + x_2)]\}$$

对于不满足约束的点 $\boldsymbol{X} = (x_1, x_2)^{\mathrm{T}}$，有

$$-x_1^2 + x_2 < 0, x_1 < 0$$

令

$$\frac{\partial P}{\partial x_1} = \frac{\partial P}{\partial x_2} = 0$$

得到惩罚函数的极小点为

$$\boldsymbol{X}(M) = \left[-\frac{1}{2(1+M)}, \frac{1}{4(1+M)^2} \quad -\frac{1}{2M} \right]^{\mathrm{T}}$$

分别取 $M = 1, 2, 3, 4$，可得到 $\boldsymbol{X} = (x_1, x_2)^{\mathrm{T}}$ 分别为 $\left(-\frac{1}{4}, -\frac{7}{16}\right)^{\mathrm{T}}$，$\left(-\frac{1}{6}, -\frac{2}{9}\right)^{\mathrm{T}}$，$\left(-\frac{1}{8}, -\frac{29}{192}\right)^{\mathrm{T}}$，$\left(-\frac{1}{10}, -\frac{23}{200}\right)^{\mathrm{T}}$。显然，这些不可行的点逐步逼近可行域的边界，当 $M \to \infty$ 时，$\boldsymbol{X}(M)$ 趋于原问题的极小解 $\boldsymbol{X}_{\min} = (0, 0)^{\mathrm{T}}$。

2. 步骤

（1）取 $M_1 > 0$，如 $M_1 = 1$，允许误差 $\varepsilon > 0$，并令 $k = 1$。

（2）对给定的 M_k，求解式（5.40）所示的无约束非线性规划问题。

（3）若对某一个 $j(1 \leqslant j \leqslant l)$ 有 $-g_j(\boldsymbol{X}^{(k)}) \geqslant \varepsilon$，或对某一个 $i(1 \leqslant i \leqslant m)$ 有 $\left|h_i(\boldsymbol{X}^{(k)})\right| \geqslant \varepsilon$，则取 $M_{k+1} > M_k$（一般取 $M_{k+1} = 5M_k$ 或 $M_{k+1} = 10M_k$），令 $k = k + 1$，转向（2）；否则得到近似最优解。

5.3.3 内点法(闸函数法)

1. 基本原理

显然,外点法是从可行域外部不可行点开始逐步逼近最优点。而从可行域内部点出发进行寻优的过程称为内点法。其基本思想是在可行域的边界上设置一道“障碍”,使迭代点靠近可行域的边界时,给出的新目标函数值迅速增大,从而使迭代点始终留在可行域内。对式(5.36)的非线性规划问题,构造障碍函数:

$$P_1(\boldsymbol{X},r_k)=f(\boldsymbol{X})+r_k\sum_{j=1}^{l}\frac{1}{g_j(\boldsymbol{X})} \tag{5.41}$$

或

$$P_1(\boldsymbol{X},r_k)=f(\boldsymbol{X})-r_k\sum_{j=1}^{l}\lg[g_j(\boldsymbol{X})] \tag{5.42}$$

其中,r_k 称为障碍因子。

这样就把原问题转化为下列无约束的极小化问题:

$$\min P_1(\boldsymbol{X},r_k) \tag{5.43}$$

需要指出的是,内点法是从可行域的任意点出发的,且在迭代过程中障碍因子满足:

$$r_1>r_2>\cdots>r_k>\cdots$$

例 5.3 采用内点法求解非线性规划问题的极小点。

$$\begin{cases}\min f(\boldsymbol{X})=\dfrac{1}{3}(x_1+1)^3+x_2\\ \text{s.t.}\ \begin{cases}g_1(\boldsymbol{X})=x_1-1\geqslant 0\\ g_2(\boldsymbol{X})=x_2\geqslant 0\end{cases}\end{cases}$$

解:构造障碍函数:

$$P_1(\boldsymbol{X},r)=\frac{1}{3}(x_1+1)^3+x_2+\frac{r}{x_1-1}+\frac{r}{x_2}$$

求导并令其为0,可得

$$\frac{\partial P_1}{\partial x_1}=(x_1+1)^2-\frac{r}{(x_1-1)^2}=0$$

$$\frac{\partial P_1}{\partial x_2}=1-\frac{r}{x_2^2}=0$$

联立得到

$$x_1(r)=\sqrt{1+\sqrt{r}}$$

$$x_2(r)=\sqrt{r}$$

显然,随着 r 值的逐渐变小,迭代点逐步逼近边界,而当 $r\to 0$ 时,得到最优解 $\boldsymbol{X}_{\min}=(1,0)^{\mathrm{T}}$。

2. 步骤

(1)取 $r_1>0$，如 $r_1=1$，允许误差 $\varepsilon>0$，找出任意可行点 $\boldsymbol{X}^{(0)}$，并令 $k=1$。

(2)对于任意可行点 $\boldsymbol{X}^{(k-1)}$，以其为初始点，构造式(5.41)或式(5.42)的障碍函数并求极小点，求得极小点为 $\boldsymbol{X}^{(k)}$。

(3)检验是否满足收敛准则：

$$r_k\sum_{j=1}^{l}\frac{1}{g_j(\boldsymbol{X}^{(k)})}\leqslant\varepsilon$$

或

$$\left|r_k\sum_{j=1}^{l}\lg g_j[\boldsymbol{X}^{(k)}]\right|\leqslant\varepsilon$$

若满足，则 $\boldsymbol{X}^{(k)}$ 为满意解；否则取 $r_{k+1}<r_k$(一般取 $r_{k+1}=\frac{1}{5}r_k$ 或 $r_{k+1}=\frac{1}{10}r_k$)，令 $k=k+1$，转向(2)。

需要说明的是，本节举的两个例子都是比较特殊的，所以迭代过程几乎不存在，实际上需要结合实际，在每一步过程中进行迭代(包括使用无约束非线性规划方法)才能得到。

5.4 遗传算法

5.4.1 遗传算法(GA)的基本概念

遗传算法是 20 世纪 60 年代由美国 J.Holland 教授和他的学生建立并发展的，其思想源于生物遗传学适者生存的自然规律，是一种新兴的自适应随机搜索方法。它对优化对象既不要求连续，也不要求可微，并具有极强的鲁棒性和内在的并行计算机制，特别适合于非凸空间中复杂的多极值优化和组合优化问题，在机器学习、自动控制、机器人技术、电气自动化以及计算机和通信等领域已取得非凡的成就。在交通工程、交通运输、物流等优化计算上也进行了探索，取得了成功。该群体寻优逐步进化的思想，符合我国的共同富裕思想。

在遗传算法中使用了生物学的许多概念。在此，首先对所使用的这些概念进行描述和解释。值得注意的是，这里使用的概念与生物学意义上的概念有所不同。

1. 基因链码

生物的性状是由生物的遗传基因的链码所决定的。使用遗传算法时，需要把问题的每一个解编码成为一个基因链码。不妨假设整数 1 552 是问题的一个解，我们就可以用 1 552 的二进制形式 11 000 010 000 来表示这个解所对应的基因链码，其中每一位代表一个基因。因此，可以说一个基因链码就代表问题的一个解，在遗传算法中有时也把基因链码称作染色体。

2. 个体(individual)

一个解称为一个个体，如一个解 $\boldsymbol{X}=(x_1, x_2, x_3)=(27, 13, 19)$，该解的所有 x 用长度为 7 的二进制表示，可表示为 001 101 100 011 010 010 011，共 21 位长度。同理，可以表示任何

正整数解。

（1）对于非负的任何解（包括整数和非整数），我们可以从小数点后面几位数来定义确定，如 $\boldsymbol{X}=(x_1,x_2,x_3)=(0.27,0.13,0.19)$，该解的所有 x 用长度为 10 的二进制表示，且要求表示小数点后面两位，可表示为 000 001 101 100 000 011 010 010 000 000，共 30 位长度。同理，可以表示任何非负的解，只不过编码后长度较长。

（2）对于运输问题、物流问题、交通规划与管理中的混合整数规划问题，可以依据编码的不同来进行处理。

（3）对于负数情况，可采用估计一个最大值，如 M，编码依据 M_i+x_i 的方法进行。

注意两点：一是所有的方法均按照一定的变量（向量）转变为码、码转变为变量的规则，由计算机程序自动完成；二是编码可以不用 0-1 码，如用英文的 26 个字母表示，但 0-1 码编制简单，故为常用的方法。

3. 群体

一些个体组成一个群体，一个群体是若干个个体的集合。由于每个个体代表了问题的一个解，所以一个群体就是问题的一些解的集合。例如，$P_1=\{X_1, X_2, \cdots, X_{100}\}$就是由 100 个解（个体）构成的群体。

4. 交叉

许多生物体的繁衍是通过染色体的交叉完成的。在遗传算法中使用了交叉的概念，并把交叉作为一个操作算子。对该算子的实现过程如下：选择群体中的两个个体 X_1，X_2，以这两个个体为双亲做基因链码的交叉，从而产生两个新个体 X_1'，X_2'，作为它们的后代。简单的交叉方法是随机地选取一个截断点，将 X_1，X_2 的基因链码在截断点切开，并交换其后半部分，从而组合成两个新的个体 X_1'，X_2'，如图 5.1 所示。

双亲		后代	
X_1	1000 |10011110	X_1'	1000 |11000110
X_2	0110 |11000110	X_2'	0110 |10011110

图 5.1　遗传算法中交叉算子

在很多应用中，交叉算子是以一定概率发生的，这一概率称为交叉概率。

5. 变异

在生物体的繁衍过程中变异是一个重要的步骤，其通过在染色体上的某些基因位置产生突变使得新产生的个体与其他个体有所不同。在遗传算法中变异是一个重要的操作。该算子的实现方法如下：对于群体中的某个个体，即基因链码，随机选取某一位，即某基因，将该基因翻转（0 改为 1，1 改为 0），如图 5.2 所示。

100011000110 → 100011010110
　　　↑　　　　　　　　↑

图 5.2　遗传算法中变异算子

6. 适应度

生物体因对环境的适应程度不同而表现出不同的生命力。在这里,每个个体对应于优化问题的一个解 X_i,每个解 X_i 对应一个函数值 f_i。通过对 f_i 的转化,使其表示出适应度的好坏。一般来说, X_i 越好,即对环境的适应度越高,所以需要建立目标函数值与它对环境的适应度间的关系。

(1)若所有目标函数值为正:追求最大值,定义 $Fitness=f$;追求最小值,定义 $Fitness=M-f$,其中 M 是一个非常大的数。

(2)若每一个个体目标函数值可能为正,也可能为负,不能确定:追求最大值,定义 $Fitness=M+f$;追求最小值,定义 $Fitness=M-f$。

(3)若目标函数值不一定是越大越好,也不一定是越小越好,可采用归一化、模糊隶属度方法或综合评价方法予以解决。

(4)对于复杂问题,适应度可以选择为一个评价函数。

7. 选择

选择的目的是从当前群体中选出优良的个体,使它们有机会作为父代产生后代个体。判断个体优良与否的准则就是各自的适应度值。显然,这一操作借用了一种进化原则,即个体适应度越高,其被选择的机会就越多。作为一种算子,选择操作在遗传算法中有多种实现方式,其中最简单的一种方法就是采用和适应度值成比例的概率方法来进行选择。具体地说,就是首先计算群体中所有个体适应度的总和 $\sum Fitness$,再计算每个个体的适应度所占的比例 $Fitness_i/\sum Fitness$,并以此作为相应的选择概率。这样,遗传算法就可以寻找具有最大适应度的个体。

5.4.2 基本遗传算法步骤及其例子

基本遗传算法,通常也称为标准遗传算法,其步骤如下。

(1)令进化代数 $t=0$,并给出初始化群体 $P(t)$。

(2)对 $P(t)$ 中每个个体估值。

(3)从 $P(t)$ 中选择两个个体,并对这两个个体完成交叉和变异操作,得到新一代群体 $P(t+1)$,令 $t=t+1$;

(4)如果终止条件满足,则算法结束;否则,转到(2)。

可见,遗传算法流程很简单,选择、交叉和变异是遗传算法的三个主要操作算子,它们使遗传算法具有与其他传统方法不同的特性。遗传算法中包含如下五个基本要素:①参数编码;②初始群体的设定;③适应度函数的设计;④控制参数设定(主要是指群体大小和使用遗传操作的概率等);⑤遗传操作设计。这五个要素构成了遗传算法的核心内容。下面以一个简单的函数极值求解为例,让我们对遗传算法有一个直观的认识。

用遗传算法求函数 $f(x)=x^2, x\in[0,31]$ 的最大值。表 5.1 给出了用遗传算法求解此问题的初始群体生成结果和第一代群体生成结果以及中间的计算数据。

表 5.1　用遗传算法求 $f(x)=x^2$ 优化问题的开始迭代过程及中间数据

个体号	初始群体	x 值	适应度	选择概率	选择次数期望值	选择次数	交叉处位置	配对	交叉位置	新一代群体	x 值	适应度
1	01101	13	169	0.14	0.58	1	0110|1	2	4	01100	12	144
2	11000	24	576	0.49	1.97	2	1100|0	1	4	11001	25	625
3	01000	8	64	0.06	0.22	0	11|000	4	2	11011	27	729
4	10011	19	361	0.31	1.23	1	10|011	3	2	10000	16	256
适应度总和			1 170	1.00	4.00	4.0						1 754
平均适应度			293	0.25	1.00	1.0						439
最大适应度			576	0.49	1.97	2.0						729

（1）编码。在该例中，由于 $x \in [0,\ 31]$，因此把变量 x 编码为 5 位长的二进制无符号整数表示形式，如 $x=13$ 可表示为 01 101 的形式。

（2）初始群体的生成。通常情况下，初始群体的每个个体是通过随机方法产生的，这里也采用这一方法。群体的大小，即群体中个体的数目是一个重要的参数，这里取群体大小为 4。在表 5.1 左端给出了这一初始群体的成员。

（3）适应度计算。在该例中把每个个体 x 所对应的函数值 $f(x)$ 作为该个体的适应度。如表 5.1 中的第一个个体 01101（$x=13$）的适应度为 $f(13)=13^2=169$。

（4）选择。这里使用上面所描述的选择方法，即计算每个个体的适应度所占的比例 $Fitness_i/\sum Fitness$，并以此作为相应的选择概率。表 5.1 的第 5 列给出了选择每个个体的概率，由此概率可计算出每个个体被选择的次数。我们也可以采用轮盘赌方式来决定每个个体的选择份数。赌轮上按前述的每个个体适应度比例进行分配，转动赌轮 4 次，就可以决定各自的选择份数。表 5.1 的第 7 列给出了相应的结果：个体 1 和个体 4 各被选择了 1 次，个体 2 被选择了 2 次，个体 3 被淘汰。这是我们所期待的结果，即最优秀的个体（个体 2，适应度为 576）获得了最多的生存繁殖机会，最差的个体（个体 3，适应度为 64）被淘汰。每次选择都对个体进行一次复制，由此得到的 4 份复制送到配对库，以备配对繁殖。

（5）交叉及变异。这里采用简单的交叉操作：首先，对配对库中的个体进行随机配对；其次，在配对个体中随机设定交叉处（表 5.1 的第 8 列中的竖线表示交叉处），配对个体彼此交换部分信息。由表 5.1 可见，配对库中的个体 2 与个体 1 配对，交叉处为 4，通过交叉得到了两个新个体 01100 和 11001；同样，配对库中的个体 3 和个体 4 配对交叉（交叉处为 2）得到另外两个新个体 11 011 和 10 000。这 4 个新个体形成了新的群体，即新一代。仔细观察比较表 5.1 中新旧群体，不难发现新群体中个体适应度的平均值和最大值都有了明显提高。由于这个例子的适应度也就是函数 $f(x)$ 本身，所以函数值也变大了。由此可见，新群体中的个体（即解）的确是朝着我们所期望的方向进化了。

在该例中，我们描述了一代进化过程。实际算法的使用通常需要经过多代进化才能结束。算法结束时，将最后一代中最好的个体作为算法的最终结果。

例 5.4　考虑一个只有三条路径连接的 OD 对简单网络，c_i、v_i 分别表示各自的阻抗和流量。已知：

$$c_1 = 1+10\left(\frac{v_1}{10}\right)^4, \quad c_2 = 1+4\left(\frac{v_2}{20}\right)^4, \quad c_3 = 1+6\left(\frac{v_3}{30}\right)^4$$

其中 g=100。建立完全信息条件下的用户均衡配流模型,并采用遗传算法求解。

解 本例只有一个 OD 对,相对简单,这里的 h 相当于 v,完全信息条件下的用户均衡配流模型:

$$\begin{cases} \min z_1 = \int_0^{v_1} c_1(x)\mathrm{d}x + \int_0^{v_2} c_2(x)\mathrm{d}x + \int_0^{v_3} c_3(x)\mathrm{d}x \\ \quad = \int_0^{v_1}\left[1+10\left(\frac{x}{10}\right)^4\right]\mathrm{d}x + \int_0^{v_2}\left[1+4\left(\frac{x}{20}\right)^4\right]\mathrm{d}x + \int_0^{v_3}\left[1+6\left(\frac{x}{30}\right)^4\right]\mathrm{d}x \end{cases}$$

$$\text{s.t. } v_1 + v_2 + v_3 = h_1 + h_2 + h_3 = 100, h_1 \geqslant 0, h_2 \geqslant 0; v_1 = h_1, v_2 = h_2, v_3 = h_3$$

采用遗传算法进行求解,其中采用 0-1 编码,部分参数为种群中个体数目 40,代沟 0.8。图 5.3 所示为前 30 代最优个体目标函数值和每一代种群平均目标函数值的变化过程,图 5.4 所示为前 100 代最优个体目标函数值和每一代种群平均目标函数值的变化过程。可以看出,函数值迅速达到收敛,取第 100 代最优个体解为该问题解,可以得到 v_1=14.442 9, v_2=36.322 1, v_3=49.235; c_1=c_2=c_3=43.513; z_1=976。

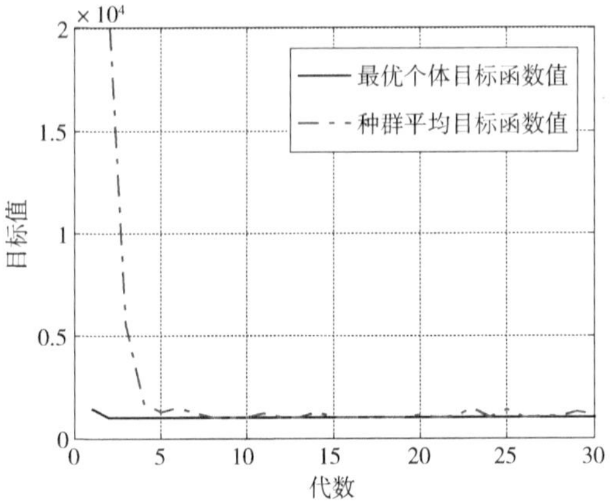

图 5.3 前 30 代最优个体和每一代种群平均目标函数值

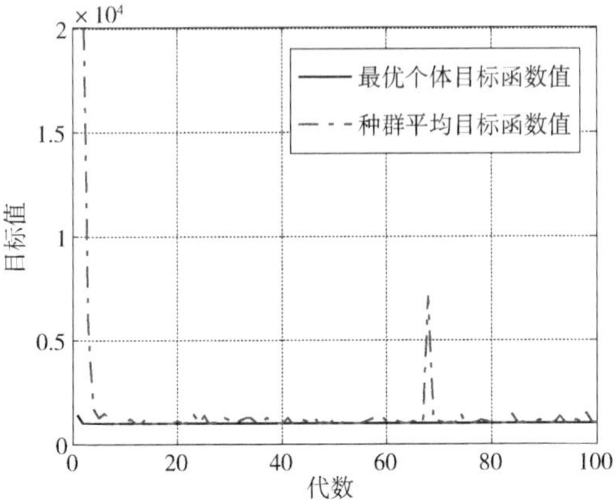

图 5.4 前 100 代最优个体和每一代种群平均目标函数值

作　业

1. 判别下列函数是否为凸规划：

（1）$\begin{cases}\min f(\boldsymbol{X})=2x_1^2+3x_2^2+8\\ x_1^2-x_2\geqslant 0\\ -x_1-x_2^2+2=0\\ x_1,x_2\geqslant 0\end{cases}$　　（2）$\begin{cases}\min f(\boldsymbol{X})=2x_1^2+5x_2^2+3x_3^2-4x_1x_2\\ 2x_1^2+3x_2^2\leqslant 4\\ 7x_1^2+5x_3=10\\ x_1,x_2,x_3\geqslant 0\end{cases}$

2. 试用最速下降法、共轭梯度法、变尺度法分别计算下列非线性规划问题的解：

（1）$\min f(\boldsymbol{X})=-(x_1-4)^2-3x_2^2$，选初始可行点为 $\boldsymbol{X}^{(0)}=(0,1)^{\mathrm{T}}$；

（2）$\min f(\boldsymbol{X})=2x_1^2+3x_2^2+4x_1x_2-5x_1+6x_2$，选初始可行点为 $\boldsymbol{X}^{(0)}=(0,0)^{\mathrm{T}}$。

3. 用最速下降法（梯度法）求函数极大点和值：$f(\boldsymbol{X})=4x_1+4x_2-2x_1^2-x_1x_2-x_2^2$ 的极大点，初始点 $\boldsymbol{X}^{(0)}=(1,1)^{\mathrm{T}}$，精度要求 $\left\|\nabla f(\boldsymbol{X}^{(k)})\right\|^2\leqslant 0.05$。

4. 用外点法求解：

（1）$\begin{cases}\min f(\boldsymbol{X})=3x_1^2+5x_2^2\\ \text{s.t.}\ \ x_2\geqslant 2\end{cases}$

（2）$\begin{cases}\min f(\boldsymbol{X})=x_1\\ \text{s.t.}\ \begin{cases}(x_2-2)+(x_1-1)^3\leqslant 0\\ (x_1-1)^3-(x_2-2)\leqslant 0\\ x_1,x_2\geqslant 0\end{cases}\end{cases}$

5. 用内点法求解：

$\begin{cases}\min f(x)=(x+1)^2\\ \text{s.t.}\ \ x\geqslant 2\end{cases}$

第 6 章

交通系统动态控制

6.1 动态控制系统的基本概念

6.1.1 动态控制系统模型

动态控制系统模型可分为离散时间形式和连续时间形式，一般由目标函数、状态转移方程、约束组成，标准的模型还需加入输出方程，其离散形式为

$$\text{Opt } J=\sum_{k=1}^{K}\varphi_k[X(k),U(k),k] \tag{6.1}$$

$$X(k+1)=f_1[X(k),U(k),k] \tag{6.2}$$

$$Y(k)=f_2[X(k),U(k),k] \tag{6.3}$$

$$g_j[X(k),U(k),k]\geqslant 0,\quad j=1,\cdots,J \tag{6.4}$$

式中：$X(k)=[x_1(k),\cdots,x_n(k)]^{\mathrm{T}}$ 为 k 时状态变量；$U(k)=[u_1(k),\cdots,u_m(k)]^{\mathrm{T}}$ 为 k 时决策变量；$Y(k)=[y_1(k),\cdots,y_n(k)]^{\mathrm{T}}$ 为可观测的输出变量。

式(6.1)为目标函数，其可以为阶段函数 φ_k 的累加(本式中)、连乘或其他灵活形式。需要说明的是，我们研究的动态控制系统一般是各阶段指标函数可分的。式(6.2)为状态转移方程；式(6.3)为系统输出方程，由于很多系统复杂而无法直接取得状态变量，经过该式可取得系统状态；式(6.4)为系统的各种约束。

其连续形式为

$$\text{Opt } J=\varphi[X(t_{\mathrm{f}})]+\int_{t_0}^{t_{\mathrm{f}}}\varphi[X(t),U(t),t]\mathrm{d}t \tag{6.5}$$

$$\frac{\mathrm{d}X(t)}{\mathrm{d}t}=f_1[X(t),U(t),t] \tag{6.6}$$

$$Y(t)=f_2[X(t),U(t),t] \tag{6.7}$$

$$g_j[X(t),U(t),t]\geqslant 0,\quad j=1,\cdots,J \tag{6.8}$$

式(6.5)至式(6.8)含义同前。

6.1.2 动态控制系统特性

我们所研究的系统一般为可控制系统,其具有三个特性。

1. 可控性

定义 6.1 对 6.1.1 小节中所定义的系统,如果存在一个输入 $U(k)$(离散)或 $U(t)$(连续),使得 $k=1, 2,\cdots, k_f$(离散)或 $t=t_0,\cdots,t_f$(连续),将系统状态 $X(k)$ 或 $X(t)$ 转移到任一指定的终端(目标)$X(k_f)$ 或 $X(t_f)$,则称系统是可控的。

2. 可观测性

定义 6.2 对 6.1.1 小节中所定义的系统,如果能根据在有限个采样测量得到的 $X(k)$,即 $Y(0)$, $Y(1)$,$\cdots$, $Y(l)$ 或 $Y(t)$ 可以唯一确定出系统的任意初始状态 $X(0)=X_0$,则称系统是状态可观测的,简称是可观测的。

3. 稳定性

定义 6.3 若对 6.1.1 小节中所定义的系统,当 k(或 t)趋近于无限大时,$X(k)$(或 $X(t)$)趋近于 X_e,即

$$\lim_{k\to\infty}\|X(k)-X_e\|=0 \tag{6.9}$$

则称系统是稳定的。

以上三个系统特性针对不同的结构具有不同的相关定理判别准则。

6.1.3 动态控制系统优化

简单动态控制系统优化(即取得最优控制变量)的经典方法有运筹学中的贝尔曼最优化原理和庞特里亚金的最小值原理,对连续系统,后者见下。

定理 6.1 对式(6.5)至式(6.8)所述的可控系统,若 $U^*(t)$ 是最优控制变量,$X^*(t)$ 为与 $U^*(t)$ 相对应的最优轨迹,端点时间 t_0, t_f 固定,且 $X(t_0)=X_0$,终端状态 $X(t_f)$ 未定。则一定存在一个非零的向量函数 $\lambda^*(t)$, $t\in[t_0,t_f]$,使得 $X^*(t)$, $\lambda^*(t)$ 满足以下条件:

$$\frac{\mathrm{d}X^*(t)}{\mathrm{d}t}=f_1\left[X^*(t),U^*(t),t\right] \tag{6.10}$$

$$\frac{\mathrm{d}\lambda^*(t)}{\mathrm{d}t}=-\left(\frac{\partial H}{\partial X}\right)\bigg|_{X^*,U^*,\lambda^*} \tag{6.11}$$

$$H\left[X^*(t),U^*(t),\lambda^*(t),t\right]=\min\left[X^*(t),U(t),\lambda^*(t),t\right] \tag{6.12}$$

$$X^*(t_0)=X_0 \tag{6.13}$$

$$\lambda^*(t_f)=\frac{\partial\varphi}{\partial X}\bigg|_{X^*} \tag{6.14}$$

$$H\left[X^*(t),U^*(t),\lambda^*(t)\right]=\text{常值} \tag{6.15}$$

其中,哈密顿函数定义为

$$H\left[X(t),U(t),\lambda(t)\right]=\varphi\left[X(t),U(t),t\right]+\lambda^{\mathrm{T}}f_1\left[X(t),U(t),t\right] \tag{6.16}$$

需要指出的是，定理 6.1 是必要条件而非充要条件，对于终端状态固定的，式（6.14）还有其他形式。同时，随着学科的发展，可以采用其他方法，如智能控制等。

6.2 动态交通分配模型

6.2.1 动态交通分配的概念

考虑到交通系统是时变网络，静态交通分配模型不能反映交通网络分配的实际。1973 年 Brastow 提出了一个动态用户最优问题的计算机仿真模型，在这个模型中通过流量-密度关系将随时间分段为常值的需求函数转换为随距离分段为常值的函数；随后 Yagar（1974）提出了另一个动态用户最优问题的计算机仿真模型，该模型满足 Wardrop 用户最优原则，并且考虑到了随时间变化的需求以及排队的形成；Mahmasani 和 Peeta（1993 年）、Jayakrishnan（1992 年）也提出了各自的计算机仿真模型；Merchant 和 Nemhauser（1978 年）提出了动态交通分配的解析模型；另有众多学者进行了各种形式的动态交通分配模型的构建与研究工作。

1. 基本原理和作用

在对动态交通网络数据采集、加工处理的基础上，将其输入动态交通分配模型中，得到具体分配结果，再输入动态交通的控制系统、诱导系统或者运输的调度系统中，为这些系统决策提供基本的依据。一般的动态交通分配模型应用于道路交通系统，也可进一步扩展到包括铁路、民航等在内的运输系统。

2. 与静态交通分配的区别

（1）从依据的 OD 矩阵来看，静态交通分配时间较长，如年、月等，而动态交通分配按照分钟等较短时间段计算。

（2）从用途来看，静态交通分配主要用于交通规划、精度不高的交通控制和管理、运输调度；动态交通分配用于交通控制和管理、运输调度，甚至互联网、物联网中。

（3）静态交通分配难度高，可信度也高，而动态交通分配难度更高，可信度也稍差。

3. 分类

（1）基于仿真的动态交通分配模型。其交通流过程用仿真网络的运行来代替，其路段特性，如费用、行驶时间等通过计算机模拟的动态网络加载获得，适用于工程应用。

（2）基于解析的动态交通分配模型。其通过数学函数关系来描述路网的动态特性，具体可分为数学规划模型、最优控制模型、变分不等式（Variational Inequality，VI）模型，适用于学术研究或者规模不大的交通或运输网络。

6.2.2 基于仿真的动态交通分配模型

基于仿真的动态交通分配模型的核心是建立路网上交通流（车辆）运动的计算机仿真模型，将交通需求作为模型的输入，通过仿真模型的运行，以仿真结果作为输出，以确定路网的瞬时状态。其目的是对各种因素之间的相互关系及其对网络上交通状态的影响程度进行间接的测量，通过对车辆运动的模拟间接获得流量随时间变化的轨迹及规律，或对交通管理等措施、方案的效果进行评价，对有关交通研究的结论进行验证。

该模型结构如图 6.1 所示（以城市交通管理控制为例），由预分配模块、仿真模块和网络控制模块三部分组成。

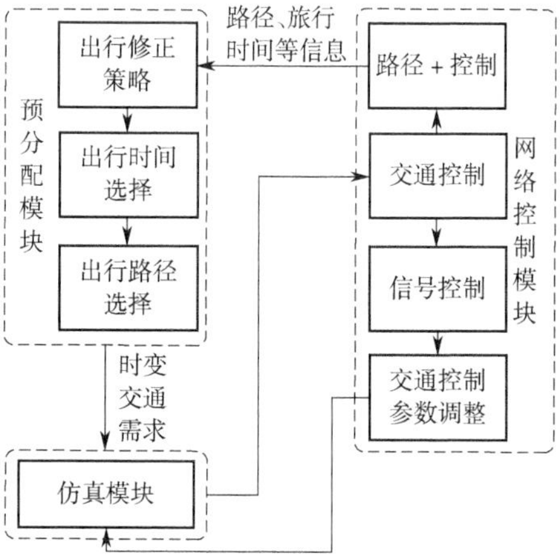

图 6.1　基于仿真的动态交通分配模型结构

（1）预分配模块的作用是在每一优化周期的末尾，即下一优化周期的开始，提前根据出行者在上一周期中对出行费用、旅行时间、控制诱导信息的体验，参照 Wardrop 第一均衡原理修正分配策略，并按照这个分配策略所形成的时变交通需求重新加载仿真网络。也就是说，在每一优化周期之间，修正出行者个人在下一优化周期中对出行时间和出行路径的选择，生成新的时变交通需求，这时的时变交通需求可以看作是一个已知的确定的数值。

（2）仿真模块的作用是将在预分配模块中确定下来的时变交通需求加载到路网上，以获得实时的路径旅行时间、最优路径等信息。该动态交通分配模型采用的仿真模型是 DYNASMART。DYNASMART 模拟了出行者的路径切换决策过程以及对交通信息的实时响应过程。

（3）网络控制模块可模拟控制中心修正信号配时方案，并且将交通信息也作为控制的一个要素。

动态交通分配模型与仿真模型 DYNASMART 的结合实际上是一个离线均衡分配与网络加载过程的结合，先做一次均衡分配，然后通过网络加载获取实际的分配效果和实际的路径旅行时间，相应调整分配策略，重新加载网络，直到形成稳定的交通流模式。

6.2.3　数学规划模型

数学规划模型由 Merchant 和 Nemhauser（1978 年）提出，简称 M-N 模型。M-N 模型开创了动态交通分配的先河，其基本思想和基本结构被之后的众多学者采纳，并予以改进。

对 $G(N,A)$ 有向连通图，N 为节点集，i 为任意节点，n 为终节点；A 为弧段集，a 为路网任意路段；P 为路径集，P_i^n 为从起点 i 到终点 n 的路径集；$A(i)$ 为所有以 i 为终点的弧段集合；$B(i)$ 为所有以 i 为起点的弧段集合；$c_a[x_a(t)]$ 为路段旅行时间函数；$g_a[x_a(t)]$ 为路段流出率函数；$Q_{i,n}$ 为规划时段内由起点 i 到终点 n 的交通需求，$q_{i,n}(t)$ 为时刻 t 产生的由起点 i 到

终点 n 的交通需求。

状态变量 $x_a(t)$ 为路段 a 上的车辆数，$x_a^n(t)$ 为路段 a 上以 n 为终点的车辆数；决策变量 $u_a(t)$ 为路段 a 的流入率，$u_a^n(t)$ 为路段 a 上以 n 为终点的流入率；$v_a(t)$ 为路段 a 的流出率，$v_a^n(t)$ 为路段 a 上以 n 为终点的流出率。

以追求系统最优为目标函数的规划模型为

$$\min J = \sum_{t=1}^{T} \sum_{a} c_a[x_a(t)] \times x_a(t) \tag{6.17}$$

$$\text{s.t. } x_a(t+1) = x_a(t) - g_a[x_a(t)] - u_a(t) \quad t = 0,1,\cdots,T-1, \forall a \in A \tag{6.18}$$

$$\sum_{a \in A(j)} u_a(t) = q_j(t) + \sum_{a \in B(j)} g_a[x_a(t)] \tag{6.19}$$

$$x_a(0) = x_a^0, \forall a \in A \tag{6.20}$$

$$x_a(t) \geqslant 0, u_a(t) \geqslant 0 \tag{6.21}$$

式(6.17)为追求系统最优的目标函数，式(6.18)为路段交通流动态方程(状态转移方式)，表示路段 $t+1$ 时车辆改为加上此时流入的、减去流出的；式(6.19)为节点均衡方式；式(6.20)和式(6.21)分别为初始条件和非负约束。

该模型中路段旅行时间函数 $c_a[x_a(t)]$ 和路段流出率函数 $g_a[x_a(t)]$ 一般为非线性函数，具体计算可以分段线性化处理。

数学规划模型具有简单直观的优点，但存在只适用于单起点网络，即路网上所有的车辆无论从哪儿来都具有同一个目的地以及变量众多、求解困难等不足。

6.2.4 最优控制模型

在 M-N 模型的基础上，Luque 和 Friesz(1980 年)建立了动态交通分配的最优控制模型，简称 L-F 模型。其中状态变量 $x_a^n(t)$ 表示路段上驶向不同终点 n 的行驶车辆数，控制变量 $u_a^n(t)$ 表示路段上驶向不同终点 n 的车辆流入率。其有两个假设：一是路段流出率函数 $g_a[x_a(t)]$ 为线性函数，即 $g_a[x_a(t)]=\zeta_a x_a(t)$，这里 ζ_a 为线性系数；二是先进先出(First-In-First-Out，FIFO)规则，即不同起型、不同迄点的车辆在路段中均匀混合，没有任何特定的车辆具有优先权。

最优控制模型为

$$\min J = \sum_{a \in A} \int_0^T \int_0^{x_a(t)} \xi_a c_a(w) \mathrm{d}w \mathrm{d}t \tag{6.22}$$

$$\text{s.t. } x_a^n(t) = u_a^n(t) - \xi_a x_a^n(t), \forall a \in A, n \in N, t \in [0,T] \tag{6.23}$$

$$\sum_{a \in B(j)} u_a^n(t) = q_j^n(t) + \sum_{a \in A(j)} \xi_a x_a^n(t) \tag{6.24}$$

$$x_a^n(0) = x_a^{n0}, \forall a \in A, n \in N \tag{6.25}$$

$$x_a^n(t) \geqslant 0, u_a^n(t) \geqslant 0 \tag{6.26}$$

式(6.22)为系统最优目标函数，式(6.23)至式(6.26)分别为状态转移方程、节点均衡方程、初始条件和非负约束。

6.2.5 变分不等式模型

变分不等式(VI)模型的基本思路是将动态交通分配分解为网络加载和网络分配两个过程。其中,网络加载过程就是将空间网络按时间离散展开,将已经分配好的交通流量按照其预计旅行时间和预选路径推演到按时间展开的网络图上;网络分配过程则是根据这个按时间展开的网络图进行一次均衡分配,然后将分配结果迭加到网络中,反复迭代直到收敛。

VI 模型的网络加载过程是基于路径的,因此用户在起点按照最小旅行时间原则选定好路径后,就不允许中途改变路径。这样才能按照预计旅行时间和预选路径将交通流量迭加到路网中,并进行下一步的均衡分配。VI 模型为

$$c^*[u^* - u] \geqslant 0, \forall u \in \Omega^* \tag{6.27}$$

$$\sum_p x_p^{rs}(k) = q^{rs}(k) \tag{6.28}$$

$$u_{apk}^{rs}(t) = x_p^{rs}(k) \times \delta_{apk}^{rs}(t), \forall r,s,a,p,k,t \tag{6.29}$$

$$\sum_t \delta_{apk}^{rs}(t) = 1, \forall r,s,a,p,k \tag{6.30}$$

$$\delta_{apk}^{rs}(t) = 0\text{或}1, \forall r,s,a,p,k,t \tag{6.31}$$

$$x_p^{rs}(k) \geqslant 0, \forall r,s,p,k \tag{6.32}$$

$$u_a(t) = \sum_{rs}\sum_p\sum_k u_{apk}^{rs}(t) = \sum_{rs}\sum_p\sum_k x_p^{rs}(k) \times \delta_{apk}^{rs}(t), \forall a,t \tag{6.33}$$

$$c_p^{rs}(k) = \sum_a\sum_t c_a(t) \times \delta_{apt}^{rs}(t), \forall r,s,p,k \tag{6.34}$$

式(6.27)为 VI 模型核心,Ω^* 为可行域子集;式(6.28)为需求约束;式(6.29)至式(6.31)为动态交通流量平衡方程;式(6.32)为负约束;式(6.33)和式(6.34)为定义约束。

该算法由三重循环组成:第一重循环估计路段旅行时间;第二重循环为动态网络加载,在这一重循环中将产生一个非线性规划模型;第三重循环对第二重循环产生的非线性规划问题优化求解,即网络分配过程。

6.3 基于复杂网络牵制同步的高速公路融合控制

随着我国改革开放社会经济的快速发展,高速公路已经在我国呈现出网络化和高密度特点,对其的控制也是一个迫切需要解决的问题。单匝道、主线可变速度限制(Variable Speed Limits, VSL)、多匝道协调、多匝道与主线融合的协调控制等是高速公路抑制交通拥堵、提高出行效率、改善安全、减少污染的主要手段,其中融合 VSL 和多匝道调节的协调控制由于能解决主线限速和匝道流量调节控制策略可能存在的相互矛盾,成为高速公路协调控制的主要手段,特别是对网络密度大且交通流分布时空不均衡的高速公路系统。显然,融合的协调控制必须考虑控制信号的施加方式和范围问题:不施加控制信号,则使系统处于自组织状态,是单匝道调节,还是多匝道协调、主线 VSL、多匝道与 VSL 融合等;若是 VSL

和匝道调节融合，哪些匝道和主线需施加控制信号。而这是实现以最佳控制方式和范围为代价取得抑制拥堵、提高通行效率的基本要求，这是因为高速公路的相对封闭性使拥堵传播得非常快，上游路段车辆可选择路径有限，影响范围会更广。若对拥堵不予理睬或缩小控制范围 或采取不适当的控制方式，车辆不能迅速通过，易造成长时间大范围拥堵；而若不去控制而去施加或过分扩大管控范围或不必要地采取多余控制方式，虽然主线拥堵得以抑制，但造成了匝道车辆排队（或转移到一般道路上造成这些道路的拥堵），主线车辆因限速值的降低，而使旅行时间增加和这些路段通行能力下降，均不是交通管控的目的。

复杂网络牵制同步只对部分节点施加控制，以达到较小控制范围代价实现系统稳定和网络效率提高的目的，在互联网、电力等领域得到应用，但不涉及道路交通系统。显然，牵制同步的思想与高速公路协调控制中在多大范围内施加协调控制信号是一致的，若能借鉴复杂网络牵制同步的方法去研究高速公路协调控制，在控制器参数优化的同时，得到牵制节点-控制信号施加范围，可实现最小的控制范围代价提高道路通行效率的目的；同时，高速公路控制目标，就是当系统出现拥堵即接近临界密度时通过协调控制使密度与期望密度偏差最小，以达到抑制交通拥堵的目的，与复杂网络牵制同步的目标一致。基于此，本节采用元胞传输模型（Cell Transmission Model，CTM）建立 VSL 下高速公路节点耦合模型，设计基于复杂网络牵制同步融合的协调控制器，通过具体应用试验予以验证。

6.3.1 VSL 下高速公路节点耦合模型

1.VSL 下路段改进 CTM

高速公路子系统划分为若干路段，每个路段用一个元胞表示，图 6.2 中实线部分为一个路段交通流密度-流量图，长虚线部分为 VSL 下变化图。其中，自由流速度 v_f 对应最大流量 Q 和临界密度 k_c；限速值 v_{VSL} 对应最大流量 Q_{VSL} 和密度 k_{VSL}；k_J 为拥挤密度，w 为反向波速。

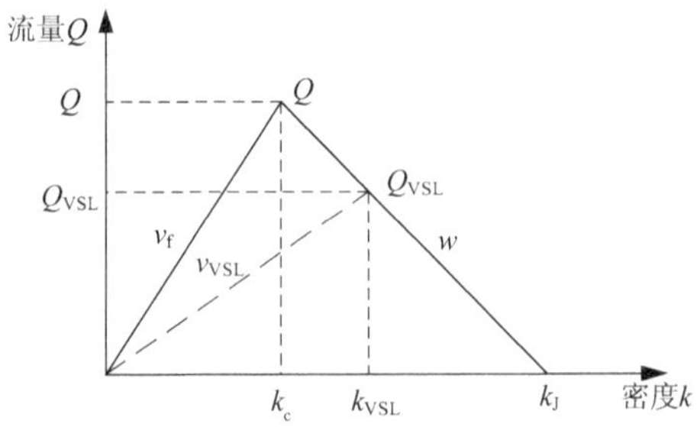

图 6.2 流量与密度关系图

采用改进的 CTM 来映射高速公路交通流过程，其中元胞长度可变，但需满足元胞传输的基本要求，如元胞 m 长度 l_m 应不小于车辆在一个时间步长以自由流速度通过的距离 $v_f \times T$（T 为仿真步长）等。各参数和变量如下：t 时元胞 m 密度为 $k_m(t)$，速度为 $v_m(t)$；主线元胞 m 到 m+1 车辆数为 $f_{m,m+1}(t)$；元胞 m 发送和接收能力分别为 $s_m(t)$和 $r_m(t)$。各路段连接按 CTM 要求分为三种模式，VSL 下有入口融合连接合流段模式和有出口分离连接分流段模式的流量传输关系模型不变，无出入口连接基本段模式的模型依据图 6.2 调整为

$$f_{m,m+1}(t) = \min\{s_m(t), r_{m+1}(t)\} \tag{6.35}$$

$$s_m(t)=\min\{v_m(t)k_m(t),Q_{\text{VSL}}\} \tag{6.36}$$

$$r_m(t)=\min\{Q_{\text{VSL}},w(k_{\text{J}}-k_m(t))\} \tag{6.37}$$

式(6.35)表示从主线元胞转移到下游元胞车辆数为上游元胞可发送和下游元胞可接收中的最小值；式(6.36)表示从主线元胞转移出车辆数不超过最大流量；式(6.37)表示主线元胞可接收车辆数为最大车流量和元胞剩余车辆数中的最小值。

在自由流状态下，元胞 m 的车辆以自由流速度 v_{f} 行驶，但不能超过该元胞 m 的限速值 $v_{\text{VSL},m}$；在拥堵状态下，车流以反向波速 w 传播，此时车流密度为 $k_{\text{J}}-k_m(t)$，进而得到车流量为 $q_m(t)=[k_{\text{J}}-k_m(t)]w$，下一时刻速度 $v_m(t+1)=\dfrac{q_m(t)}{k_m(t)}=\dfrac{[k_{\text{J}}-k_m(t)]w}{k_m(t)}$，从而有

$$v_m(t+1)=\begin{cases}\min[v_{\text{f}},v_{\text{VSL},m}(t)], & 0\leqslant k_m(t)<k_{\text{VSL}}\\ \dfrac{[k_{\text{J}}-k_m(t)]w}{k_m(t)}, & k_{\text{VSL}}\leqslant k_m(t)<k_{\text{J}}\end{cases} \tag{6.38}$$

对 VSL 下元胞 m 流量 Q_{VSL}，依据图 6.2，直角△ $Qk_{\text{c}}k_{\text{J}}$ 与直角△ $Q_{\text{VSL}}k_{\text{VSL}}k_{\text{J}}$ 相似，有

$$\frac{Q}{Q_{\text{VSL}}}=\frac{k_{\text{J}}-k_{\text{c}}}{k_{\text{J}}-k_{\text{VSL}}} \tag{6.39}$$

又因为 $Q_{\text{VSL}}=k_{\text{VSL}}v_{\text{VSL}}$，得 $k_{\text{VSL}}=\dfrac{Q_{\text{VSL}}}{v_{\text{VSL}}}$，将其代入式(6.39)，整理后得到

$$Q_{\text{VSL}}=\frac{k_{\text{J}}Qv_{\text{VSL}}}{v_{\text{VSL}}(k_{\text{J}}-k_{\text{c}})+Q} \tag{6.40}$$

2. 节点定义

将高速公路抽象为由 N 个节点(子系统)和它们之间关系组成的系统。图 6.3 所示为由一段主线、一个入口匝道和一个出口匝道组成的标准节点。对于非标准节点，如没有出口或入口元胞的节点，将其入口或出口流量设置为 0 即可。

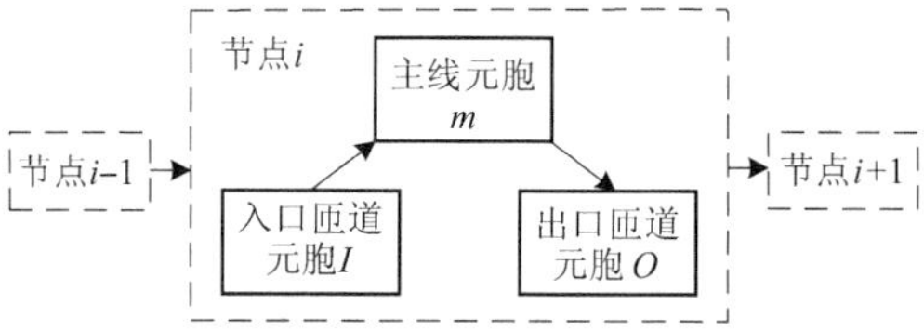

图 6.3　一般节点示意图

节点 i 主线元胞 m 流量 $q_m(t)$的动力学方程为

$$q_m(t+1)=q_m(t)+\min\{s_{i,I}(t),\alpha r_{i,m}(t)\}-\beta s_{i,m}(t)+f_{i-1,i}(t)-f_{i,i+1}(t),i=1,2,\cdots,N \tag{6.41}$$

式中：$s_{i,I}(t)$为节点 i 主线元胞 m 相连的入口元胞 I 在 t 时的发送能力，若没有入口相连则为 0；α 为入口匝道元胞与主线元胞融合比；$r_{i,m}(t)$为节点 i 主线元胞 m 的接收能力；β 为主线元胞和出口匝道元胞分离比；$s_{i,m}(t)$为元胞 m 的发送能力，若没有出口连接则为 0；$f_{i,i+1}(t)$为 t 时从节点 i 转移到 i+1 的车辆数；N 为节点总数。

3. 节点耦合模型

定义节点 i 主线元胞 m 密度 $k_i(t)$为其状态变量，式(6.41)两边除以主线长度 l_i 和车道

数 λ_i，整理后可得到节点 i 状态转移方程，即节点耦合模型：

$$k_i(t+1)=f(k_i(t))+a_{ij}\sum_{j=1,j\neq i}^{N}b_{ij}(k_j(t)-k_i(t)),i=1,2,\cdots,N \tag{6.42}$$

$$f(k_i(t))=k_i(t)+[\min\{\min\{v_i(t)k_i(t),Q_{\mathrm{VSL}}\},\alpha r_{i,m}(t)\}-\beta\min\{v_i(t)k_i(t),Q_{\mathrm{VSL}}\}]\frac{T}{\lambda_i l_i} \tag{6.43}$$

其中，a_{ij} 为节点间耦合强度，其矩阵 $\boldsymbol{A}=(a_{ij})_{N\times N}\in\mathrm{R}^{N\times N}$。

当 $i\neq j$ 时，$a_{ij}=0$；当 $i=j$ 时，若 $0<k_i(t)\leqslant k_{\mathrm{VSL}}$，有

$$a_{ii}=\begin{cases}\dfrac{(1-\beta)v_{\mathrm{VSL}}T}{\lambda_i l_i}, & \dfrac{(1-\beta)v_{\mathrm{VSL}}k_i(t)}{(1-\alpha)w(k_{\mathrm{J}}-k_i(t))}\leqslant 1\\[2ex] \dfrac{(1-\alpha)wT}{\lambda_i l_i}, & \dfrac{(1-\beta)v_{\mathrm{VSL}}k_i(t)}{(1-\alpha)w(k_{\mathrm{J}}-k_i(t))}>1\end{cases} \tag{6.44}$$

否则，有

$$a_{ii}=\begin{cases}\dfrac{(1-\beta)wT}{\lambda_i l_i}, & \alpha\leqslant\beta\\[2ex] \dfrac{(1-\alpha)wT}{\lambda_i l_i}, & \alpha>\beta\end{cases} \tag{6.45}$$

邻接矩阵 $\boldsymbol{B}=(b_{ij})_{N\times N}\in\mathrm{R}^{N\times N}$，$\sum_{j=1,j\neq i}^{N}b_{ij}=\sum_{j=1,j\neq i}^{N}b_{ji}=-1$，$i=1,2,\cdots,N$，且

$$\boldsymbol{B}=(b_{ij})_{N\times N}=\begin{bmatrix}-1&0&0&0&\cdots&0&0\\0&-1&1&0&\cdots&0&0\\0&0&-1&1&\cdots&0&0\\\vdots&\vdots&\vdots&\vdots&\ddots&\vdots&\vdots\\0&0&0&0&\cdots&1&0\\0&0&0&0&\cdots&-1&1\\0&0&0&0&\cdots&0&0\end{bmatrix} \tag{6.46}$$

6.3.2 协调控制器设计

1. 协调控制策略

考虑到"v_{VSL} 为离散变量且现是 10 km/h 整倍数、可选择值有限"的特点，只需"计算若干 v_{VSL} 下对应控制目标函数值并比较，选择目标最优对应的即为最佳 v_{VSL}"即可，本融合控制采用分步计算优化策略，如图 6.4 所示，其中 g 为牵制节点数，具体步骤如下。

（1）依然采用期望密度 k_{d}（临界密度 k_{c} 负邻域）作为控制信号施加条件，采用信息采集系统相关设备实时取得并通过计算得到各节点密度。

（2）当高速公路有节点出现密度大于 k_{d} 时，转向（3）；否则，系统处于自由流状态，不输入 VSL 和匝道调节信号。

（3）设置高速公路固定限速值为 v_{VSL} 初值。

（4）对给定 v_{VSL}，采用基于复杂网络牵制同步方法确定牵制节点和对应匝道调节参数，其中牵制节点对应控制信号施加范围。

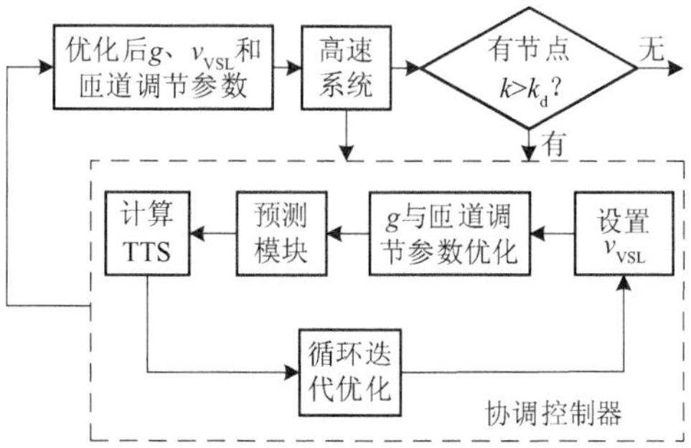

图 6.4　协调的融合控制策略

（5）将优化后的控制器参数代入交通流预测模块（基于 CTM 节点耦合模型），计算预测采用本 v_{VSL} 下最优控制目标函数值。考虑到高速通行效率需兼顾主线和匝道用户利益等因素，本研究采用总旅行时间（Total Travel Spent，TTS）作为控制效果目标函数，有

$$\mathrm{TTS=TTT+TTD}=T\sum_{t}\sum_{i=1}^{N}\lambda_i l_i k_i(t)+T\sum_{t}\sum_{i=1}^{N}\omega_{\mathrm{queue},i}(t) \tag{6.47}$$

式中：TTT 为路网上车辆总运行时间（Total Travel Time）；TTD 为入口匝道车辆的排队时间（Total Time Delay）；$\omega_{\mathrm{queue},i}(t)$为节点 i 第 t 步的排队长度，t 的累加仅计算预测时段内。

（6）迭代调整满足约束的所有 v_{VSL}，若各牵制节点 v_{VSL} 设为同一值，可令 $v_{\mathrm{VSL}}=v_{\mathrm{VSL}}-$ 10 km/h，转向（4），直至 v_{VSL} 降为最低限速值。

（7）比较所有 v_{VSL} 下 TTS，最小值对应的 v_{VSL} 为最优限速值，对应得到最优 g 和调节参数。

（8）若最优 $g=0$，则为不施加控制，使系统处于自组织状态，转向（1）；否则转向（9）。

（9）得到优化后控制策略：若 $g=1$ 且 $v_{\mathrm{VSL}}=v_{\mathrm{f}}$，则为单匝道控制；若 $g=1$ 且 $v_{\mathrm{VSL}}<v_{\mathrm{f}}$，则为单匝道与单主线融合控制；若 $1<g<N$ 且 $v_{\mathrm{VSL}}=v_{\mathrm{f}}$，则为多匝道协调牵制控制；若 $1<g<N$ 且至少一个节点 $v_{\mathrm{VSL}}<v_{\mathrm{f}}$，则为 VSL 与多匝道融合的协调牵制控制；若 $g=N$ 且 $v_{\mathrm{VSL}}=v_{\mathrm{f}}$，则为全局匝道协调控制；若 $g=N$ 且至少一个节点 $v_{\mathrm{VSL}}<v_{\mathrm{f}}$，则为全局 VSL 与匝道融合协调控制。

（10）将优化后的 g、v_{VSL} 和匝道调节参数反馈输入高速公路系统。

2. 控制器算法

对已设置 v_{VSL} 下控制目标，将式（8.41）~式（8.43）描述的高速公路稳定到同步状态，即 $t\to\infty$ 时，$k_1(t),k_2(t),\cdots,k_N(t)\to k_{\mathrm{d}}$，满足：

$$f(k(t))=k_{\mathrm{d}} \tag{6.48}$$

为达到同步目标，需对含有入口匝道的部分节点施加匝道调节信号。考虑到高速公路实际情况，施加匝道调节（含 VSL）信号的应是拥堵点上游最近的 g 个，则这些被控节点的状态方程为

$$k_i(t+1)=f(k_i(t))+a_{ii}\sum_{j=1,j\neq i}^{N}b_{ij}(k_j-k_i)+u_i(t),i=1,2,\cdots,N \tag{6.49}$$

式中：控制参数 $u_i(t)$ 为节点 i 密度的调整值，通过调节入口匝道实现。

$$u_i(t)=-a_{ii}d_i(k_i(t)-k_\mathrm{d}) \tag{6.50}$$

式中：d_i 为反馈增益，当 $i=g+1$，…，N 时，$d_i=0$；$\boldsymbol{D}=\mathrm{diag}[d_1, d_2, \cdots, d_g, 0, 0, \cdots, 0]$为反馈增益矩阵。

3. 牵制节点和反馈增益优化

显然，对已设置 v_{VSL} 下高速公路牵制控制转变为多入口匝道协调控制，依据系统稳定性条件，当满足下式时即系统达到稳定性条件：

$$\begin{aligned}\Delta V(t)&=V(t+1)-V(t)=\boldsymbol{e}^\mathrm{T}(t+1)\boldsymbol{e}(t+1)-\boldsymbol{e}^\mathrm{T}(t)\boldsymbol{e}(t)\\&\leqslant[\theta\boldsymbol{e}(t)+AB\boldsymbol{e}(t)-AD\boldsymbol{e}(t)]^\mathrm{T}[\theta\boldsymbol{e}(t)+AB\boldsymbol{e}(t)-AD\boldsymbol{e}(t)]-\boldsymbol{e}^\mathrm{T}(t)\boldsymbol{e}(t)<0\end{aligned} \tag{6.51}$$

式中：$\boldsymbol{e}(t)=[e_1(t), e_2(t), \cdots, e_N(t)]^\mathrm{T}$ 为同步误差向量，且有

$$e_i(t)=k_i(t)-k_\mathrm{d} \tag{6.52}$$

显然，当寻找到合适的 θ 值后，在 g 已知情况下，计算可得到优化的反馈增益矩阵 $\boldsymbol{D}$，具体步骤如下。

（1）寻找到合适的 θ 初值，设置 $g=1$。

（2）对给定的 g 值，依据式（6.51），确定是否能够计算得到可行的 $\boldsymbol{D}$。若能，则得到最优的牵制节点 g 和反馈增益矩阵 $\boldsymbol{D}$，输出；若不能且 $g<N$，转向（3）；若不能且 $g=N$，转向（4）。

（3）令 $g=g+1$，转向（2）。

（4）修改 θ 值，转向（1）。

6.3.3 试验分析

选取北京六环（高速公路）东南半环逆时针方向为试验对象，该段因东北-中南、西南等过境北京车辆多，使其交通量大。设计指标和调查后的参数如下：单向双车道，主线长 89.7 km，v_f 为 80 km/h、w 为 20 km/h，Q 为 1 600 veh/（h·lane），k_J 为 110 veh/（km·lane），k_c 为 42 veh /（km · lane），小汽车占比为 0.6，固定限速值为 80 km/h。按定义从上游到下游划分为 20 个节点，每个节点均由一个入口匝道元胞、一个出口匝道元胞和一段主线元胞组成。同时，分别采用仿真数据和调查数据对所建立的路段、节点、耦合模型通过基本图对比，对仿真模型予以校验和参数修正。

上午 8∶00—9∶00 为试验时间段，仿真步长为 10 s，由于该高速公路每个节点主线长度在 1.6~10 km，较短，本研究将各牵制节点限速值设为同一个值。图 6.5 所示为其中一个例子中不控制信号（No-control Signal，NCS）时各节点密度变化，可知节点 16 在第 46 步时密度超过临界密度，然后快速增加，同时这种增加（拥堵）迅速向上游节点 15、14…… 蔓延，形成大面积的拥堵状况。

若采用本牵制同步方法（Integrated VSL and Multi-ramps Coordinated Pinning Synchronization，IVMP）在第 47 步施加协调控制信号，其中期望密度 k_d 取 40 veh /（km · lane）（临界

密度负邻域)。表 6.1 为 v_{VSL} 设置为 10~80 km/h 不同值的 TTS 比较。可以看出,v_{VSL} 为 60 km/h 时,TTS 最优,对应的 g=6,控制范围为节点 16 到 11;反馈增益 d_{16}= 30.42,d_{15}= 51.05,d_{14}= 77,d_{13}= 71.66,d_{12}=34.78,d_{11}= 17.1,其余为 0。以此为控制器参数进行控制,得到各节点密度变化如图 6.5 和图 6.6 所示。可以看出,施加 IVMP 后,牵制节点的密度逐渐接近临界密度,上下游节点密度有所增加,TTS 相较于 NCS 由 7 892 veh·h 降低到 7 223 veh·h,流量由 17 090 veh 增加到 21 659 veh。这是因为施加融合控制既可以通过多匝道调节又可以通过主线速度限制补充来迅速降低瓶颈区的密度,使拥堵路段迅速恢复到自由流状态;同时牵制同步的目标使得拥堵路段的密度恢复到期望密度,使得道路最大限度地发挥其功能,即流量增加、TTS 减少。

表 6.1　v_{VSL} 设置不同值时 TTS 比较

v_{VSL}(km/h)	80	70	60	50	40	30	20	10
TTS(veh·h)	7 382	7 370	7 223	7 494	7 538	7 726	7 939	8 340

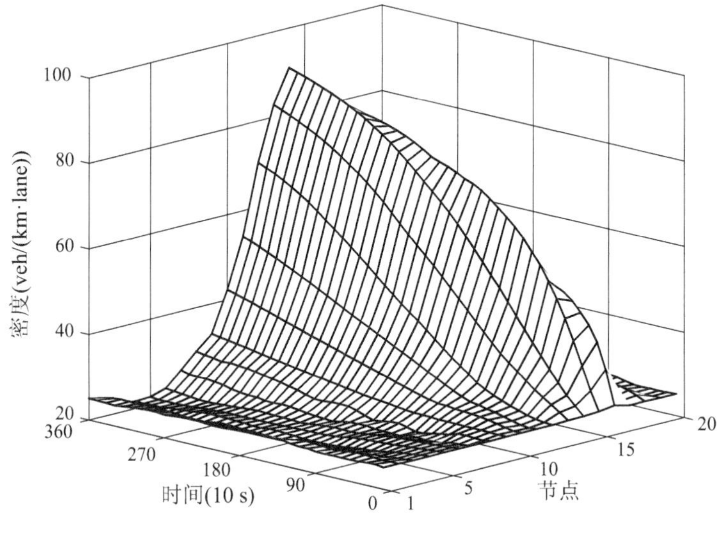

图 6.5　NCS 密度变化图

图 6.7 和图 6.8 所示分别为采用基于牵制同步的多匝道协调牵制同步(Multi-ramps Coordinated Pinning Synchronization, MCPS)、匝道与 VSL 融合控制(Ramp Metering and VSL, RMV)的密度变化。其中,MCPS 牵制同步原理同本方法(IVMP),但不考虑速度限制,即 v_{VSL} 为 80 km/h,得到最佳 g=8,即控制范围为节点 16 到 9,反馈增益 d_{16}= 68.33,d_{15}= 24.09,d_{14}= 17.65,d_{13}= 29.87,d_{12}=45.31,d_{11}=42.1,d_{10}=20.23,d_9=9.28,其余为 0;RMV 为基于 CTM 的匝道与 VSL 融合控制,Q=1 600 veh/(km·lane),Q_{VSL}=1.01Q =1 616 veh/h,匝道调节率和速度限制值分别由线性规划和混合整数线性规划得到。表 6.2 为不同控制方法各项指标的比较,可以得出以下结论。

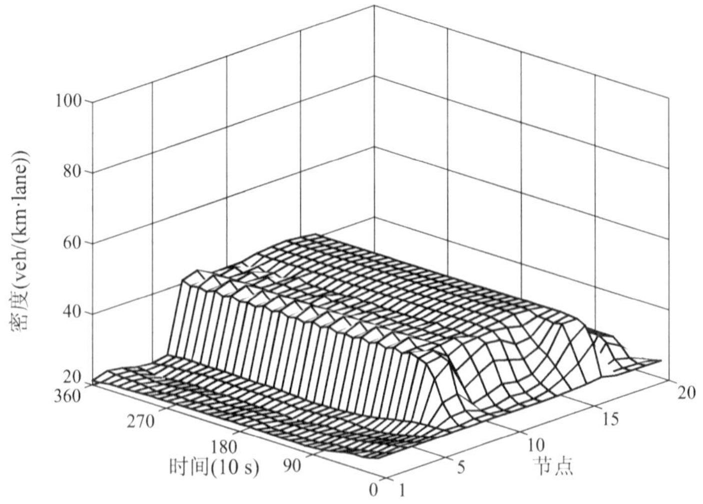

图 6.6　IVMP 密度变化图

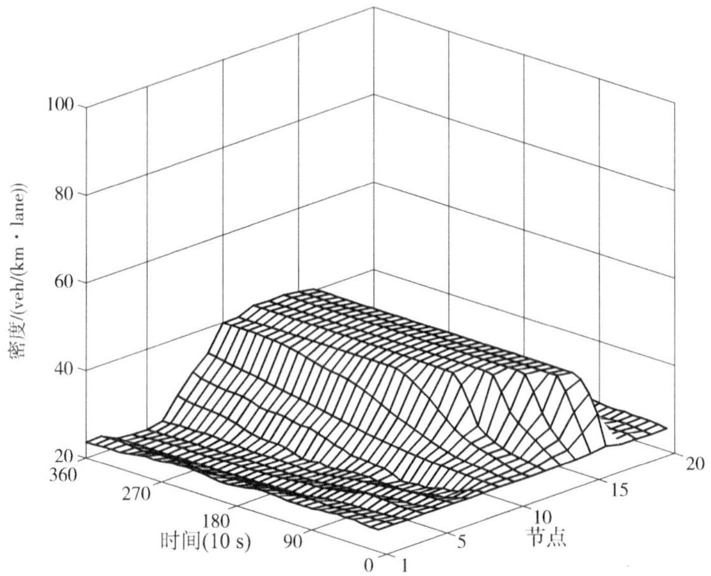

图 6.7　MCPS 密度变化图

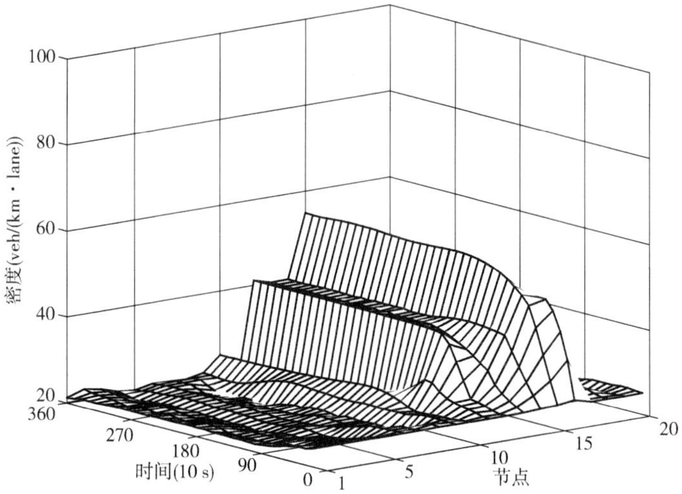

图 6.8　RMV 密度变化图

表 6.2　四种控制方法各项指标比较

控制方法	g	TTD(veh·h)	TTT(veh·h)	TTS(veh·h)	流量(veh)
NCS	0	1 439	6 453	7 892	17 090
IVMP	6	937	6 286	7 223	21 659
MCPS	8	1 568	5 814	7 382	20 341
RMV	20	1 039	6 312	7 351	20 963

（1）显然，MCPS、RMV 和本方法一样能达到抑制拥堵、提高道路通行效率的目的，这进一步证明了 MCPS 和 RMV 的有效性。这是因为这三种方法在本案例中，都通过施加控制信号，使各节点密度得到空间的适度均匀，主线迅速恢复到自由流状态，从而使 TTD、TTT、TTS 减少，流量增加。

（2）但本方法与 MCPS 相比，牵制节点-施加控制信号子系统由 8 个减少到 6 个，TTD 由 1 568 veh·h 减少到 937 veh·h，虽然 TTT 由 5 814 veh·h 增加到 6 286 veh·h，但 TTS 由 7 382 veh · h 减少到 7 223 veh · h，流量由 20 341 veh 增加到 21 659 veh，道路通行效率得到提高。这是因为采用本融合方法利用了速度限制这一优势，使得 VSL 区段的车辆主线行驶时间变长，因此 TTT 增加。但由于控制节点的减少，使得“控制信号不再施加节点 9 和 10”的用户不受控制影响，排队时间减少。在本案例中 TTT 增加值小于 TTD 减少值，流量更大，所以施加 IVMP 更佳。

（3）本方法与 RMV 相比，控制节点数由 20 个减少到 6 个，TTD 由 1 039 veh · h 减少到 937 veh·h，TTT 由 6 312 veh·h 减少到 6 286 veh·h，TTS 由 7 351 veh·h 减少到 7 223 veh·h，而流量由 20 963 veh 增加到 21 659 veh，道路通行效率也进一步得到提升。这是因为采用本牵制控制思想，只需控制部分节点，对于距离拥堵点远的节点则没有必要施加控制信号；而 RMV 由于控制所有节点而导致匝道停留时间长，使得 TTD 增加；同时所有主线施加

VSL，使得 TTT 增加，总的指标 TTS 变大，流量减少。

（4）MCPS、RMV 和本方法的本质都是通过各自的控制器算法得到合理的反馈增益来达到控制的目的。不同的反馈增益得到不同的控制效果，其中 MCPS、RMV 均对所有节点进行了匝道调节，使得所有匝道反馈增益不为 0，特别对不需要进行调节的匝道，车辆排队增加（或转移到一般道路上造成这些道路的拥堵），且造成社会不公平性，系统的通行效率下降；而本方法采用基于复杂网络牵制同步方法得到的反馈增益更加合理，控制效果也最佳。

作　业

1. 简述动态控制系统模型的基本组成和最小值原理。
2. 结合城市交叉口或公交调度系统，建立其动态控制（调度）模型。
3. 简述动态控制系统的三个特性。
4. 简述动态交通分配模型的分类、各个模型的数学表达式，并进行对比。

第 7 章

交通系统仿真

系统尤其是交通系统，一般为复杂大系统，通过系统分析等方法建立概念模型，需要对系统进一步进行量化分析，如机理分析、方案的优化选择等。对于特别复杂的系统，解析模型建立非常困难，必须通过建立系统动力学模型来加以解决，为下一步的工程实际提供参考，这些需要模拟仿真；同时，系统方案优劣的判别在实际使用中得到检验是最佳方式，但一些复杂系统涉及面广，在实际中予以检验（试验）需要较长时间和较大费用，并会产生损失，甚至是不可能实现的，如交通规划方案的检验意味着至少 5~10 年的时间代价，交通管理与控制方案的检验意味着一定的政治风险、经济损失等，可能的任何误差和失误对实际系统都会造成无法挽回的损失，必须在实际现场试验前进行大量的模拟仿真，为系统决策提供支持。因此，为适应现实中的这些需要，系统模拟仿真（Simulation）技术得以产生并发展壮大。

仿真是建立相应物理系统的数学模型在计算机上解算的过程与各种具体表现形式。数学模型是仿真的基础，也可以理解为系统模拟与仿真是系统数学模型的进一步表现形式之一，但该模型实际上为复杂巨模型，是在几十个甚至几千个、几万个动力学方程组成基础上建立的系统。因此，只有建立正确的数学模型和数据，才能得到正确的仿真结果，仿真才有意义和价值。

7.1 系统仿真的概念

7.1.1 系统仿真定义

从不同的角度，系统仿真有不同的定义。

从技术应用的角度来看，系统仿真技术是以相似原理、控制理论、系统理论与方法、计算机信息网络技术及其应用领域的专业技术为基础，以计算机和各种物理效应设备为工具，利用数学模型或部分实物对实际的或设想的系统进行动态试验研究的一门综合性技术。

从系统的角度来看，系统仿真就是利用各种模拟仿真语言，对需要模拟仿真的系统在系统分析建立的概念模型和确定的各个变量之间关系的基础上，编制各种程序在计算机和各种物理效应设备上进行仿真，得出一些实际系统现在不可能得到的在某种假想条件下（未来或其他）的后果，并揭示内部关系，以便进行更多方案的比较，并确定各类因素的影响程度。

系统仿真的具体过程可以用图 7.1 表示，交通管理与控制系统大部分按照该方式进行。

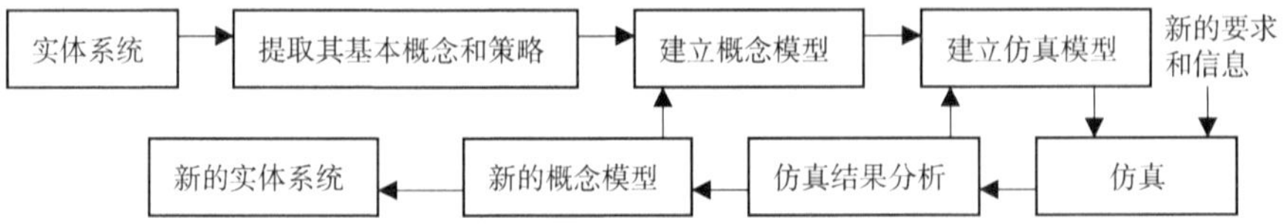

图 7.1　系统仿真具体过程

7.1.2　系统仿真分类

从不同角度对仿真进行分类有多种方法，按被仿真对象性质可分为连续系统仿真和离散事件系统仿真；按功能用途可分为工程仿真和训练仿真；按应用领域可分为工程领域仿真和非工程领域仿真；按虚实结合的程度可分为结构仿真、虚拟仿真和实况仿真。下面着重叙述在工程应用领域内连续系统仿真的常用分类，一般可分为四大类。

1. 数学仿真

数学仿真（又称系统模拟）无须昂贵的实物系统，也无须模拟生成客观真实环境的各种物理效应设备，只需编好程序，在计算机上运行试验，再现和评价客观世界的客观事物特性。数学仿真试验时，通过键盘等系统输入设备改变系统参数或系统结构，通过 CRT、打印机、绘图仪等输出设备显示仿真模拟试验结果，或者将仿真结果存储在磁盘上。数学仿真适用于方案论证、研究、开发和设计分析等要求不太高的系统，目前广泛应用于交通运输和交通系统。

2. 软件在回路仿真

控制系统、导航系统和制导系统广泛采用数字计算机，通过软件进行控制、导航和制导的运算，软件的规模越来越大，功能越来越强，许多设计思想和核心技术都反映在应用软件中，因此软件在系统中的测试越显重要。这种仿真试验将系统用计算机与仿真计算机通过接口对接，进行系统试验，如图 7.2 所示。接口的作用是将不同格式的数字信息进行转换，一般情况下软件在回路仿真系统中要求实时运行。

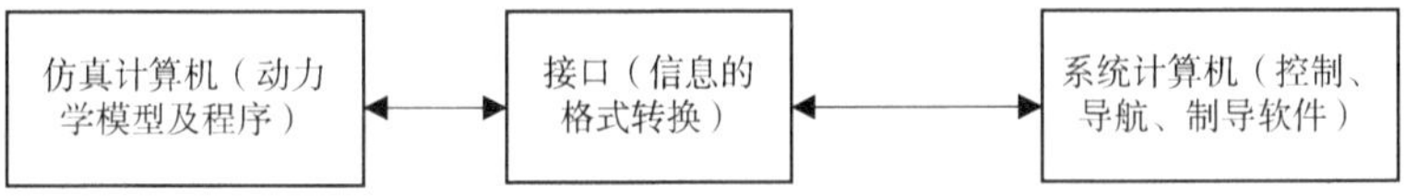

图 7.2　软件在回路仿真系统

3. 硬件在回路仿真

硬件在回路仿真（又称实物仿真或半实物仿真）是将系统的部分实物（如控制系统的测量传感器、控制计算机、伺服执行机构）接入回路进行的仿真试验。这种仿真试验将对象实体的动态特性通过建立数学模型、编程，在计算机上运行，此外要求有相应的模拟生成传感器测量环境的各种物理效应设备，如图 7.3 所示。不同类型的传感器要求有不同类型的模拟生成环境，如气压传感器要求有气压模拟装置，角度、角速度传感器要求有模拟转台等。由于在回路中接入实物，硬件在回路仿真系统必须实时运行。

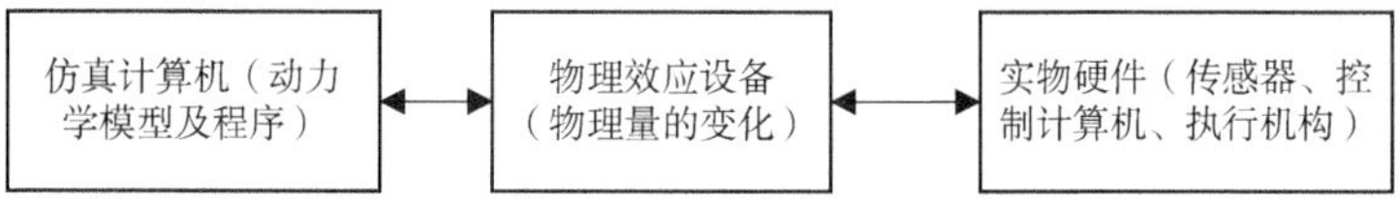

图 7.3　硬件在回路仿真系统

4. 人在回路仿真

人在回路仿真是操作人员在系统回路中进行操纵的仿真试验。这种仿真试验将对象实体的动态特性通过建立数学模型、编程，在计算机上运行，此外要求有模拟生成人的感觉环境的各种物理效应设备，包括视觉、听觉、触觉、动感等人能感觉的物理环境的模拟生成，如图 7.4 所示。由于操作人员在回路中，人在回路仿真系统必须实时运行。交通系统未来的仿真大部分将发展到该阶段。

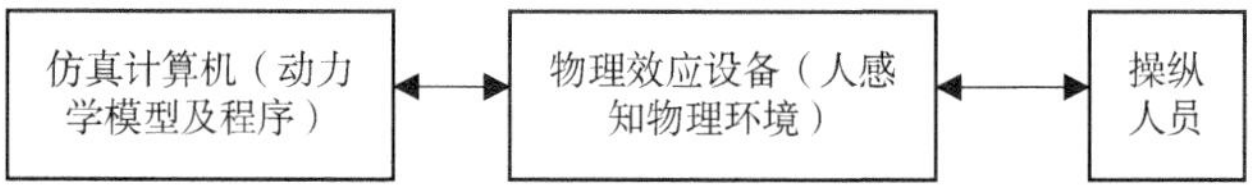

图 7.4　人在回路仿真系统

7.1.3　实时仿真系统硬件的基本组成及原理

半实物仿真系统和人在回路仿真系统都属于实时仿真系统，实时仿真系统的硬件组成包括仿真计算机、物理效应设备、接口设备。

1. 仿真计算机（或具有各方面功能的微机、单片机、PLC 等）

仿真计算机是实时仿真系统的核心部分，它运行实体对象和仿真环境的数学模型和程序。一般来说，采用层次化、模块化的建模方法，将模块化程序划分为不同的速率块，仿真计算机中按速率块实时调度运行。对于复杂的大型交通及其运输仿真系统，采用 B/S 等网络结构，小型机、服务器、多台仿真计算机联网实时运行。

2. 物理效应设备

物理效应设备的作用是模拟复现真实世界的物理环境，形成仿真环境或称为虚拟环境。物理效应设备实现的技术途径多种多样：一是采用伺服控制回路，通过伺服控制回路形成相应的物理量，如三轴转台复现交通飞行器的角运动，动、静压模拟器复现大气压力的变化，三轴转台和动、静压模拟器都由伺服控制回路控制实现；二是在已存储好的数据库中搜索相应的数据，转换为相应的物理量，如地形地貌等地理信息环境通过地理信息系统的数据库复现。

3. 接口设备

仿真计算机输出的驱动信号经接口变换后驱动相应的物理效应设备，接口设备同时将操作人员或实物系统的控制输入信号反馈输入仿真计算机。

实时仿真系统原理框图如图 7.5 所示。在仿真计算机中通过对动力学系统和环境的数学模型解算，获得系统和环境的各种参数。对于半实物仿真系统，这些参数通过物理效应设备生成传感器所需要的测量环境；对于人在回路中仿真系统，这些参数通过物理效应设备生成操作人员所需要的感觉环境，从而构成完整的闭环仿真系统。物理效应设备是实现仿真系统所需要的中间环节,它的动态特性、静态特性和时间延迟都将对仿真系统的置信度和精度产生影响,应该有严格的相应技术指标要求。

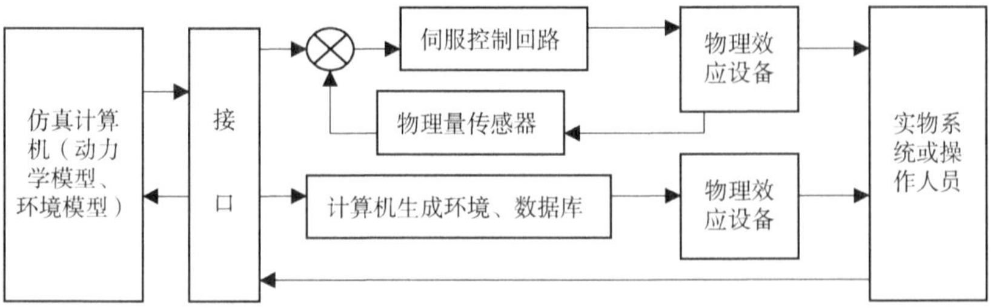

图 7.5　实时仿真系统原理框图

7.1.4　仿真系统中具体模型表现形式

系统模型是系统本质的描述,在具体仿真系统中,系统模型具有不同的表现形式,以适应工程实际需要。仿真系统中具体模型表现形式目前主要分为以下几种。

1. 静态模型

静态模型主要为早期的系统模拟,如常见的蒙特卡洛模拟法、交通控制中的 TRANSYT(脱机控制系统)采用的模型、物流存储模拟中的模型等。

2. 一般动力学模型

一般动力学模型可分为连续系统和离散系统的动力学模型两种,交通系统一般采用离散系统动力学模型,对于连续系统可以采用离散化的方法转化为离散系统。该模型的形式为第 6 章所讲的形式,一般系统为由很多状态方程组成的组列,如交通流中的元胞自动机模型、元胞传输模型等。

3. 新型非线性方程组成的动力学方程组模型

针对动力学模型中一些动力学方程难以用线性方程、一般解析方程表示的问题,采用 ANN(包括浅层和深层 NN,特别是 CNN、LSTM Network、RLN、RNN、GAN 等)、模糊神经网络、支持向量机等非线性函数逼近器来近似模拟这些动力学方程。需要指出的是,单纯使用这些动力学模型仅具有初步的智能特点,其核心依然是非线性函数逼近器。

4. 新型人工智能动力学模型

在新型非线性方程组成的动力学方程组模型的基础上,通过建立数据库、数据仓库,建立网络平台,采用数据挖掘技术等,在知识提取的基础上实现人工智能动力学模型(学习阶段)。该模型的特点是离线方式提取知识、在线方式进行快速决策(工作阶段),这是智能交通运输系统的主要方式。现在的汽车辅助驾驶中的停车自动泊位、自动驾驶、机器人等均使用了该方式。

5. 基于 Agent 的动力学模型

如 Swarm 仿真模型,将每一个决策组织或人看作一个主体,具有自己的属性、决策变量、目标追求和决策规则,不同的决策主体之间通过一定的关系、环境变量进行博弈和协作,以完成系统的动态演化过程。现在大家普遍玩的游戏、网上下棋和打牌、社会经济系统仿真,均大量使用了基于 Agent 的动力学模型;对常见的微观交通流元胞自动机模型,也是将每辆车作为一个 Agent;广泛应用于交通运输场站的社会力模型,也是将行人作为基于

Agent 的动力学模型。

模型建立以后，面临的一个重要问题是仿真模型的可信度检验，即需要合理的校核、验证和验收。对于模型的具体计算方法，需要按照模型的具体特点选择，在此不再论述。

7.1.5 仿真模型、仿真软件和仿真系统

仿真模型是系统仿真的基础和核心，其有多种表现形式，但对于一个复杂系统的仿真，其内部各个子系统、模块可能各自采用不同的仿真模型对其非线性行为进行描述，甚至加入数据库、模型库、方法库、知识库等。所以，仿真系统或仿真软件实际上是由多个仿真模型和其他软硬件部分组成的面向某一类技术问题的一个系统，而该系统可以是科研单位等内部使用的不一定非常完善的系统，也可以是商业开发使用的成熟系统，若变为产品化的软件，主要关键子系统程序和相关模型会封装的。如我国一些高校建设的驾驶模拟实验室的仿真系统、桥梁风洞实验室的仿真系统、道路综合仿真实验室的仿真系统，都是由硬件、软件等组成的综合仿真大系统，在满足学校教学、科研需要的同时，也为我国近 30 年来交通建设运营维护提供了前期试验平台，从而做出了巨大的贡献。

7.1.6 系统仿真发展与应用

系统仿真产生于 20 世纪 30 年代，美国生产了用于训练飞行员的林克飞行训练器，使飞行员熟悉飞机的操作程序和驾驶技术，着重于飞机机械操作特性的仿真；到 20 世纪 70 年代，随着仿真计算机由数字计算机代替模拟计算机，着重于飞机飞行性能、航空电子和武器性能的仿真；到 20 世纪 90 年代，由单武器平台性能仿真发展到多武器平台在作战环境下的体系对抗仿真，着重于仿真器联网的分布交互仿真。1989 年 3 月，在美国由中佛罗里达大学的仿真与训练研究所主办召开了第一届异构型联网的分布交互仿真（DIS）研讨会，着手制定规范协议。1992 年 3 月，第六届 DIS 研讨会提出了 DIS 的体系结构，将 DIS 定义为采用协调一致的结构、标准、协议和数据库，通过局域网和广域网，将分散在各地的各类仿真系统互联，人可以参与交互作用的一种综合环境。

虽然系统仿真主要是从军事、国防上发展与应用起来的，但在社会经济的方方面面也得到广泛应用，包括能源、交通运输和交通工程、水利、工业、农业、企业管理、经济管理等方面。在交通运输工程领域的主要应用包括：运输及交通系统的模拟，主要在大学、研究机关等；驾驶员与飞行员的训练，如列车驾驶员、飞行员与一般机动车驾驶员的驾驶训练；运输系统的调度指挥，如飞机场、港口、铁路等的指挥调度与管理；交通管理与控制的仿真。虽然运输和交通系统仿真在应用与理想方面的要求尚有一定距离，但具有巨大的发展前景。

7.2 系统仿真计算机与数字孪生

7.2.1 系统仿真计算机

系统仿真计算机是系统仿真的主要工具和表现形式，其发展水平成为系统仿真能否实现的关键。仿真计算机的发展经历了模拟计算机仿真、混合计算机仿真、实施仿真数字机

(通用计算机)、分布交互式仿真等阶段,其中最后两个阶段是随着信息技术特别是网络技术的发展而逐步发展的。

模拟计算机是利用具有各种数学特征的典型电路,组成各种典型的基本运算部件(如加法器、乘法器、积分器),这些基本运算部件的输入和输出是电压,它们之间可以连接起来以完成更复杂的数学运算。因此,用模拟计算机仿真一个系统,只要研究这个系统的数学模型即可。

混合计算机是在模拟计算机中加入大量的数字逻辑部件、模拟开关及模拟/数字混合式部件(如数控系数器、数控积分器、数控函数发生器等)的一种计算机。混合计算机不仅能完成原有模拟计算机的功能,还要具有迭代运算和描述混合系统模型的能力,其中混合计算机的自动参数、曲线和统计寻优功能是系统研究、设计的有力工具。混合计算机仿真是由模拟计算机/混合计算机、数字计算机及其接口设备组成的多台大规模计算机系统,其中数字计算机用于执行存储、高精度运算等更高级的任务。混合计算机系统的主要用户是政府、大型企业等。

随着计算机技术与信息网络技术的发展,上述两种计算机系统不再能适应系统仿真的需要,就产生了目前广泛使用的实施仿真数字机,其中通用计算机为其典型代表,通用计算机的一种硬件结构如图 7.6 所示。

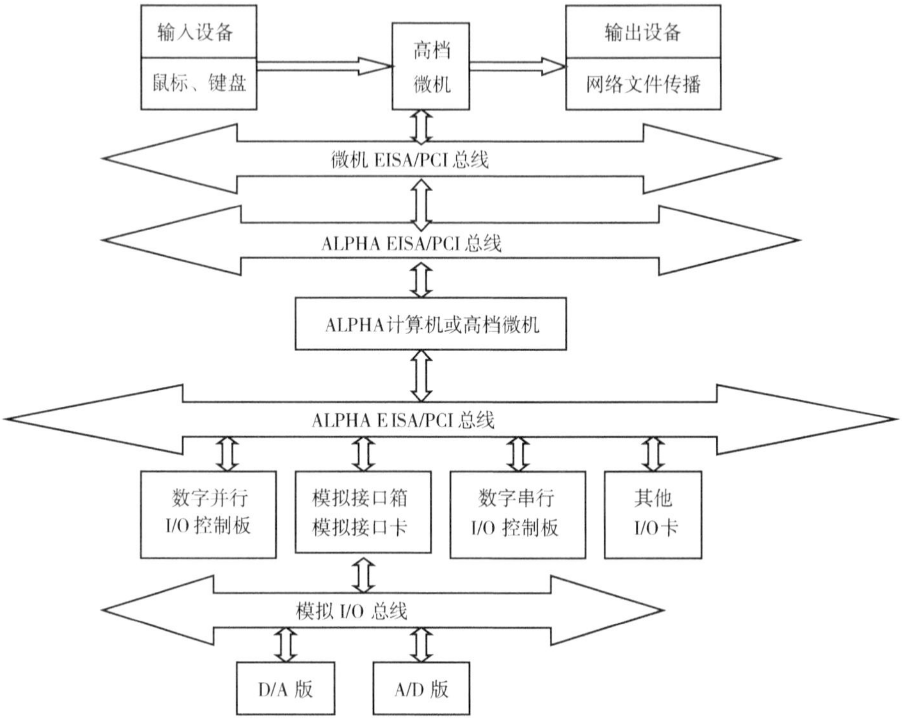

图 7.6　通用计算机硬件结构之一

对于复杂交通和运输系统,其仿真由若干子系统和若干层次组成,具体不同子系统仿真的编程也不一样,因此就需要采用分布交互式(DIS)仿真。

DIS 支持三类实体的混合仿真,即虚拟实体(人在回路中的模拟器)、构造实体(完全由计算机生成的方针应用)和真实实体(操作平台和测试评估系统),其结构模型如图 7.7 所示，其开发层次如图 7.8 所示。

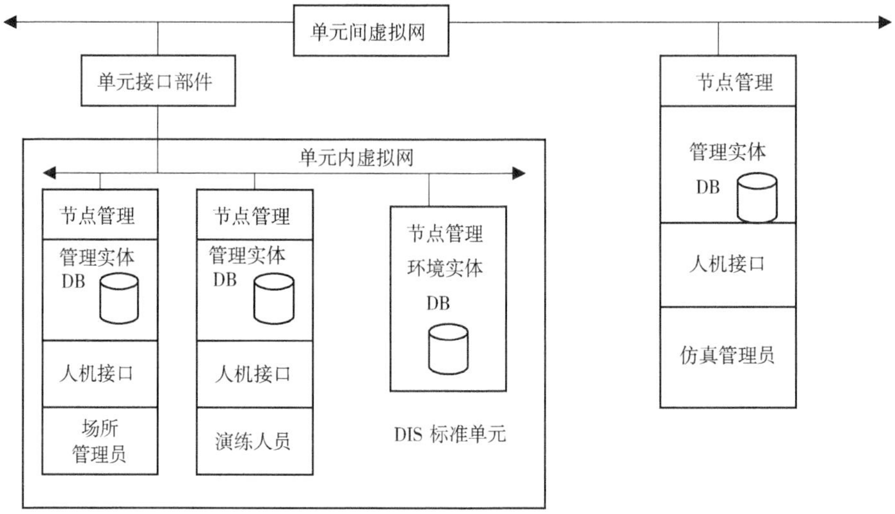

图 7.7　DIS 结构模型

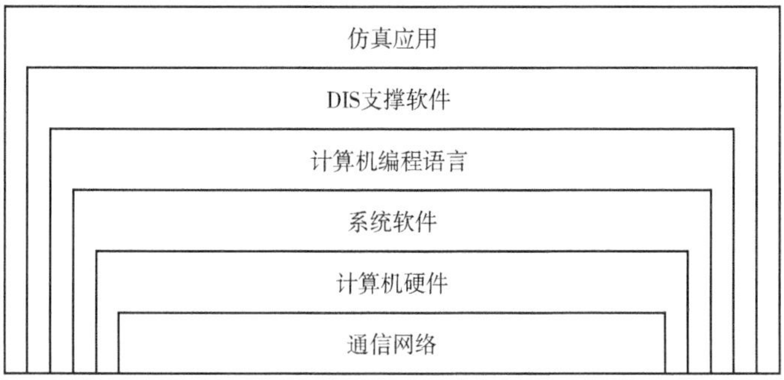

图 7.8　DIS 开发层次

7.2.2　数字孪生概念、关键技术和基本原理

1. 数字孪生概念

数字孪生是指利用传感器、物联网、大数据分析和模拟技术，将实际世界中的物理对象、过程或系统数字化并建模，创建一个物理世界的虚拟副本，以便实时监测、分析和优化其性能。通过数字孪生技术，可以在虚拟环境中模拟各种场景和情景，从而为决策制定、问题解决和系统优化提供支持。其两个关键要素是动态仿真模型和反映系统实时状态的数据。有了模型和数据，就可以开发强大的数字孪生软件，进行试验、分析和交流，从而就可以提出假设问题，理解系统行为，在多个层次上进行验证。

数字孪生的历史可以追溯到 20 世纪 90 年代初，当时 NASA 首次提出数字孪生的概念，用于模拟和优化航天器的设计和运行。随着计算机技术、传感器技术和数据分析技术的不断发展，数字孪生逐渐扩展到其他领域，并成为工业 4.0 和智能制造的重要组成部分。从制造业到城市规划、医疗保健、能源与交通等领域，数字孪生都有广泛的应用。

2. 数字孪生关键技术

1）数据采集传感器技术

数字孪生的基础是实时数据的采集和监测，通过各种采集设备（主要是传感器和电子射频等），实时收集与监测现实世界中的物理对象、过程或系统的各种数据。其中，传感器是一种用于检测和测量物理量（如温度、湿度、压力、位置、运动等）的设备或装置，能够将物理世界中的各种参数转换为电信号或数字信号，通过网络传输到系统中，以便系统进行处理和分析。在数字孪生中，传感器技术起着至关重要的作用。常用的传感器类型为用于测量物体、环境的温度传感器和湿度传感器，用于测量气体或液体压力的压力传感器，用于测量物体的位置、速度和加速度的传感器，用于测量光线强度和颜色的光学传感器，用于测量物体状态和变化的检测传感器等。

2）数据传输与物联网技术

采集到的数据通过物联网技术传输到计算机系统中进行处理和分析，而物联网技术使各种设备、传感器和系统能够相互连接并实现数据的实时交互。

物联网（Internet of Things，IoT）是将各种信息传感设备，如电子射频（电子标签）、传感器、GPS、激光扫描器等装置与互联网结合起来而形成的巨大网络，其目的是将所有物品都与网络连接起来，方便实时识别和管理。在数字孪生中，物联网技术是至关重要的组成部分，它使各种设备、传感器、电子射频和系统能够相互连接，并实现数据的实时传输、交互和共享。

物联网系统由感知层、传输层、网络层和应用层组成。其中，感知层包括各种传感器、执行器和物理设备，用于感知和采集现实世界中的数据；传输层负责将采集到的数据传输到网络中，通常采用无线通信技术；网络层提供数据传输和路由功能，确保数据的安全性和可靠性；应用层包括各种应用程序和服务，用于对数据进行处理、分析和应用。

物联网技术将进一步普及和应用于各个领域，包括智能家居、智慧城市、智能交通等。物联网与人工智能、大数据分析等技术的结合将带来更多创新和应用场景，推动数字孪生技术的发展和应用。通过物联网技术，数字孪生可以实现对现实世界的实时监测和控制，为决策制定和系统优化提供数据支持和智能化应用。

3）建模技术

利用收集到的数据，可以建立物理对象、过程或系统的数字化模型。这些模型可以是简单的数学模型，也可以是复杂的三维虚拟模型。基于这些模型，才可以进行仿真和模拟，即模拟物理世界中的各种场景和情景。

4）大数据分析与优化技术

大数据分析与优化技术是数字孪生技术中至关重要的一环，它通过处理和分析大规模数据来提取有用的信息，从而支持数字孪生模型的建立、优化和应用。数字孪生中的大数据分析主要包括数据采集与存储、数据清洗与预处理、数据分析技术、数据可视化、实时分析与预测、数据安全与隐私、持续优化与反馈等。其中，数据分析技术采用统计分析、机器学习、深度学习等方法；数据可视化是将分析结果以图表、图形、地图等形式呈现出来，用户可以直观地观察数据的变化趋势、关联性和异常情况，从而进行进一步的分析，并做出决策；实时分析与预测是指对实时数据进行快速处理和分析，及时发现问题，并采取相应的措施；数据安全与隐私是指在数据分析过程中，采用加密技术、访问控制、身份认证等措施确保数据的安全性和合规性；持续优化与反馈是指通过不断分析数据、优化模型，实现数字孪生模型的持续改进和优化，通过对实际运行情况的监测和反馈，不断更新和改进数字孪生模型，提高其准确性和实用性。

基于大数据分析结果，可以进行优化和改进，从而提高系统的效率、安全性和可靠性。

5）模拟技术

模拟技术是指利用数学模型和计算机仿真技术构建物理世界的虚拟副本，以便对实际系统进行模拟、预测和优化。数字孪生中的模拟技术主要包括数学建模、计算机仿真、虚拟现实技术、模拟优化、实时模拟与预测等。通过模拟技术，数字孪生可以实现对物理世界的虚拟建模和仿真，为系统优化、决策支持和创新提供强有力的工具和平台。

6）实时监测与决策支持

数字孪生技术可以实现对物理世界的实时监测和控制。通过监测数字孪生模型中的数据，可以及时发现问题，并采取相应的措施。数字孪生还可以为决策制定提供支持，帮助人们更好地理解和预测物理世界的行为和趋势。

3. 数字孪生基本原理

数字孪生的基本原理是利用数据采集、物联网、建模仿真和数据分析等技术，创建物理世界的虚拟副本，并通过实时监测和分析支持决策制定和系统优化。

7.2.3 交通和物流仿真软件

一般来讲，交通系统由于研究对象的不同有不同的仿真软件，且很多仿真软件和硬件是结合起来的，即系统集成的。例如，交通控制仿真软件主要有定时脱机式区域交通控制仿真系统（TRANSYT），实时自适应控制仿真系统（SCATS），采用绿信比-信号周期-相位差优化技术对交通信号网实行实时协调控制等。常见的交通和物流仿真软件如下。

1. TransCAD

TransCAD 是一个交通数据管理和规划分析系统，其将一组独特的数字制图、地理数据库管理和演示图形功能与应用复杂交通、运筹学和统计模型的工具相结合，旨在帮助交通规划专业人员进行日常工作。

TransCAD 有五个主要组件：地理信息系统（GIS）；扩展数据模型，为运输数据显示和操作提供基本工具、运输分析程序；广泛而全面的交通、地理和人口统计数据集；用于创建宏的强大开发语言；加载项、服务器应用程序和自定义前端。

2. VISSIM

VISSIM 是由德国的 PTV Group 开发的微观且基于时间步长和驾驶行为的仿真建模工具，用于模拟道路交通。除汽车外，其还可以对公共交通进行建模，根据以车道划分、车辆构成、信号灯控制以及汽车和公共交通车辆采集为基础的各种边界条件模拟交通流程，能够便捷地测试和评估各种系统的使用和交互情况，如自适应的信号控制、路径诱导和车车通信（C2X）；而且可以模拟行人流与公共交通和私人交通方式的交互情况，以及规划建筑乃至整个体育场的人员疏散情况，是研究和分析交通管理控制和公交问题的有效工具。其也有适用于自动驾驶智能网联车发展的版本。

3. AnyLogic

AnyLogic 是一款应用广泛的，对离散、系统动力学、多智能体和混合系统进行建模和仿真的工具。其应用领域包括物流、供应链、制造生产业、行人交通仿真、行人疏散、城市规划建筑设计、Petri 网、城市发展及生态环境、经济学、业务流程、服务系统、应急管理、GIS 信息、公共政策、港口机场、疾病扩散等，特别适用于车站、港口、机场等以行人为主，含机动车和骑行者等复杂交通场景的仿真。

AnyLogic 基于 Java 语言构建，可以在任何 Java 支持的平台或是 Web 页上运行模型仿真。它以最新的复杂系统设计方法论为基础，是第一个将 UML 语言引入模型仿真领域的工具，可以用于设计包括离散、连续和混合行为的复杂系统。使用 AnyLogic，并不需要另外再学习什么语言或图形语言，AnyLogic 所有的建模技术都是以 UML-RT、Java 和微分方程（若用户想要为连续行为建模）为基础。

4. WITNESS

WITNESS 是英国 Lanner 集团开发的面向工业系统、商业系统、物流系统的动态流程仿真与优化平台，广泛应用于生产和物流系统运营管理与优化、流程改进、工厂物流模拟与规划、供应链建模与优化等，是主流的动态系统建模、仿真与优化软件。

WITNESS 是面向企业流程的建模与仿真平台，其可视化建模与仿真优化技术广泛应用于制造业、港口物流、空港规划设计等，在大型工程项目的前期规划、投资平衡分析、生产物流运行控制、供应链与库存管理、作业排序、资源分配、流程再造等众多方面发挥巨大作用。作为一款通用的系统仿真平台，WITNESS 可以运用于社会各类系统的评估、改善和优化，包括交通系统的仿真与优化。

7.3 雨天高速公路弯道可能事故的元胞自动机模型仿真

高速公路弯道是交通事故的易发路段，尤其在不良天气（雨、雪、雾等天气）时段，发生事故概率更高。目前，高速公路弯道研究主要集中在道路线性几何参数设计、车辆动力学和概率统计三方面，虽然这些研究已经取得较为丰富的理论成果，但未涉及不良天气时高速公路弯道交通事故研究，而且现有的大量雨天道路研究主要是通过宏观数据统计其对道路交通安全的影响，尚未通过建立系统化微观仿真模型对雨天交通流的非线性行为进行场景再现和可能的事故分析。而元胞自动机（Cellular Automata，CA）模型因其规则简单、运算效率高且能表现出交通系统中的非线性行为而被用于交通流的研究。本节以雨天高速公路弯道车辆受力与可能事故分析为基础，建立一个雨天可能发生事故的单向双车道 CA 模型，通过仿真分析不同降雨强度和 VSL 值对道路交通事故率的影响，以期为交通管控提供技术支持。

7.3.1 雨天高速公路弯道车辆受力与可能事故分析

研究对象为如图 7.9 所示一个单向双车道高速公路弯道路段，且被划分为 3 个区段，即上游缓冲路段，长度为 L_1；中游弯道路段，弯道中间车道长度为 L_2；下游直线路段，长度为

L_3。对可能出现多个弯道半径和长度不同的弯道，合计总长度为 L，在 L_1 内设置提前警示和速度限制牌，车辆简化为小汽车、大车两种类型。

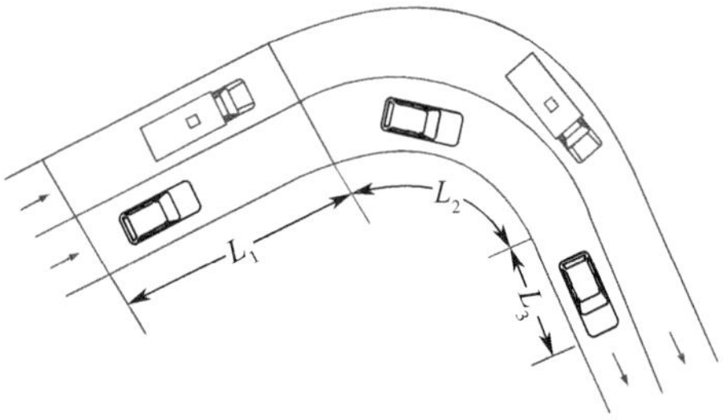

图 7.9　一个单向双车道高速公路弯道路段

高速公路弯道内车辆受力情况如图 7.10 所示。其中，车辆受离心力的影响，在行驶过程中处于不稳定状态，甚至可能出现由于离心力较大而发生侧滑或侧翻等事故的情况，因此设置车辆通过弯道的最大安全速度 v_{sr}，以保证安全行驶。

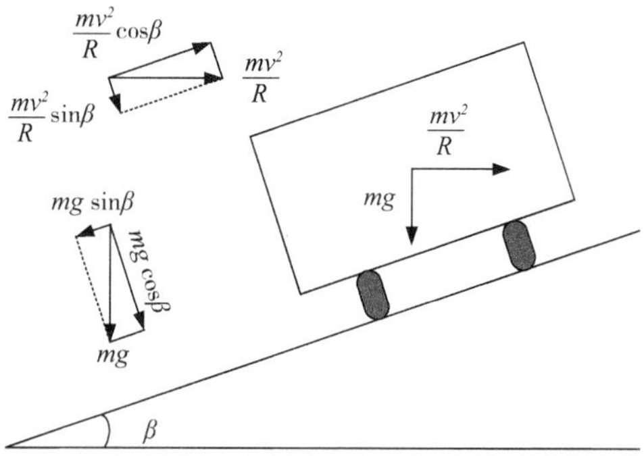

图 7.10　车辆在高速公路弯道内的受力分析

根据图 7.10 可得平衡方程：

$$\frac{mv_s^{\ 2}}{R}\cos\beta=\varphi'(mg\cos\beta+\frac{mv_s^{\ 2}}{R}\sin\beta)-mg\sin\beta \tag{7.1}$$

式中：v_s 为车辆发生侧滑的临界速度(km/h)；m 为汽车的质量(kg)；R 为弯道半径(m)；g 为重力加速度，取 9.8 m/s²；φ'为横向摩擦系数；β 为路面横坡角，其与路面超高 i 的关系为 $i=\tan\beta$。

其中，横向摩擦系数 φ'与摩擦系数 φ 的关系为

$$\varphi'=0.97\varphi+0.08 \tag{7.2}$$

在雨天，车辆轮胎和路面之间产生水膜，使轮胎与路面的接触面积变小；摩擦系数也变小，而其减小量取决于水膜的厚度。水膜厚度 D(mm)和降雨强度 q(mm/min)之间的关系为

$$D=0.125\,8l^{0.671\,5}i^{-0.314\,7}q^{0.778\,6}T_D^{\ 0.726\,1} \tag{7.3}$$

式中：l 为坡面长度(m)；T_D 为构造深度(mm)。

路面的摩擦系数 φ、行车速度 v(km/h)和水膜厚度 D(mm)之间的关系为

$$\varphi = 0.660\,3 - 0.003\,7v - 0.005\,7D \tag{7.4}$$

由式(7.1)至式(7.4)整理得出车辆发生侧滑的临界速度 v_s(km/h)、弯道半径 R(m)和水膜厚度 D(mm)等的关系为

$$0.003\,7iv_s^{\ 3} + (1 - 0.660\,3i + 0.005\,7iD)v_s^{\ 2} + 0.003\,7gRv_s - gR(0.660\,3 - 0.0057D - i) = 0 \tag{7.5}$$

由于大车重心位置较高，在弯道行驶时会受到较大的离心力和横向摩擦力，一旦转弯内侧轮胎脱离路面，便会出现侧翻，而发生侧翻的临界速度 v_r 为

$$v_r = \sqrt{\frac{B + 2hi}{2h - Bi} gR} \tag{7.6}$$

式中：B 为车辆宽度(m)；h 为车辆重心高度(m)。

弯道发生侧滑、侧翻等事故，与车辆的重心高度与宽度、路面条件及弯道半径等密切相关，因此需综合考虑车辆的侧滑和侧翻这两种情况，求得的最小值即进入弯道时的安全车速的临界值 v_{sr}，即

$$v_{sr} = \min\{v_s, v_r\} \tag{7.7}$$

7.3.2 CA 仿真模型

以经典 NaSch 模型为基础建立研究对象的 CA 模型。道路被划为若干元胞，$v(j, t)$和 $x(j, t)$为 t 时刻第 j 辆车的速度和位置(v 取 0, 1, ⋯, v_{max}；v_{max1} 和 v_{max2} 分别为小车和大车允许的最大速度，后同)，$d(j, t)$为第 j 与 j+1 辆车间的空元胞数，$d(j, t)_f$ 和 $d(j, t)_b$ 分别为第 j 辆车与旁边车道上前车和后车间的空元胞数，d_s 为安全距离。

1. 雨天车辆弯道规则

1)基本规则

(1)加速：驾驶员期望以最大的速度行驶通过弯道而加速，具体规则为 $v(j, t+1) = \min(v(j,t) + a, v_{max})$。

(2)减速：驾驶员为避免和前车碰撞并保持安全车距而减速，具体规则为 $v(j, t+1) = \min(v(j,t), d(j,t) - 1)$。

(3)随机慢化：由不确定因素造成的车辆适当减速，以概率 p 运行，具体规则为 $v(j, t+1) = \max(v(j,t) - 1, 0)$。

(4)运动：车辆按调整后的速度向前行驶，具体规则为 $x(j,t+1) = x(j,t) + v(j,t+1)$。

2)换道规则

(1)换道动机：$d(j, t) < \min(v(j, t) + a, v_{max})$，表示车辆在本车道上不能按照期望的速度行驶；$d(j,t)_f > d(j,t)$，表示旁边车道上的行驶条件比本车道上的行驶条件好。

(2)安全条件：$d(j,t)_b > d_s$；$d(j,t)_b > v_{max}$，此条件保证车辆换道时不会与旁边车道上的后车发生碰撞。

如果满足上述 2 个条件，车辆将以概率 p_1 进行换道，p_1 取值范围为[0, 1]。考虑到安全性，不允许在弯道内换道，即在弯道 L_2 内 p_1=0。

3)弯道前缓冲路段规则

驾驶员在进入弯道前为避免车辆发生侧滑或侧翻事故,需在缓冲路段尽可能减速到弯道限制的安全速度内。但由于降雨的影响,导致路面摩擦系数减小,且随降雨强度的不断增大,路面上的水不能及时排走,部分车辆在驶入弯道时仍无法减至安全速度,导致事故产生。弯道前缓冲路段具体规则如下。

(1)假如 $v \leqslant v_{sr}$,即车辆速度不大于驶入弯道的最大安全速度,此时车辆不需要减速,具体运行规则为 $v(j,t+1)=v(j,t)$。

(2)假如 $v > v_{sr}$,即车辆速度大于驶入弯道的最大安全速度,此时车辆必须减速从而避免发生事故,具体运行规则如下。

情况 1:驾驶员为了保持安全车距以及准备进入弯道而提前减速, $v(j, t+1)=\min(v(j, t)-a, 0)$。

情况 2:驾驶员为了避免进入弯道内的速度大于安全车速的临界值 v_{sr},从而进行紧急减速,$v(j,t+1)=\max(v(j,t)-a_{max}, 0)$,其中最大的减速度 $a_{max}=g(\varphi+i)$。

4)弯道路段规则

对进入弯道内车辆的每一仿真步进行判断:

(1)若 $v \leqslant v_{sr}$,车辆按照缓冲路段规则行驶;

(2)若 $v > v_{sr}$,车辆将会发生侧向失稳事故,导致侧滑或者侧翻等事故的发生,则事故数加 1。

2. 交通事故统计

用 A 表示可能发生的交通事故概率,即 $A=N_{ac}/N$,再进行单位统一,转化为工程实际中的事故率进行验证。其中, N_{ac} 和 N 分别为仿真时间内,该路段发生的事故数和道路上的车辆总数。

3. 边界条件

采用开放边界条件,每个时间步车辆完成更新后,检查进口车道上尾车位置 x_{last}。若 $x_{last} > v_{max}$,则以概率 P_e 进入一辆速度为 v_{max} 的车辆,进入位置为 $\min\{v_{max}, x_{last}-v_{max}\}$,若 rand( )<$P_{e1}$ 则进入一辆快车,否则进入一辆正常车。若 $x_{first} > L$,则车辆驶出道路。

7.3.3 仿真试验分析

1. CA 模型参数取值

道路全长 2 000 m,即 L=2 000 m;元胞长度 1 m,小车车长 l_{veh1}=6 m,占 6 个元胞,大车车长 l_{veh2}=12 m,占 12 个元胞;最大期望速度 v_{max1}=27 km/h, v_{max2}=22 km/h;小车的比例 P_{car}=0.8,车辆随机慢化概率 P_r=0.03;换道概率 P_c=0.1;仿真步长为 1 s,仿真时间为 9 000 s,为减少偶然因素影响,舍去前 2 000 s 的试验结果,取后 7 000 s 的试验数据。同时,为了消除随机性,最终的结果均取 20 次试验的平均值。

2. 模型的初步验证

依据国内外的大量统计,在路面湿润条件下,弯道的交通事故率范围为 40~384 次/(亿车·km),经过单位换算,转换为可能发生交通事故概率的范围为 2.8‰~26.9‰,由于仅考虑大范围降雨,尚未涉及短时强降雨等情况,所以在本小节通过 MATLAB 编程对不同降雨强度的弯道长度和弯道半径进行仿真试验的交通事故概率范围为 4.7‰~14.3‰。显然，通过 CAM 模拟的交通事故可能发生的概率在实际统计的范围内，因此初步验证了 CAM 的准确性。

3. 不同道路几何线性参数下雨天弯道事故分析

选取北京—平谷高速公路路段中的夏各庄路段，对其道路线形几何参数取不同值进行仿真试验，对发生交通事故概率进行比较分析。

1）弯道长度分析

图 7.11 所示为晴天和雨天弯道长度取不同值时事故概率的变化与比较。依据实际情况，弯道长度取 400~800 m，超高值和弯道半径分别取 3%和 900 m，其中 A_1 代表中雨时的事故概率，即 q 取 0.014 mm/min，A_2 代表晴天的事故概率。

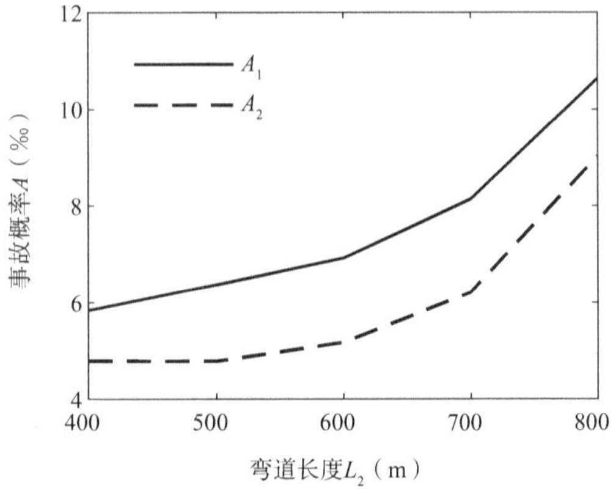

图 7.11　事故概率随弯道长度的变化

由图 7.11 可以得出以下结论。

（1）晴天和雨天的交通事故概率均随弯道长度的增加而增加，并且在弯道长度大于 600 m 之后事故概率增长较快。这是因为当弯道半径固定时，安全车速 v_{sr} 为固定值，随着弯道长度的增加，驾驶员在弯道内的行驶时间增加，从而增加了驾驶员在弯道内制动的可能性，使得事故概率不断增大。

（2）雨天的事故概率比晴天大。这是由于受到降雨的影响，路面上的水不能及时排走，路面摩擦系数比晴天要小；当降雨强度一定时，v_{sr} 比晴天的值小，因此超过安全车速的概率增加，导致雨天比晴天的交通事故概率大。

2）弯道半径分析

图 7.12 所示为晴天和雨天弯道半径取不同值时事故概率的变化与比较。依据实际情况，弯道半径取 700~1 200 m，超高值和弯道长度分别取 3%和 700 m，其中 A_1、A_2 同上。

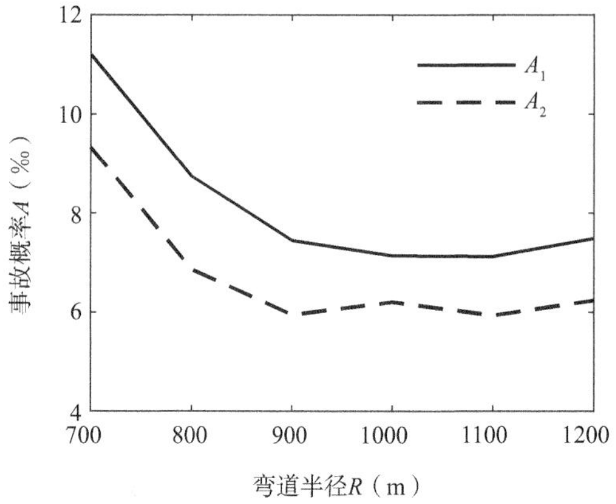

图 7.12　事故概率随弯道半径的变化

由图 7.12 可以得出以下结论。

（1）晴天和雨天的事故概率均随弯道半径的增加而迅速减小，但当弯道半径约达到 900 m 时，呈现出基本不变的特点。这是因为当弯道长度固定时，安全车速 v_{sr} 随着弯道半径的增大而减小，车辆通过弯道时速度超过安全车速的概率降低，也减小了制动可能性，而当弯道半径达到 900 m 时，v_{sr} 大于车速，驾驶员行驶车速不再受弯道半径增加的影响，因此事故概率也将基本不变。

（2）雨天的事故概率比晴天大。

3）雨天弯道长度和半径综合分析

图 7.13 所示为降雨强度 q 取 0.014 mm/min 即中雨天气时，不同弯道长度与半径组合情况的事故率比较。可以看出，在该路段，当弯道半径大于 900 m、弯道长度在 400~600 m 范围内时，事故概率均较低且在正常的事故概率范围内；当弯道半径小于 900 m 时，事故概率迅速增加；当弯道长度超出 600 m 时，事故概率增大趋势非常明显。因此，在弯道长度大和弯道半径小的路段，雨天的事故概率增加明显，交通安全问题严重。

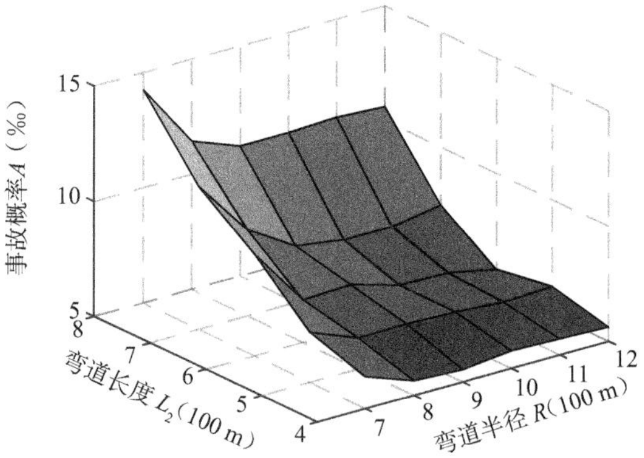

图 7.13　中雨天气时事故概率随弯道半径和长度组合的变化

4. 不同限速值的事故率分析

图 7.14 所示为不同参数的弯道在不同降雨强度下的可变速度限制（VSL）对事故概率

的仿真试验结果。图 7.14 中（a）、（b）、（c）和（d）分别对应小车（大车）的限速值为 100（70）、80（50）、60（40）和 40（30）km/h。

由图 7.14 可以得出以下结论。

（1）当弯道取不同参数值时，图 7.14（a）至（d）的事故概率的变化趋势基本一致，均随着降雨强度的增大而增大。这是因为雨天路面湿润，随着降雨强度的增大，车辆轮胎和路面间产生水膜，使轮胎与路面的接触面积变小，车辆与轮胎的摩擦系数也减小，由式（7.5）可知，车辆发生侧滑的临界速度 v_s 不断减小，v_{sr} 值也减小，在进入弯道时大于 v_{sr} 的概率变大，导致事故发生的概率增大。

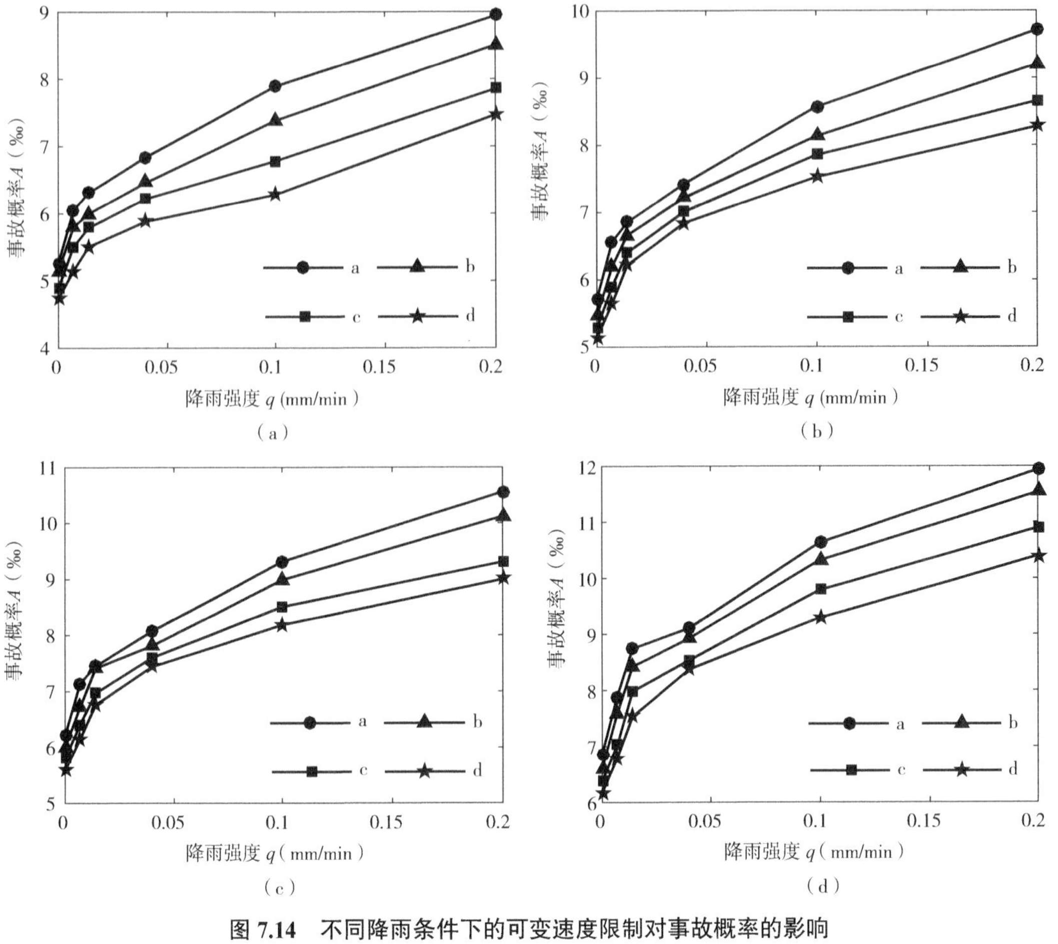

图 7.14　不同降雨条件下的可变速度限制对事故概率的影响

（a）弯道半径 1 000 m、长度 600 m　（b）弯道半径 800 m、长度 600 m

（c）弯道半径 1 000 m、长度 700 m　（d）弯道半径 800 m、长度 700 m

（2）当降雨强度相同时，最大速度限制越小，交通事故概率越小。这是因为当弯道几何参数设置和降雨强度一定时，v_{sr} 为固定值，而当最大速度限制减小时，车速降低，很容易减小到安全车速内，因此大于 v_{sr} 的概率减小，交通事故发生的概率减小。这也再一次证明，VSL 对减少事故发生是非常有效的。因此，在雨天这种特殊天气对高速公路弯道交通管理中，进行合理的限速是保证交通安全的重要措施。

作　业

1. 简述系统仿真的定义和分类。
2. 简述实时仿真系统硬件的基本组成及原理。
3. 简述系统仿真模型的分类、系统仿真模型与仿真软件、仿真系统的区别。
4. 简述数字孪生概念、关键技术和基本原理。
5. 简述交通和物流常见的仿真软件及其特点和用途。
6. 以一段 3 000 m 长的连续交通流道路为例,写出其元胞自动机模型。

第 8 章

交通系统协调

系统协调包括两方面内容:一是系统由不同决策主体组成,不同决策主体之间有不同的目标追求、决策变量和属性,它们间的协调;二是同一决策主体不同目标间的协调,如运输和交通系统关于经济效益、社会效益等之间的协调,交通建设项目管理中质量、成本费用和工期之间的协调,严格来讲这是系统多目标间的决策。从广义上讲,系统协调包括以上两方面内容,但由于系统不同目标之间的协调可以用多目标规划、系统评价的方法予以解决,所以本章主要介绍不同决策主体之间的协调。

8.1 系统协调的概念

8.1.1 系统协调的出发点与目的

交通系统整体功能和效应的发挥有赖于系统和环境、系统和目标以及系统各组成部件的相互联系和相互作用。或者说,上述这些子系统的相互作用可以在宏观层次上形成某种系统的整体效应和宏观结构。系统的宏观结构和整体效应会反映出系统的整体功能不等于各子系统功能之和,其结果有两种可能:一种是系统的整体功能大于各部分子系统功能之和,这是因为各子系统彼此之间通过信息、能量、物质交换能协同工作,形成有序化的系统结构;另一种是系统的整体功能小于各部分子系统功能之和,这是因为各子系统之间缺少协同或根本不协同而产生负效应,呈现无序化的系统结构。

系统协调的目的就是希望通过某种方法来组织或调控所研究的系统,使之从无序转换为有序,使系统达到协同状态。系统协同程度越高,系统输出的功能和效应就可能越大,系统的负效应就会越小,结果就越有价值。

一般来说,需要进行协调的系统往往包含若干相互矛盾和冲突的子系统,或者有自己对各个目标有不同评价标准的参与者。例如,在公路建设系统中,业主偏重于追求最短工期、最佳质量、最少投资,使公路项目早日建设完毕投入使用,承包商追求自身利润的最大化。对于这些系统,如果不能通过协调或协商来妥善处理实际中的各种冲突以达成一项折中方案,那么该系统的总体功能将由于系统宏观结构的失衡不稳定而无结果,甚至产生负效应。反之,如果能达成各方都满意的协调方案,该系统就会产生正效应。对于城市公交系统,政府追求社会效益最大化，公交企业追求企业经济效益最优化，乘客追求自身广义费用最小化，他们之间存在矛盾。

8.1.2 系统的自组织和它组织现象

1. 系统的自组织现象

如前所述，系统各部件（子系统）之间相互协作和协调的结果是形成一些微观个体层次不存在的新的结构和特征，即在宏观层次上形成某种整体效应或通过自组织方式形成有序的宏观结构。自组织系统是指能通过系统本身的发展和进化而形成的具有一定结构和功能的系统。从物理学角度来讲，自组织系统是一种能使系统本身的熵不断减少的系统，即均衡系统。例如，自然界的生物体是一种典型的自组织系统，某些人工系统也可具有一定程度的自组织功能。此外，也可采取自组织控制来处理具有某种不确定性的控制系统，在控制过程中利用输入和输出数据所获取的新信息，并通过有效的控制方法减少该系统的不确定性，使之具有调整自身结构或改变参数的功能。

下面以生态环境方面的宏观系统为例进行说明。某地区原来森林茂密，后因人们大量砍伐树木，就变成一片荒地；人们又在这片荒地上造田，造成了水土流失和土地侵蚀，这一系列过程就是传统社会中的失调过程。这类单向性的衰减组态，会给该地区和社会带来严重后果。如果由于该地区的人文和自然结构特点，从历史上遗留下一些特定的风俗习惯，就是在砍伐树木的同时还要植树造林，森林便可逐渐恢复。这种特定的风俗习惯和行为可以说是该宏观系统内部自组织的一种调控形式，而恢复的程度受该地区本身的生态环境条件以及人为的政策和舆论等调控力度的影响。

自组织系统实际上是系统各个决策主体之间的博弈结构，其结果实际上是由决策主体的博弈规则、变量及其关系所决定的，称为软控制。

2. 系统的它组织现象

当系统受到外界变量影响，或外界以一种特定的或者明确的方式对系统施加控制时，系统各部件（子系统）之间的关系发展变化，当通过该方式使系统形成一种有序的组织现象时，称为它组织。这种控制可认为是硬控制或直接控制或确定控制。

综合自组织和它组织的特点，我们在处理包括交通等社会系统或人工系统时，往往需要同时采用上述的软控制和硬控制原理。一般来说，在系统规划、设计阶段，要使设计的系统能够实现自组织，实现系统先天是优质品种的目标，尽量避免它组织；而当系统运行阶段出现一些依靠自组织无法解决的问题时，才采用它组织，即个别人身体先天不足时，依靠后天吃补品、药物等来予以弥补。

例如，大城市、特大城市的城市规划和建设（含交通规划和建设、公交线路规划和建设、基本交通管理基础设施的建设等）必须从交通系统的自组织现象出发，而这是解决城市交通拥堵问题的关键。而其他城市交通信号管理控制、拥挤收费等交通管控措施是它组织。

交通企业现代制度的建立、投资决策及其实施是实现企业发展的软控制，决定了企业发展的自组织现象；而企业的具体运营管理是企业的硬控制，决定了企业的它组织。因此，制度建设与机制设计能否成功是现代社会、企业、组织能否实现发展、优化的核心和根本。

8.1.3 系统协调的特点

一个社会自组织系统往往属于开放系统，其结构和运行机制必然具备有分工、有协作、有组织、有领导、有意识的自觉倾向和协同有序等特征。各子系统和因素间的相互作用和过程的协调只有通过信息交换才有可能实现。信息在各子系统间还具有一种“中介”或“媒介”作用，各子系统都对“中介”的存在做出贡献，也从“中介”获得一种如何以相互协调的方式运作的特定信息。该类系统一般具备以下特点：

（1）各子系统之间既涉及合作行为，又涉及竞争行为；

（2）各子系统之间相互作用构成一个反馈控制系统，通过信息作为“中介”而构成整体；

（3）整体系统往往具有多个决策人，构成竞争决策模式；

（4）系统可能存在第三方介入进行协调的可能。

8.1.4 系统非平衡态相变

1. 系统的非平衡态相变

交通及运输系统是由多个决策主体组成的复杂非线性系统，系统在动态发展的演变过程中呈现出多种形态，包括平衡态的有序现象、非平衡态的无序现象以及两者之间的混沌现象。例如，交通流系统的平衡态为自由流状态（非拥挤状态），其是传统交通流理论研究与工程实际的基础；而非平衡态的无序现象，呈现出交通拥堵现象；实际的交通流总是在有序、混沌、无序三种运动形态间转换，混沌是有序与无序之间的过渡形态。一旦出现交通流混沌，任其发展就可能导致交通流无序；如果能够及时识别出交通流的混沌并采取控制措施进行“混沌”控制，使交通流从混沌状态迅速回到有序状态，则可以避免交通拥堵（功能无序状态）的发生。

相比较来说，运输及交通工程的大部分理论方法均建立在有序状态下，即均衡态下，并已经形成一定的理论方法，且在工程实践中得到应用。而无序现象的非平衡态理论方法以及两者之间的混沌等相变，则处于刚起步阶段，其是运输及交通理论研究和工程实践下一步研究与发展的重点领域。即作为常态的运输和交通问题已经基本能够解决（虽然不一定为优化的），但作为运输及交通界的核心问题，供需时空不均衡问题尚未找到有效的解决方法。交通与运输系统是在不断地动态演变的，需要不断地进行研究分析才能加以解决，使运输及交通的供给能在时空上基本满足需要，这是解决交通问题的核心所在。

2. 非线性动态系统相变演化的变量选择

根据德国物理学家赫尔曼·哈肯教授于 1972 年提出的相关理论，系统在相变点处的内部变量可分为快、慢弛豫变量两类。慢弛豫变量是决定系统相变进程的根本变量，也称为系统的序参量，这类变量数量较少，衰减变化较慢；快弛豫变量数目相对较大，衰减变化较快。快弛豫变量服从于慢弛豫变量，对系统的结构、功能变化不起主导作用，因此可以不予考虑；而慢弛豫变量则主宰着整个系统演变的方向，决定着系统的有序状态。系统由无序走向有序的机理关键在于系统内部序参量（即慢弛豫变量）之间的协同作用，它左右着系统相变的特征与规律。需要指出，系统的相变结果不一定都走向新的有序，也可能走向无序。因此，研究系统协调的特性，把握系统协调的程度，以促使系统向更加有序的方向转化是对系统进行协调与优化的重要内容。

8.2 系统协调的理论基础——博弈论

系统协调的理论非常多,其中博弈论为主要理论基础。

8.2.1 博弈论基础

博弈论是指研究系统中存在不同的决策者,这些不同的决策者在各方相互作用条件下如何进行决策及其有关决策均衡问题的理论,其为一门方法论学科,综合应用了数学、心理学、逻辑学等多学科理论方法,全面完整地分析研究系统的行为。目前,博弈论广泛应用于社会经济的方方面面,包括政治、军事、交通、游戏等。

博弈论的发展经历了以下四个阶段。

(1)萌芽阶段。1830 年,古诺对两个寡头竞争进行了分析。

(2)产生阶段。1944 年,诺伊曼和摩根斯坦合著的《博弈论与经济行为》一书出版,标志着博弈论的正式诞生。1950 年,库克的"囚徒理论"和 1950 年、1951 年纳什(Nash)发表的定义非合作博弈及其均衡解的文章,证明了均衡解的存在。

(3)发展阶段。20 世纪 60 年代,博弈论得到了巨大发展,其中典型代表为 1965 年塞尔顿引入动态博弈 Nash 均衡解概念,1967 年海萨尼把不完全信息引入博弈论中,使博弈论在理论上初步成熟。

(4)繁荣与成熟阶段。在 1994 年和 1996 年诺贝尔经济学奖授予纳什、塞尔顿等以后,博弈论在实际中得到了广泛的应用,同时在理论上也更加成熟。

博弈论的基本组成包括参与人、行动(决策)、目标。一般来说,根据参与人行动的次序可分为静态博弈(决策同时进行)和动态博弈,根据信息的对称程度可分为完全信息博弈和不完全信息博弈,从而分为静态完全信息博弈、动态完全信息博弈、静态不完全信息博弈、动态不完全信息博弈;根据参与人行动之间是否合作可分为合作博弈和非合作博弈。

8.2.2 完全信息静态博弈——Nash 均衡

定义 8.1 设有 n 个决策人参与的非合作博弈,每个决策人的决策变量为 X_i(i=1,2,⋯,n),目标函数(效用值)为 $J_i(X_1, X_2, \cdots, X_n)$($i$=1,2,⋯,$n$)。在完全信息条件下,决策共同进行,则这 n 个决策人达到 Nash 均衡时,其解 $(X_1^*, X_2^*, \cdots, X_n^*)$ 必满足:

$$J_i(X_1^*, \cdots, X_{i-1}^*, X_i^*, X_{i+1}^*, \cdots, X_n^*) \geqslant J_i(X_1^*, \cdots, X_{i-1}^*, X_i, X_{i+1}^*, \cdots, X_n^*) \tag{8.1}$$

或者

$$X_i^* = \arg\max_{X_i} J_i(X_1^*, \cdots, X_{i-1}^*, X_i, X_{i+1}^*, \cdots, X_n^*) \tag{8.2}$$

这个 Nash 均衡的定义就是每个人都在其他人选择最优的情况,自己也选择最优。需要指出的是,该 Nash 均衡解是必要条件而不是充分条件。

由于目标函数及决策变量有连续和离散两种方式,下面通过三个例子说明 Nash 均衡的含义。

例 8.1 设有 2 个决策人参与的完全信息非合作静态博弈,决策变量分别为 x 和 y,各自求最大化的目标函数为 $J_1=-3x^2+5xy-6y^2-4x-5y$，$J_2=-4x^2+7xy-2y^2-2x-3y$。

试用 Nash 均衡的定义分析其非合作博弈结果。

解 该博弈是完全信息静态博弈，按照 Nash 均衡的定义，设 (x^*,y^*) 为其均衡解，必有

$$\left.\frac{\mathrm{d}J_1}{\mathrm{d}x}\right|_{x=x^*}=-6x^*+5y^*-4=0,\quad \left.\frac{\mathrm{d}J_2}{\mathrm{d}y}\right|_{y=y^*}=7x^*-4y^*-3=0$$

两式联立可求得

$$x^*=\frac{31}{11},y^*=\frac{46}{11};\ J_1=-\frac{12\,343}{121}=-102\frac{1}{121},J_2=-\frac{294}{121}=-2\frac{52}{121}$$

例 8.2 （囚徒问题）设有两个犯罪嫌疑人因犯罪被警察抓住，两人罪行相当，且警察已经掌握部分罪行，但没有掌握全部罪行。警察告诉他们：如果两个人均坦白，各判刑 8 年；如果一人坦白，另一人抵赖，坦白的立功释放，抵赖的判刑 20 年；如果两人都抵赖，因警察掌握的证据不足，各判刑 5 年。现两人分别关押，互不通信息，要求用 Nash 均衡的定义分析其非合作博弈结果。

解 该博弈是完全信息静态博弈，且决策变量均只有两种形式，即坦白与抵赖，其是双矩阵对策，具体见表 8.1。

表 8.1 囚徒问题双矩阵对策值

囚徒问题		囚徒乙	
		坦白	抵赖
囚徒甲	坦白	-8,-8	0,-20
	抵赖	-20,0	-5,-5

显然，对囚徒乙来说，无论囚徒甲选择坦白还是抵赖，均会选择坦白；对囚徒甲来说，也是选择坦白。因此，该博弈的最优决策是均坦白，这也是坦白从宽、抗拒从严政策的由来。

例 8.3 智猪博弈猪圈里养两头猪，一头大猪和一头小猪，且猪圈的一边有一个猪食槽，另一边安装一个按钮，控制着猪食的供应，按一下（同一时刻按两下算按一下）按钮会有 10 个单位的猪食进槽，但谁按按钮谁需要付两个单位的成本。若大猪先到，大猪吃到 9 个单位猪食，小猪只能吃到 1 个单位猪食；若大猪和小猪同时到，大猪吃到 7 个单位猪食，小猪吃到 3 个单位猪食；若小猪先到，大猪吃到 6 个单位猪食，小猪吃到 4 个单位猪食。要求用 Nash 均衡的定义分析其非合作博弈结果。

解 该博弈是完全信息静态博弈，且决策变量均只有两种形式，即按与等待，其是双矩阵对策。若同时按、同时走到猪槽，大猪吃到 7 个单位猪食，小猪吃到 3 个单位，同时扣除两个单位的成本，目标函数值分别为 5 和 1，其他情况类推。具体双矩阵对策见表 8.2。

表 8.2　智猪博弈双矩阵对策值

智猪博弈		小猪	
		按	等待
大猪	按	5,1	4,4
	等待	9,-1	0,0

在这个 Nash 均衡中，由于大猪、小猪在市场上处于不平等地位，故不同于一般情况。首先考虑小猪，无论是大猪按还是等待，小猪均选择等待（理性），因此小猪选择按；其次考虑大猪，小猪选择等待，大猪选择按；小猪选择按，大猪选择等待。考虑到小猪是非常理性的，肯定选择等待，因此大猪选择按。本例题最优解为大猪按、小猪等待。

从这个例子可以看出，Nash 均衡是指参与各方均有共同的知识，理性判断与决策，参与人都预测到均衡，并预测到其他人也能预测到均衡。

这个例子在实际中广泛存在，如交通及运输企业中股东均担负着监督公司经营层——经理的职责，但是监督需要花费时间与费用（一样多的监督成本），大股东从监督中得到的好处多于小股东。在这里，大股东类似“大猪”，小股东类似“小猪”。Nash 均衡的结果是大股东必然担当起搜集信息、监督公司经营层——经理的职责，小股东搭乘大股东的便车，不会去担当起搜集信息，监督公司经营层——经理的职责。在市场竞争中，两个实力不相等的交通运输企业，在与政府等部门讨论交通运输定价方面，就相当于大小猪。我国从 20 世纪 90 年代开始开展多种形式的融资，以建设交通基础设施，两个处于同一邻近地区的县市，一个经济发展水平高，相当于大猪，一个经济发展水平低，相当于小猪，在对待修建连接外地到两个县市均能收益的交通基础设施项目时，态度将会如大小猪一样。如果上一级政府不干预，经济发展水平高的县市一般会担负起修建公路的责任，落后县市一般不积极参与。

Nash 均衡解给我们一个基本的思想，就是无论考虑任何事情或安排任何制度（体制），要想达到预期效果或发生效力，就必须是 Nash 均衡，也就是说系统必须按照 Nash 均衡的原理去设计和协调，否则这种制度安排就不能成立，系统就不稳定或达不到预期效果。系统协调的核心就是要达到这种均衡。所以，我国改革开放做出的很多决策都是先顶层设计制度安排，再设计详细具体措施。

8.2.3　完全信息动态博弈

在 Nash 静态博弈中，所有参与人共同行动，决策不分先后。而在动态博弈中，参与人的行动有先后顺序，且后行动者在自己行动之前能够观测到其他先行动者的行动，该类博弈又称为 Stackelberg（斯坦克尔伯格）、主从对策等，在社会经济中广泛存在。

1. 连续变量完全信息动态博弈

连续变量完全信息动态博弈可以用下例予以说明。

例 8.4　针对例 8.1，若第一个决策人先决策，其他条件不变，试用 Nash 均衡的定义分析其非合作动态博弈结果。

解　该博弈是完全信息动态博弈，按照 Nash 均衡的定义，设 (x^*, y^*) 为其均衡解，对第

一个决策人先决策，由于其知道如果他自己先决策 x，必有

$$\left.\frac{\mathrm{d}J_2}{\mathrm{d}y}\right|_{y=y^*}=7x-4y^*-3=0$$

可以得到

$$y^*=\frac{1}{4}(7x-3)$$

将其代入 J_1 中有

$$J_1=-3x^2+5x\times\frac{1}{4}(7x-3)-6\times\left(\frac{7}{4}x-\frac{3}{4}\right)^2-4x-5\times\frac{1}{4}(7x-3)$$

通过求导可求得

$$x=-\frac{1}{10},y=-\frac{37}{40};\qquad J_1=\frac{259}{800}>-102\frac{1}{121}$$

显然，第一个决策人从先决策中得到了好处。

2. 离散变量完全信息动态博弈

离散变量完全信息动态博弈建立模型非常复杂，比较简单的处理方式是用博弈树来建立其模型并予以分析，可以用以下要素表示：

（1）参与人的集合 i=1，2，…，n；

（2）参与人的行动顺序；

（3）参与人的决策变量及其约束；

（4）参与人的信息集，即每次行动时参与人知道什么；

（5）参与人的目标函数；

（6）外生事件（即自然的选择）的概率分布。

对于多于 2 人的有限博弈，采用博弈树的方式来表示。

1）博弈树概念

博弈树是由建筑材料组成，其基本建筑材料包括结（nodes）、枝（branches）和信息集。

（1）结包括决策结和终点结两类。用 X 表示所有结的结合，$x\in X$ 表示某个特定的结，用“$\prec$”表示定义在 X 上的顺序关系，$x\prec y$ 意味着 x 在 y 之前，其满足传递性和反对称性。以某一家交通运输企业 A 欲新开一条交通线路为例，其决策为开新线与不开，先决策；A 决策后，市场状态自然选择好与差；另一家交通运输企业 B 在观测到 A 的决策和市场需求后，决定也开该新线或者不开。

（2）枝是从一个决策结到它的直接后续结的连线，每一个枝代表参与人的一个行动选择。

（3）信息集是将博弈树上的所有决策结分割成不同的信息集。每个信息集是决策结集合的一个子集，该子集包括所有满足下列条件的决策结：①每一个决策结都是同一参与人的决策结；②该参与人知道博弈进入该集合的某个决策结，但是不知道自己究竟出于哪个决策结。交通运输企业实例如图 8.1 所示。

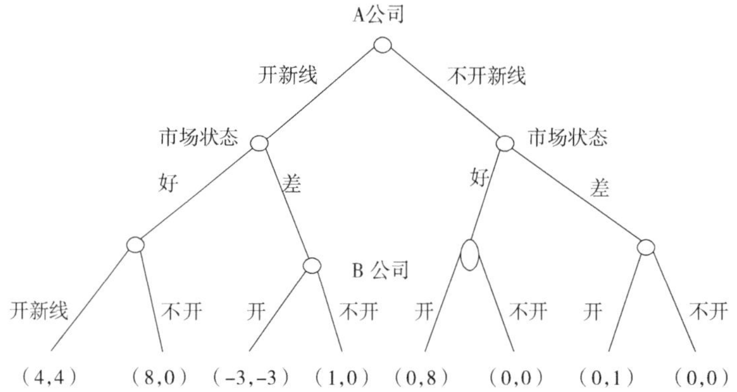

图 8.1　两个交通运输企业关于开设新线的博弈树

博弈的结构是所有参与人的共同知识,每个参与人都可以看到博弈。在该例中,市场情况为 A、B 两个企业的共同知识。

2)子博弈精炼 Nash 均衡

泽尔腾引入了"子博弈精炼 Nash 均衡"概念,将那些包含不可置信威胁战略的 Nash 均衡从均衡中剔除,从而给出动态博弈的一个合理预测。简单地说,子博弈精炼的 Nash 均衡要求均衡的战略行为准则在每个信息集上都是最优的。

这一点说明只有决策结才能作为一个子博弈的初始结。如果一个信息集包括两个以上的决策结,没有一个决策结可以作为原博弈的初始结,但以各个决策结为初始结可构成若干个子博弈。仍以前面交通运输企业为例, A、B 两个企业均可做出开设新线的决策,原博弈树的最下层可以分解为四个子博弈,具体如图 8.2 所示。

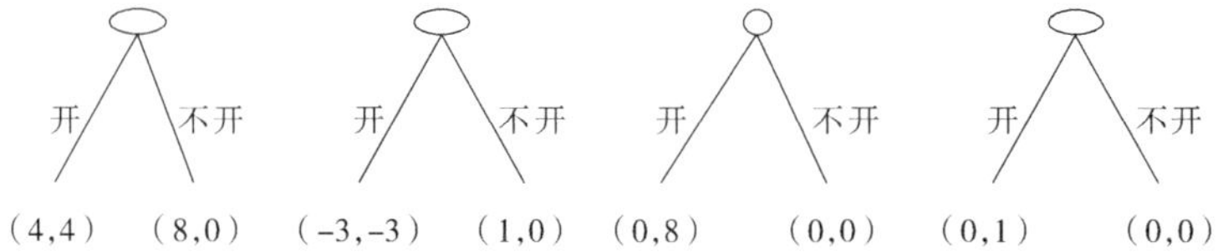

图 8.2　最下层子博弈

3)用逆向归纳法求解子博弈精炼 Nash 均衡

对于上述博弈,在分解为若干子博弈树的基础上,可用逆向归纳法进行求解,其具体思想如下。

(1)从最下层决策结出发,寻找最优解,并剪去相关的枝。

(2)回到倒数第二个决策结,找出其最优选择。这个最优选择与上一步找出的决策者的最优选择构成从倒数第二个决策结开始的子博弈的一个精炼 Nash 均衡。

(3)如此不断进行,直到初始结每一步都得到对应子博弈的一个 Nash 均衡,显然这个 Nash 均衡是所有子博弈的 Nash 均衡,也是我们所需要得到的子博弈精炼 Nash 均衡。

仍以前面 A、B 两个交通运输企业为例说明,这是一个两阶段完全信息博弈。在第二阶段 B 企业的最优行动规则是{不开新线;开新线},即 A 在第一阶段选择开新线路, B 在第二阶段选择不开新线路;如果 A 在第一阶段选择不开新线, B 在第二阶段选择开新线路,因为

A 在第一阶段会预测到 B 在第二阶段会按这个规则行动,A 在第一阶段的选择是开新线路。因此,用逆向归纳法得到的精炼 Nash 均衡是(开新路线;{开新路线,不开新路线})。

3. 承诺行为与子博弈精炼 Nash 均衡

对于上述博弈,如果参与人能在博弈之前采用某种措施改变自己的决策行动空间或者目标函数,剪去原来的博弈树的部分树枝,就会使博弈的可能结果加以改变,即使原来不可置信的威胁可能变为可置信,博弈的精炼均衡就会相应改变,这些措施称为"承诺行动"。

在许多的情况下,承诺行动对于当事人是很有价值的。在有些情况下,一个参与人可以通过减少自己选择的机会使自己受益,其原因在于保证自己不选择某些行动可以改变对手的最优选择。承诺行动的典型例子为"破釜沉舟",舟一旦被烧,使撤退成本无穷大变为不可能;另一个常用的例子是我们在经济合同中加入违约金,这是一个可置信的威胁,欲使对方不再违约。

4. 重复博弈

重复博弈是一种特殊的完全信息动态博弈,它是指同样结构的博弈重复多次。重复博弈可能是有限次的,也可能是无限次的。重复博弈的均衡结果往往与一次性博弈不同,因为一种威胁战略即使在一次性博弈中是不可置信的,但在多次重复博弈中却可能是值得置信的。因此,在后一种情况下,局中人考虑的是所有未来收益的贴现值之和,而不是一次性的收益。如果施行威胁带来的贴现值之和大于不施行威胁的贴现值之和,威胁就变得可置信,则博弈结果将有所改变。

8.3 机制设计

对于不完全信息下博弈如何更好地处理和解决,则需要借助信息经济学中的建立委托代理机制,即通过建立和设计某种机制,使博弈各方面在不完全信息的情况下更好地进行决策分析。

8.3.1 委托-代理基本理论

1. 基本概念

"委托人"和"代理人"这两个最重要的基本概念均来自法律,即当 A 授权 B 代表 A 从事某种活动时,委托-代理关系就发生了, A 称为委托人, B 称为代理人。但是,信息经济学(博弈论)上的委托-代理关系泛指任何一种涉及非对称信息的交易,交易中有信息优势的一方称为代理人,另一方称为委托人。简单来说,知情者是代理人,不知情者是委托人。这样的定义背后隐含的假定是知情者的私人信息(行动或知识)影响不知情者的利益,或者说,不知情者不得不为知情者的行为承担风险。

委托-代理理论试图模型化以下一类问题:一个参与人(称为委托人)想使另一个参与人(称为代理人)按照自己的利益选择行动,但委托人不能直接观测到代理人选择了什么行动,能观测到的只是一些变量,这些变量由代理人的行动和环境变量共同决定,即只是代理人行动的不完全信息,委托人的问题是如何根据这些观测到的信息来奖惩代理人,以激励其选择对委托人最有利的行动。

2. 委托-代理基本模型

用 A 表示代理人所有可选择的行动组合，$a \in A$ 表示代理人的一个特定行动，行动 a 可以是任何维度的决策向量，如 $a=(a_1,a_2)$，a_1 和 a_2 分别代表代理人花在“数量”和“质量”上的工作时间。为简化分析，这里假定 a 是代表努力水平的一维变量。令 θ 是不受代理人和委托人控制的环境变量（外生随机变量，或自然状态），Θ 是 θ 的取值范围，θ 在 Θ 上的分布函数和密度函数分别为 $G(\theta)$ 和 $g(\theta)$（若为离散变量，则为概率分布）。在代理人选择行动 a 后，a 和 θ 共同作用产生一个可观测的结果 $x(a,\theta)$ 和一个属于委托人的结果（或收入、产出）$\pi(a,\theta)$，其中 $\pi(a,\theta)$ 是 a 的严格递增的凹函数（即给定 θ，代理人工作越努力，a 越大，产出越高，但努力的边际产出率递减）；$\pi(a,\theta)$ 是 θ 的严格增函数（即较高的 θ 代表较有利的自然状态）。这里 $x(a,\theta)$ 也可能是一个向量，也可能包括 π，甚至 a 和 θ（后一种情况意味着 a 是可观测的）。委托人的问题是设计一个激励合同 $s(x)$，根据观测到的 x 对代理人进行奖惩。

假定委托人和代理人的目标函数（用期望效用函数表示）分别为 $v[\pi-s(x)]$ 和 $u[s(x)]-c(a)$，其中 $v'>0, v''\leqslant 0; u'>0, u''\leqslant 0; c'>0, c''>0$。即委托人和代理人都是风险规避者或风险中性者，努力的边际负效用是递增的。委托人和代理人的利益冲突首先来自假设 $\mathrm{d}\pi/\mathrm{d}a>0$ 和 $c'>0$，$\mathrm{d}\pi/\mathrm{d}a>0$ 意味着委托人希望代理人多努力，而 $c'>0$ 意味着代理人希望少努力。因此，除非委托人能对代理人提供足够的激励，否则代理人不会如委托人所希望的那样努力工作。

假定分布函数 $G(\theta)$、生产技术 $x(a,\theta)$ 和 $\pi(a,\theta)$ 以及效用函数 $v[\pi-s(x)]$ 和 $u[s(x)]-c(a)$ 都是共同知识，即委托人和代理人在有关这些技术关系上的认识是一致的。$x(a,\theta)$ 是共同知识的假定意味着如果委托人能观测到 θ，也就可以知道 a，反之亦然。

委托人的期望效用函数可以表示为

$$\text{(P)} \quad \int v\{\pi(a,\theta)-s[x(a,\theta)]\}g(\theta)\mathrm{d}\theta \tag{8.3}$$

委托人的问题就是选择 $s(x)$ 最大化上述期望效用函数，但委托人面临来自代理人的两个约束。

第一个约束是参与约束（个人理性约束），即代理人从接受合同得到的期望效用值不能小于不接受合同时能得到的最大期望效用值。代理人“不接受合同时能得到的最大期望效用值”由其面临的其他市场机会决定，可以称为保留效用，用 $\bar{u}$ 代表。参与约束可表述为

$$\text{(IR)} \quad \int u\{s[x(a,\theta)]\}g(\theta)\mathrm{d}\theta-c(a)\geqslant \bar{u} \tag{8.4}$$

第二个约束是代理人的激励相容约束，即对于和委托人签订的激励合同 $s(x)$，选择自己的行动 a 以最大化自己的期望效用值，可表述为

$$\text{(IC)} \quad \max\int u\{s[x(a,\theta)]\}g(\theta)\mathrm{d}\theta-c(a) \tag{8.5}$$

这样就得到最初由威尔逊、斯宾塞、泽克豪森和罗斯使用的“状态空间模型化方法”的模型，即上层为委托人决策 $s(x)$ 以最大化期望效用函数（P）：

$$(\mathrm{P})\quad \max\int v\{\pi(a,\theta)-s[x(a,\theta)]\}g(\theta)\mathrm{d}\theta \tag{8.6}$$

下层为代理人决策 a 以最大化自己的期望效用值：

$$\begin{cases}(\mathrm{IC})\quad \max\int u\{s[x(a,\theta)]\}g(\theta)\mathrm{d}\theta-c(a)\\ \mathrm{s.t.}\quad \int u\{s[x(a,\theta)]\}g(\theta)\mathrm{d}\theta-c(a)\geqslant\bar{u}\end{cases} \tag{8.7}$$

上述模型得不到经济学上有信息量的解，莫里斯和霍姆斯特姆最早使用的"分布函数的参数化方法"给出了另一种等价的更方便的模型化方法。即给定 θ 的分布函数 $G(\theta)$，对应每一个 a，存在一个 x 和 π 的分布函数，这个新的分布函数可通过 $x(a,\theta)$ 和 $\pi(a,\theta)$ 从原分布函数 $G(\theta)$ 导出。这里用 $F(x,\pi,a,)$ 和 $f(x,\pi,a,)$ 分别表示所导出的分布函数和对应的密度函数，模型上层为

$$\max\int v[\pi-s(x)]f(x,\pi,a)\mathrm{d}x \tag{8.8}$$

下层为

$$\begin{cases}\max\int u[s(x)]f(x,\pi,a)\mathrm{d}x-c(a)\\ \mathrm{s.t.}\quad \int u[s(x)]f(x,\pi,a)\mathrm{d}x-c(a)\geqslant\bar{u}\end{cases} \tag{8.9}$$

委托-代理理论的第三种模型化方法是所谓的"一般化分布方法"。从上面的分析可以看出，代理人在不同行动之间的选择等价于在不同的分布函数之间的选择，因此将分布函数本身当作选择变量，将 a 从模型中消掉。如果我们令 p 为 x 和 π 的一个密度函数，P 为所有可选择的密度函数的集合，$c(p)$ 为 p 的成本函数，模型上层为

$$\max\int v[\pi-s(x)]p(x,\pi)\mathrm{d}x \tag{8.10}$$

下层为

$$\begin{cases}\max\int u[s(x)]p(x,\pi)\mathrm{d}x-c(p)\\ \mathrm{s.t.}\quad \int u[s(x)]p(x,\pi)\mathrm{d}x-c(p)\geqslant\bar{u}\end{cases} \tag{8.11}$$

在上述三种模型中，参数化方法可以说已成为标准方法。一般情况下，产出是可观测变量，并且只有 π 是可观测的，因此 $x=\pi$。此时，委托人对代理人的奖惩只能根据观测的产出 π 做出，模型上层为

$$\max\int v[\pi-s(\pi)]f(a,\pi)\mathrm{d}\pi \tag{8.12}$$

下层为

$$\begin{cases}\max\int u[s(\pi)]f(a,\pi)\mathrm{d}\pi-c(a)\\ \mathrm{s.t.}\quad \int u[s(\pi)]f(a,\pi)\mathrm{d}x-c(a)\geqslant\bar{u}\end{cases} \tag{8.13}$$

委托-代理模型是为分析非对称信息情况下的最优合同而建立的，其中心问题被认为是"保险"和"激励"的交替问题。下面我们用城市公交客运企业（公交公司或地铁公司）与政府主管部门之间的博弈为例来进一步说明其本质，其他类似的情况如交通土建中业主与承包商之间关于交通建设项目之间的激励-约束机制，特大城市在上下班高峰期间对特定道路

关于征收拥挤费等的激励-约束机制，也适用于本方法，具体同学们可自行完成。

8.3.2 政府与公交企业委托-代理模型

我国从改革开放以来，对公交企业的管理（其他类型国有企业相同）经历了从完全计划经济到承包制、建立现代企业制度等的转变，在这一转变过程中可以用委托-代理机制予以分析。而从信息经济学的观点来看，政府主管部门与公交企业之间存在委托-代理关系，政府主管部门为委托人，公交企业为代理人；两者之间的利益目标不一致，政府主管部门追求社会福利最大化（包括总出行成本最小化和公交出行量最大化），企业追求自身效益最大化；两者之间存在信息不对称，公交企业较政府主管部门而言，掌握着更多、更准确的关于企业运营的信息。

政府主管部门对公交企业进行规制，公交企业的线路和价格由政府确定，在静态分析中设为常数，公交企业若无法通过票价等收入弥补全部成本，政府要对企业进行补贴。公交企业的线路和价格是固定的，由此引起的公交需求函数是外生的，需求价格弹性很小，为了分析方便，在这里假设需求价格弹性为零，即当价格确定后，公交出行量也随之确定，为固定需求。根据以上情况，做如下定义：

s——公交出行者剩余，为公交公司的服务总效用与其市场价值之间的差额，为常数；

r——企业的营业收入，由于价格和公交出行量是确定的，故其为常数；

λ——政府征税所带来的影子成本，由于政府的货币补贴来源于税收，而税收会带来一定的社会成本，因此 $\lambda>0$ 且为常数；

θ——企业技术参数，$G(\theta)$和 $g(\theta)$分别为 θ 的分布函数和密度函数；

a——企业效率水平的一维变量，即公交企业全体员工的工作努力程度；

A——企业可以选择的所有行动（效率水平）的集合，$a \in A$；

c——企业的成本，由企业的效率水平和技术参数确定，即 $c(a,\theta)$，有 $\partial c / \partial a < 0, \partial c / \partial \theta < 0$；

e——企业提高效率水平（企业经理及员工努力工作）带来的企业经理及员工的闲暇损失，即 $e(a)$，$\partial e/\partial a>0$；

b——政府给予企业的补贴，又可表示为 $b(c,\theta)$；

$F(c,a), f(c,a)$——c 的分布函数和密度函数，对于给定的 θ 的分布函数 $G(\theta)$，对应于每一个 a 存在一个 c 的分布函数 $F(c,a), f(c,a)=F'(c,a)$，即关于企业技术参数的信息可以通过 $F(c,a), f(c,a)$ 来表达，这些函数被假定对于 a 是可微的；

t——企业效益，等于销售收入和补贴额之和减去企业成本与企业经理及员工的闲暇损失，即

$$t=b+r-c-e \tag{8.14}$$

z——社会福利，以消费者剩余与不考虑公交企业经理及员工闲暇损失的企业效益之和减去补贴及其社会成本来衡量，即

$$z=s-(1+\lambda)\times b+t+e=s+r-\lambda\times b-c \tag{8.15}$$

假定委托人和代理人都有一个定义良好的期望效用函数 $z(\quad)$，$t(\quad)$，且满足：

$$t'>0, t''\leqslant 0; z'>0, z''\leqslant 0 \tag{8.16}$$

当委托人和代理人为风险中性时，有 $t'=0, z'=0$；当委托人和代理人为风险规避者时，有 $t''<0, z''<0$。

政府主管部门作为委托人，其问题是通过观测到的企业成本 c 选择补贴 b，诱使企业提高效率水平 a、降低成本 c，从而达到社会福利最大化的目的，其期望效用函数追求效益最大化。公交企业作为代理人，其具有参与约束和激励相容约束，模型上层为

$$\max \int z\{-\lambda b[c(a,\theta)]-c(a,\theta)\}g(\theta)\mathrm{d}\theta+s+r \tag{8.17}$$

下层为

$$\begin{cases}\max \int t\{b[c(a,\theta)]-c(a,\theta)\}g(\theta)\mathrm{d}\theta-e(a)+r \\ \text{s.t.} \quad \int t\{b[c(a,\theta)]-c(a,\theta)\}g(\theta)\mathrm{d}\theta-e(a)+r \geqslant \overline{t}\end{cases} \tag{8.18}$$

式中：$\overline{t}$ 为企业生存所必需的最低效益。

采用分布函数的参数化方法可转化上述模型，其中上层为

$$\max \int z[-\lambda b(c)-c]f(c,a)\mathrm{d}c+s+r \tag{8.19}$$

下层为

$$\begin{cases}\max \int t[b(c)-c]f(c,a)\mathrm{d}c-e(a)+r \\ \text{s.t.} \quad \int t[b(c)-c]f(c,a)\mathrm{d}c-e(a)+r \geqslant \overline{t}\end{cases} \tag{8.20}$$

下面我们讨论不同种情况下的博弈关系。

8.3.3 计划经济体制下政府主管部门与公交企业的博弈关系

在计划经济体制下，政府主管部门对公交企业一管到底，从政府角度企业等同于政府的一个部门，所有亏损均由政府来补贴。但企业仍然有对自身利益的追求，政府主管部门与公交企业间存在博弈关系。政府希望并认为政府与企业间信息是对称的，企业的效率 a 和技术参数 θ 是可观测的，政府主管部门可以选择各种经济的、行政的手段来强制企业将效率 a 保持在一定的水平上，激励相容约束是多余的。根据分布函数的参数化方法模型，政府主管部门的问题是选择适当的补贴 b，最优化问题变为

$$\max \int z[-\lambda b(c)-c]f(c,a)\mathrm{d}c+s+r \tag{8.21}$$

$$\text{s.t.} \quad \int t[b(c)-c]f(c,a)\mathrm{d}c-e(a)+r \geqslant \overline{t} \tag{8.22}$$

构造拉格朗日函数：

$$L[b(c)]=\int z[-\lambda b(c)-c]f(c,a)\mathrm{d}c+s+r+\eta\{\int t[b(c)-c]f(c,a)\mathrm{d}c-e(a)+r-\overline{t}\}$$

最优化的一阶条件为

$$\eta=\lambda z'[\lambda b^*(c)-c]/\{t'[b^*(c)-c]\} \tag{8.23}$$

式(8.23)表明，政府主管部门与公交企业的边际效用之比为一常数(因为参与约束的等式条件满足)。如果 c_1、c_2 是企业任意的两个成本水平，可得

$$z'[\lambda b(c_1)-c_1]/z'[\lambda b(c_2)-c_2]=t'[b(c_1)-c_1]/t'[b(c_2)-c_2] \tag{8.24}$$

式(8.24)说明,在最优条件下,不同成本状态下的边际替代率对政府主管部门与公交企业是相同的,这是一个帕累托最优条件。

式(8.23)对 c 求导得

$$\lambda(\lambda \mathrm{d}b^{*}/\mathrm{d}c+1)z''+\eta(\mathrm{d}b^{*}/\mathrm{d}c-1)t''=0 \tag{8.25}$$

将 $\eta=\lambda z'/t'$ 代入式(8.25)得

$$\frac{\mathrm{d}b^{*}}{\mathrm{d}c}=\frac{\rho_t-\rho_z}{\rho_t+\lambda\rho_z} \tag{8.26}$$

其中,$\rho_t=t''/t', \rho_z=z''/z'$,分别代表委托人(政府主管部门)和代理人(公交企业)的阿罗-帕拉特绝对风险规避度。

式(8.26)说明,政府主管部门对公交企业的补贴 b 与企业成本 c 的关系由绝对风险规避度的比率确定。在计划经济体制下,大部分公用企业被作为事业单位来管理,亏损由政府补贴,企业不承担风险,为严格风险规避者,$t''<0, \rho_z>0$;风险全部由政府承担,政府为风险中性者,$z''=0, \rho_z=0$。由此可推出 $\mathrm{d}b^{*}/\mathrm{d}c=1$,即补贴 b 随着企业成本 c 的上升而上升,b 与 c 的增幅相同。

该情况下,无论公交企业的效益如何,政府都要包下来,即 ρ_z 和 ρ_t 与各自的效用水平无关,政府和公交企业的绝对风险规避度均是不变的,因此最优补贴合同是线性的。对式(8.26)积分得

$$b^{*}(c)=\alpha+\beta c \tag{8.27}$$

当企业不承担风险,风险全部由政府承担时,$\beta=1$,式(8.27)变为 $b^{*}(c)-c=\alpha$ =常数,即政府给予企业的补贴额与企业成本之差为一常数,企业成本上升,政府补贴增加;企业成本降低,政府补贴减少,从而形成了政府预算对企业的软约束。企业越努力降低成本,得到的补贴越少,反之成本越高得到的补贴越多,呈现“鞭打快牛”现象。在这种机制下,企业缺乏提高效率、降低成本的积极性。

从上述分析可以看出,在计划经济体制下,政府主管部门对公交企业存在鞭打快牛、激励弱化问题,其后果是导致企业效率低下,成本上升,补贴额膨胀,财政负担加重,社会成本增加。实际上,企业与政府间存在信息不对称,企业可以虚报成本以获得更多的补贴,该管理体制和公交企业运行机制必须改革。

8.3.4 政府主管部门对公交企业的补贴政策分析

随着我国政府对公共交通企业体制的改革,出现了很多形式,主要是打破单一化的所有制结构和传统的计划经济运行机制,对上述补贴政策予以改革。如很多城市的公交企业主管部门对部分公交企业采取了“补贴包干”的政策,即由政府主管部门和公交企业共同协商,根据企业的自然状况和历年的运营情况,给企业核定一个补贴额,由企业包干使用,结余利润由企业支配,除遇重大政策性调整外,承包期内补贴额不进行调整。按照这种政策,政府承担政策风险,当出现较大幅度的政策性调整时(如燃油价格大幅度上涨等),政府要增加补贴;政策风险以外的经营风险则由企业承担。因此,在这种模式下政府主管部门和公交

企业均是风险中性者。这种“补贴包干”政策已实行数年，至今仍在大部分城市延续。该方式在调动企业积极性、控制成本、减轻政府负担等方面取得了一定的成效，但这种改革阶段性的做法距离建立现代企业制度以及政府主管部门与公交企业建立委托-代理机制，还存在一定的距离。

由于补贴额已经包死，企业没有必要隐藏信息，政府主管部门和公交企业间是信息对称的，激励相容约束是多余的，模型变为

$$\max \int z[-c(a,\theta)]g(\theta)\mathrm{d}\theta + s + r - \lambda b_0 \tag{8.28}$$

$$\text{s.t.} \quad \int t[-c(a,\theta)]g(\theta)\mathrm{d}\theta - e(a) + r + b_0 \geqslant \bar{t} \tag{8.29}$$

式中：b_0 为补贴包干的额度，为常数。

构造拉格朗日函数

$$L(a) = \int z[-c(a,\theta)]g(\theta)\mathrm{d}\theta + s + r - \lambda b_0 + \eta\left\{\int t[-c(a,\theta)]g(\theta)\mathrm{d}\theta - e(a) + r - b_0 - \bar{t}\right\}$$

最优化的一阶条件为

$$\int z'\left(-\frac{\partial c}{\partial a}\right)g(\theta)\mathrm{d}\theta + \eta\left[\int t'\left(-\frac{\partial c}{\partial a}\right)g(\theta)\mathrm{d}\theta - \frac{\mathrm{d}e}{\mathrm{d}a}\right] = 0 \tag{8.30}$$

引入期望算子 E，式(8.30)变为

$$E\left[z'\frac{\partial c}{\partial a} + \eta t'\frac{\partial c}{\partial a} + \eta\frac{\mathrm{d}e}{\mathrm{d}a}\right] = 0$$

由式(8.31)得

$$E\left(\frac{\partial c}{\partial a}\right) = E\left[-\frac{\eta}{z' + \eta t'} \times \frac{\mathrm{d}e}{\mathrm{d}a}\right] \tag{8.31}$$

由于委托人和代理人均是风险中性的，因此 $z'' = 0, z' = z_0, t'' = 0, t' = t_0, z_0, t_0$ 均为常数，式(8.31)变为

$$E\left(\frac{\partial c}{\partial a}\right) = E\left[-\frac{\eta}{z_0 + \eta t_0} \times \frac{\mathrm{d}e}{\mathrm{d}a}\right] \tag{8.32}$$

式(8.32)表示对效率的边际期望成本，$\frac{\mathrm{d}e}{\mathrm{d}a}$ 是对于效率的边际闲暇损失，$-\frac{\eta}{z_0 + \eta t_0}$ 是边际期望成本对边际闲暇损失的替代率。

由此可以得到，企业提高效率所导致的企业成本降低与企业员工的闲暇损失增加之间具有某种替代关系，企业将围绕自身效益最大化在降低成本与减少员工闲暇损失之间寻求平衡。企业员工闲暇损失的增加并不导致社会福利的增加，但却导致企业效率降低、企业成本上升，因此企业这种追求闲暇与效率均衡的结果导致了社会福利的损失。

“补贴包干”这种政策实质上是对企业的一种“放权让利”措施，企业必然会在所得到的权限内寻求自身效益最大化。这种措施一方面在某种程度上调动了企业的积极性，另一方面也导致了企业追求闲暇与效率的均衡而不是追求效率的提升。其存在以下弊端：企业为了在下一个承包期内获得较大的补贴额，而片面夸大政策调整的影响，并将成本控制在较高

的水平；对于企业在承包期内的短期行为，政府部门为掌握企业信息，并与企业讨价还价而形成的人员与行政费用的膨胀等。因此，“补贴包干”只能是一种改革初期的过渡性措施。

8.3.5 市场经济条件下政府主管部门与公交企业的博弈分析

政府主管部门希望能够掌握公交企业的全部信息并控制企业的全部行为，但实际上政府与企业间存在信息不对称。政府管得过多会导致企业效率低下。在市场经济条件下，公交企业被赋予独立的法人地位，具有与政府主管部门不同的目标效益函数，双方存在委托-代理关系。

由于存在信息不对称，政府主管部门观测不到公交企业准确的效率水平 a 和技术参数 θ，政府主管部门（委托人）的问题是选择激励方案 $b(c)$。对于任何给定的激励方案（补贴 b），公交企业（代理人）必然选择自身效益最大化的行为，同时又有约束限制。该模型为式（8.19）和式（8.20），其中对式（8.20）目标函数求导为

$$\max\int t[b(c)-c]f_a(c,a)\mathrm{d}c-e'(a)+r \tag{8.33}$$

其中，$f_a(c,a)=\dfrac{\partial f(c,a)}{\partial a}$。设 η 和 μ 为上述参与约束和激励相容约束的拉格朗日乘子，构造拉格朗日函数：

$$L[b(c)]=\int z[-\lambda b(c)-c]f(c,a)\mathrm{d}c+s+r+\eta\left\{\int t[b(c)-c]f(c,a)\mathrm{d}c-e(a)+r-\bar{t}\right\}+$$

$$\mu\{\int t[b(c)-c]f_a(c,a)\mathrm{d}c-e'(a)\}=0$$

对该式求导并令其等于 0，进行整理后得到：

$$\frac{z'[-\lambda b(c)-c]}{t'[b(c)-c]}=\frac{1}{\lambda}\times\left[\eta+\mu\times\frac{f_a(c,a)}{f(c,a)}\right] \tag{8.34}$$

当把企业效率水平简化成“低（a_{L}）”和“高（a_{H}）”两种时，对结果的解释更为简单。假定政府主管部门要想诱使公交企业选择高效率时，前述模型的激励相容约束为

$$\int t[b(c)-c]f_{\mathrm{H}}(c,a_{\mathrm{H}})\mathrm{d}c-e(a_{\mathrm{H}})\geqslant\int t[b(c)-c]f_{\mathrm{L}}(c,a_{\mathrm{L}})\mathrm{d}c-e(a_{\mathrm{L}}) \tag{8.35}$$

式中：$f_{\mathrm{H}}(c,a_{\mathrm{H}})$ 和 $f_{\mathrm{L}}(c,a_{\mathrm{L}})$ 分别为效率水平为 a_{H} 和 a_{L} 时 c 的概率密度。

对式（8.35）求导可得

$$\frac{z'[-\lambda b(c)-c]}{t'[b(c)-c]}=\frac{1}{\lambda}\times\left\{\eta+\mu\times\left[1-\frac{f_{\mathrm{L}}(c,a_{\mathrm{L}})}{f_{\mathrm{H}}(c,a_{\mathrm{H}})}\right]\right\} \tag{8.36}$$

上述两式被称为“莫里斯-霍姆斯特姆条件”，即为非对称信息情况下的最优合同条件。如果 μ=0，上述两式就变成对称信息条件下的最优合同条件。

$f_{\mathrm{L}}/f_{\mathrm{H}}$ 被称为似然率，反映一个给定的成本 c_0 在企业低效率（$a=a_{\mathrm{L}}$）时出现的概率与在企业高效率（$a=a_{\mathrm{H}}$）时出现的概率的比值。如果 $f_{\mathrm{L}}/f_{\mathrm{H}}>1$，$c_0$ 出现在企业选择低效率时的概率大于出现在企业选择高效率时的概率，这进一步说明由于企业低效率的原因而产生 c_0 的可能性要大于由于企业技术参数 θ 变化的原因而产生 c_0 的可能性，此时企业得到的补贴 $b(c)$ 要向下调整。反之，如果 $f_{\mathrm{L}}/f_{\mathrm{H}}<1$，$b(c)$ 向上调整；当 $f_{\mathrm{L}}/f_{\mathrm{H}}=1$ 时，c_0 来自 $a=a_{\mathrm{L}}$ 与

a=a_H 的可能性相同，委托人（政府主管部门）难以据此做出判断。在企业技术参数 θ 没有大幅度调整的情况下，一般来讲似然率对成本 c 是单调递减的，较低的成本 c 意味着企业选择较高效率水平的可能性较大，即效率越高，成本越低。政府主管部门根据观测到的企业成本来推断企业的效率是高还是低，通过调整补贴 b 对企业进行奖惩。因此，公交企业提高效率、降低成本可以带来企业效益的增加，企业可将增加的效益部分用于企业发展（改进企业的技术参数 θ）和员工奖励，从而形成良性发展的格局。

因此，公交企业的成本越低说明其效率越高，政府应该给予越高额度的补贴，以奖励企业的高效率；反之，则给予越低额度的补贴，以惩罚企业的低效率。但是目前我国的市场经济体制还不完善，公交企业运行中会经常遇到国家政策性调整或市场环境大幅度变化所导致的企业成本非经营性变化，在这种情况下如果按照上述"成本越高，补贴越低"原则对企业进行补贴，则可能给企业的正常经营带来很大困难，进而打击企业的积极性。由于政府主管部门可以掌握国家政策调整及市场宏观变化的信息，在不对公交企业服务调价的情况下，解决上述问题的方法是设置一个与企业运行环境有关的外生变量 x（环境变量），以反映上述信息的变化，并将其写入激励合同，x 是可观测变量，设 $H(c,a,x)$ 为给定效率水平 a 时企业成本 c 和环境变量 x 的联合分布函数，其密度函数为 $h(c,x,a)$，委托人（政府主管部门）的问题是选择 $b(c,x)$ 解下列最优化问题。

上层为

$$\max \iint z[-\lambda b(c,x)-c]h(c,x,a)\mathrm{d}x\mathrm{d}c-e(a)+s+r \tag{8.37}$$

$$\text{s.t.}\ \begin{cases}\iint t[b(c,x)-c]h(c,x,a)\mathrm{d}x\mathrm{d}c-e(a)+r\geqslant \overline{t}\\ \iint t[b(c,x)-c]h_a(c,x,a)\mathrm{d}x\mathrm{d}c-e'(a)=0\end{cases} \tag{8.38}$$

其中，$h_a(c,x,a)=\dfrac{\partial h(c,x,a)}{\partial a}$。

上述最优化问题的一阶条件为

$$\frac{z'[-\lambda b(c,x)-c]}{t'[b(c,x)-c]}=\frac{1}{\lambda}\times\left\{\eta+\mu\times\frac{h_a(c,x,a)}{h(c,x,a)}\right\} \tag{8.39}$$

当企业只有两种效率水平低和高（a_L，a_H）时，式（8.39）可写为

$$\frac{z'[-\lambda b(c,x)-c]}{t'[b(c,x)-c]}=\frac{1}{\lambda}\times\left\{\eta+\mu\times\left[1-\frac{h_L(c,x,a_L)}{h_H(c,x,a_H)}\right]\right\} \tag{8.40}$$

h_L/h_H 是同时考虑了可观测变量 c 和 x 的似然率，通过将 x 写入激励合同，政府主管部门可以排除环境变量的干扰，能对公交企业的效率进行判断，通过调整补贴 b 的额度更有针对性地对企业进行奖惩，从而避免出现前面分析过的问题，减少企业承担的风险，节约风险成本，更好地调动企业的积极性，进而达到社会福利最大化的目标。

8.4 系统协调方法

系统协调的本质是合作博弈，其前提是非合作博弈，即每一个决策主体合作博弈的前提是其赢得（目标函数值）应优于非合作博弈的目标函数值。

定理 8.1 对定义 8.1 中的博弈，若各决策者在非合作博弈时追求的目标函数值为 $J_i^*(i=1,2,\cdots,n)$，则其合作博弈等价于以下非线性规划问题：

$$\begin{cases}\max\ z=\prod_{i=1}^{n}(J_i-J_i^*)\\ \text{s.t.}\ \ J_i\geqslant J_i^*\quad i=1,2,\cdots,n\end{cases}\tag{8.41}$$

实际的协调过程非常复杂，它是一个多方利益博弈的过程，本节用一个简单例子来说明不同博弈方式下的结果。

例 8.5 设有两家生产同一商品且实力相当的公司垄断该商品的生产。公司甲生产并销售商品数量为 u_1，公司乙生产并销售商品数量为 u_2。商品价格由供求关系决定，假定为 $p=a-b\times(u_1+u_2)$。假定两个公司的总成本为 $C_i=c\times u_i+d,i=1,2$，利润为 $J_i=[a-b\times(u_1+u_2)]\times u_i-(c\times u_i+d),\quad i=1,2$。

分别考虑下列情况下各自的最优决策和利润值:

（1）双方完全彻底的合作；

（2）甲公司彻底合作，乙公司背离合作；

（3）双方建立在完全信息条件下的非合作博弈；

（4）公司甲为主导，公司乙遵循甲的博弈（完全信息动态博弈）；

（5）双方争当主导；

（6）双方建立在博弈基础上的合作博弈（本步骤写出公式即可）。

解 （1）由于双方实力相当，我们约定 $u_1=u_2=u$ 共同决策，即将从市场上共同取得的最大利润加以平分。令

$$\frac{\mathrm{d}J_i}{\mathrm{d}u}=\frac{\mathrm{d}}{\mathrm{d}u}\{[a-b\times(u_1+u_2)]\times u_i-(c\times u_i+d)\}=a-c-4bu=0$$

可以得到

$$u_1=u_2=u=\frac{a-c}{4b},\quad J_1=J_2=\frac{(a-c)^2}{8b}-d$$

（2）对已知的 $u_1=\dfrac{a-c}{4b}$，公司甲遵守承诺；但公司乙背离承诺，在已知公司甲决策的前提下，最优化自己的目标函数。此时，公司乙的目标函数为

$$J_2=[a-b\times(u_1+u_2)]\times u_2-(c\times u_2+d)$$

令 $\dfrac{\mathrm{d}J_2}{\mathrm{d}u_2}=0$，可以得到

$$u_2 = \frac{a - bu_1 - c}{2b} = \frac{a - b \times \frac{a-c}{4b} - c}{2b} = \frac{3(a-c)}{8b},\ J_1 = \frac{3(a-c)^2}{32b} - d,\ J_2 = \frac{9(a-c)^2}{64b} - d$$

显然,公司乙从背离承诺中得到更多的好处,而公司甲从被其他公司欺骗中受到损失。而这种所谓的承诺是不稳定的,也是不可能多次存在的。

(3)按照 Nash 均衡解的基本定义,公司甲按照同样的原则对待公司乙,即有

$$u_2 = \frac{a - bu_1 - c}{2b}, \quad u_1 = \frac{a - bu_2 - c}{2b}$$

联合求解得到

$$u_1 = u_2 = u = \frac{a-c}{3b}, \quad J_1 = J_2 = \frac{(a-c)^2}{9b} - d$$

显然,这一结果不如(1)好,但由于任何一方没有单独偏离(违背所谓的承诺),所以是稳定的。而这充分体现了 Nash 均衡解的基本含义,即任何一种制度、体制的安排是均衡解,而不是所谓的口头承诺。

(4)显然,公司甲预测到公司乙在公司甲已有决策 u_1 前提下,会按照 $u_2 = \frac{a - bu_1 - c}{2b}$ 的决策规则进行决策。这样将上述表达式代入公司甲的目标函数中并求导,则有

$$u_1 = \frac{a-c}{2b}, u_2 = \frac{a-c}{4b}, \quad J_1 = \frac{(a-c)^2}{8b} - d, J_2 = \frac{(a-c)^2}{16b} - d$$

显然,公司甲从主导中得到好处,该类主从策略又称为 Stackelberg。

(5)若公司乙也想当主导,同时也宣布 $u_2 = \frac{a-c}{2b}$,即双方互不相让,将其代入目标函数中有

$$J_1 = J_2 = \left(a - b \times 2 \times \frac{a-c}{2b}\right) \times \frac{a-c}{2b} - c \times \frac{a-c}{2b} - d = -d$$

即两败俱伤。

(6)即建立在(3)基础上,必然有

$$\max \quad J = \left[J_1 - \frac{(a-c)^2}{9b} + d\right] \times \left[J_2 - \frac{(a-c)^2}{9b} + d\right]$$

$$\text{s.t.} \quad J_i > \frac{(a-c)^2}{9b} - d \qquad i = 1,2$$

8.5 部分交通系统协调模型

8.5.1 城市交通网络容量确定模型

建设一个高效的城市交通网络已成为各地政府决策者所面临的问题,即对于一个旧的城市交通网络,需要在有限资金的情况下,确定新建道路的具体位置、车道数量,旧的道路是

否扩建及其扩建车道数量。Braess 诡异现象告诉我们，盲目增加网络的路段数不一定能使网络的总出行成本减少。目前，确定城市交通网络容量的方法有时空消耗法、线性规划模型法、图论的最大流量最小割集法、交通分配模拟法等。这些方法虽然科学合理，但交通量是建立在预测、已分配基础上，忽视了道路使用者可能的对容量设计方案的不同反应。本节从道路使用者（出行者）与政府追求目标的分析入手，建立城市交通网络容量确定的双层规划模型。

1. 政府与城市道路使用者目标分析

城市交通系统主要由道路出行者、相关政府管理部门两个主体子系统组成。

（1）政府规划建设管理部门以最上层决策者的身份出现，负责整个城市交通网络系统的规划、建设与运行中的管理等，即针对现有城市交通网络系统，在有限的资金情况下确定出新建道路的具体位置、车道数，以及旧的道路是否扩建及扩建车道数，其追求的是整个道路网络中综合广义出行成本的最小化。在其规划、建设城市交通网络系统时，根据预测到的交通出行行为进行分析并予以优化，即需要按照出行者的路径选择结果、具体每条路径上分配到的交通量的容量进行规划设计并建设，在具体规划过程中具体分配到每条道路上的交通量由出行者决定。

（2）道路进行者。在考虑是否出行及选择线路时追求自身的效用值最大化，即广义出行成本（或时间）最小化。其阻抗主要包括时间、费用等内容，费用包括车辆油耗、损耗，或骑车的消耗，或乘车票价等；时间是指出行者所消耗的时间。对弧（道路）a 费用为 p_a，时间为 t_a，其广义时间费用为 $t_a+\lambda p_a$。

出行者根据政府规划建设的城市道路结构与容量选择具体路径，多个出行者非合作选择路径的结果形成交通配流。这样就形成政府与出行者间关于交通网络容量设置的双层规划问题：上层是政府追求整个交通网络系统出行时间最小化的容量设置问题，下层是交通配流模型。上层的决策会影响出行者的路径选择，下层根据上层的决策结果即改扩新建后的城市道路网络，选择自己的路径，形成新的交通配流，最终达到均衡。城市交通网络容量确定概念关系如图 8.3 所示。

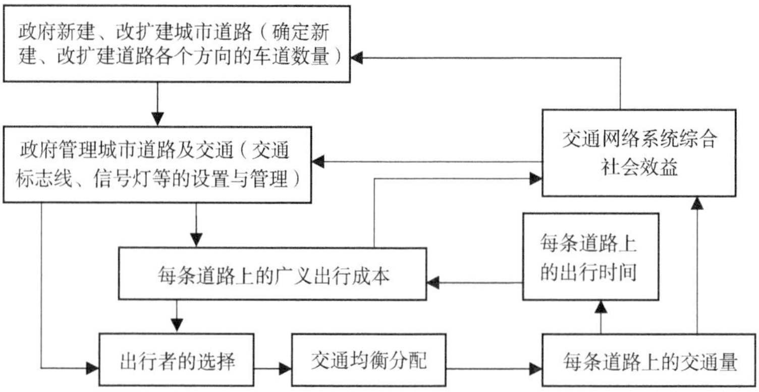

图 8.3　城市交通网络容量确定概念关系图

2. 城市交通网络容量设置博弈模型

用 $C=(N, A)$表示城市交通网络系统，其中 N 为 OD 点的集合，A 为交通网络系统中所有路径（弧）的集合；A_1 为所有待确定容量弧的集合，即新建道路或拟扩建道路弧的集合；u_a 为弧上的交通通行容量变量，这里用车道数表示其容量变量，为整数变量；U_a 为弧容量变量向量；u_{-a} 为与弧 a 相反方向 $-a$ 上的车道数；U_{aa} 为弧 a 和弧 $-a$ 上所有道路上总的车道数；$\varphi_a(u_a,u_{-a})$ 为弧 a 和弧 $-a$ 上的建造或扩建费用，它是容量的一阶单调递增、二阶单调递减函数，可表示为

$$\varphi_a(u_a,u_{-a})=\varphi_a^*\left(\frac{u_a+u_{-a}}{\pi_a}\right)^\beta \tag{8.42}$$

式中，β 为反映建造费用对车道数的弹性系数，$0<\beta<1$；β,π 根据具体道路状况通过非线性参数回归的方式确定。

B 为用于整个交通网络系统上建设的总费用预算；c_a 为弧上的总出行成本，包括出行时间、延迟时间以及出行费用等，其是流量和弧容量的函数；v_a 为弧上的流量，其是弧容量的函数；$\boldsymbol{V}$ 为弧流量向量；W 为所有 OD 点对的集合，w 为 W 中的元素；R_w 为 OD 对 w 之间的路径集合；g_w 为 OD 对 w 间的出行量；h_r^w 为路径 r 上的流量，$\boldsymbol{h}$ 为路径流量向量；$\boldsymbol{P}=(p_{ar})$ 是弧-路径之间的关联矩阵，当路径 r 包含弧 a 时，$p_{ar}=1$，否则为 0。

上层为政府从宏观角度对城市道路车道数和结构进行设置问题，模型为以下数学规划问题：

$$\begin{cases}\min F_1(U,v(U))=\sum\limits_{a\in A}c_a(U,v)v_a(U,v)\\ \text{s.t.}\begin{cases}\sum\limits_{a\in A,-a\in A_1}\varphi_a(u_a,u_{-a})\leqslant B;\quad 0\leqslant u_a\leqslant U_{aa},\quad 0\leqslant u_{-a}\leqslant U_{-aa},a\in A_1\\ u_a+u_{-a}=U_a,\quad a\in A,u_a,u_{-a}\text{为整数变量}\end{cases}\end{cases} \tag{8.43}$$

模型中各个弧的流量由下层配流模型确定，采用弹性模型，即

$$\begin{cases}\min F_2(U,v(U))=\sum\limits_{a\in A}\int_0^{v_a}c_a(U,x)\mathrm{d}x-\sum\limits_{w\in W}\int_0^{g_w}G_w^{-1}(y)\mathrm{d}y\\ \text{s.t.}\begin{cases}g_w=\sum\limits_{r\in R_w}h_r,\quad h_r\geqslant 0;\quad \forall r\in R_w,w\in W\\ v_a\leqslant V^{\max}(u_a),v_{-a}\leqslant V^{\max}(u_{-a})\\ v_a=\sum\limits_{w\in W}\sum\limits_{r\in R_w}p_{ar}h_r,\quad \forall a\in A\end{cases}\end{cases} \tag{8.44}$$

其中，前两项约束为满足容量约束，其余为流量平衡约束。

8.5.2 高速公路收费费率确定模型

目前我国的高速公路收费标准主要采用以道路使用者节约的效益为基准，参照同类经营性公路的收费标准和具体高速公路经营开发公司的投资经营状况等，报送国家有关部门批准确定。该方法虽然比较科学合理，但交通量是建立在预测、分配基础上，忽视了道路使

用者可能的不使用确定收费标准的收费公路项目，而改用道路网中其他道路（收费公路或非收费公路）的情况，即交通量的分配在目前的确定方法中是预先知道的，使得部分高速公路收费标准偏高、效益较差。实际上，高速公路收费存在道路经营管理者与道路使用者的博弈问题，交通量的确定是动态的，需要从道路经营者与使用者各自追求目标的分析入手，建立多层博弈模型。

1. 高速公路经营者与使用者目标分析

高速公路系统主要由道路出行者、高速公路开发经营者以及相关政府管理部门三部分组成。

（1）政府管理部门以最上层决策者的身份出现，对道路网络中收费高速公路费率的上下界限、收费年限等政策的制定与审批，以及经营性收费高速公路经营开发公司有直接的制约作用，并因此而影响道路使用者的路径选择结果。政府管理部门追求的是整个道路网络中广义出行成本的最小化。政府管理部门作为系统中的最高决策者，追求交通系统的社会效益、政治效益等综合效益的最大化。

（2）高速公路经营开发者的主要目标是企业的经济效益，即追求在国家规定的收费年限内，实现其经济效益最大化。如果我们将其经营管理费用作为一个固定值，追求收费收入最大化，即收费收入= $\sum$收费标准 $p_i\times$ 收费车辆数量 h_i。

显然，收费标准越高，企业可能的收入越大，但收费标准高，道路使用者可能就不再使用该公司的道路而使收费收入减少，是否使用该公司的道路由道路使用者决定而非开发公司决定。实际上，道路的经营管理费用与该道路上通过的车辆数量具有相关关系，即通过的车辆越多，道路的养护管理费用越高，企业追求的利润={ $\sum$（收费标准 $p_i\times$ 收费车辆数量 h_i）−[固定成本+变动成本 $\varphi(h)$]} ×（1−税率），由于道路养护管理费用高出的部分对于整个企业的利润来说偏小，为简化可将该部分费用作为常量处理，将收费收入作为企业追求经济效益的指标。

实际上，交通出行需求是与交通网络上的出行成本相关的，低出行成本必然会刺激交通出行需求量的增加，而高出行成本也会抑制交通量的过度增长。因此，在考虑交通出行者数量时采用弹性交通需求下的模型会更加合理。

（3）道路出行者在考虑是否出行以及选择何种线路时必然追求自身的效益最大化，即广义出行成本最小化。这里涉及时间和费用两方面的成本，为了统一一律采用时间作为追求标准，不妨令 λ 为单位费用转化为时间价值的因子，对弧（道路）a 的收费标准为 p_a，时间为 t_a，其追求的广义时间费用为 $t_a+\lambda p_a$。

以上三者之间的具体关系可用图 8.4 表示。

2. 高速公路收费费率博弈模型

路网中任意路段用 a 表示，A 为路段集，$a\in A$，路网中包括收费道路和非收费道路，对于收费道路 $p_a>0$，对于非收费道路 $p_a=0$；c_a 表示弧 a 总的出行成本，包括弧上的总出行时间、延迟时间以及出行费用，其是流量和弧容量的函数；t_a 为弧上的出行时间，其是流量和弧容量的函数；h_r 为路径 r 上的流量；W 为所有乘客的 OD 点对的集合，w 为 W 中的元素；g_w 为第 w 对 OD 间的交通出行量；G_w 为第 w 对 OD 间的交通需求函数，它是 OD 对 w 间的最小路径出行成本的函数；G_w^{-1} 为交通需求函数的逆函数，它实质上表示第 w 对 OD 间的最小出行成本是出行量的函数，表示出行者对 OD 对 w 之间路经 r 上的流量，表示路段的最大容量。则模型可用三层主从博弈模型表示。

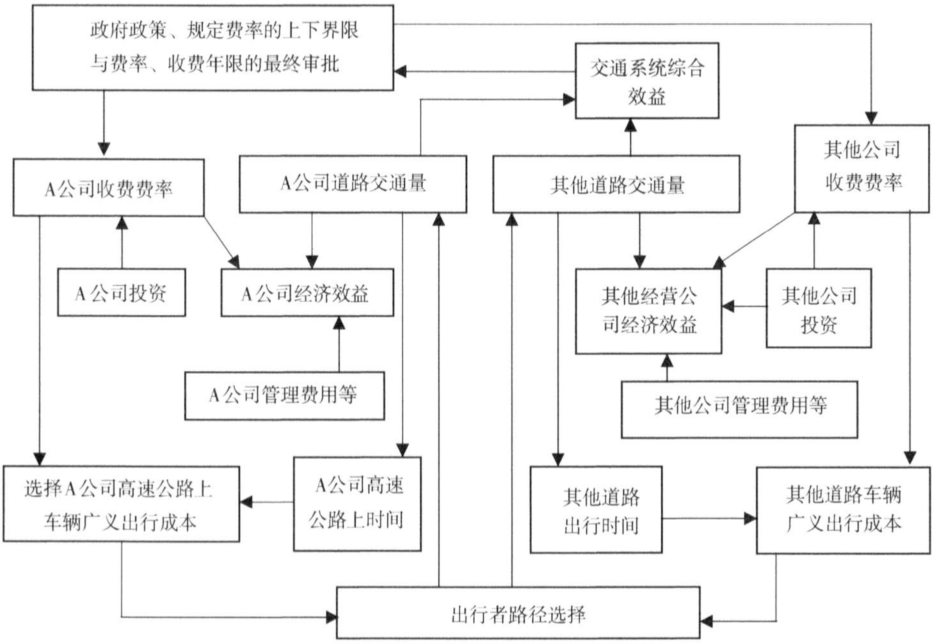

图 8.4　政府、高速公司、出行者博弈关系图(高速公司)

对于政府，追求社会效益最大化(出行者盈余最大化)，包括总成本最小化和总出行量最大化：

$$\max F_1 = \sum_{w\in W}\int_0^{g_w} G_w^{-1}(x)\mathrm{d}x - \eta\sum_{a\in A} c_a g_a \tag{8.45}$$

其中，$\eta>0$ 表示政府在总成本最小化和总出行量最大化之间寻找一种平衡。

对于每个高速公路经营开发公司，其在政府约束下和出行者可接受的范围内，决策使其经济效益(收入)最大化：

$$\begin{cases} \max F_{2i} = \sum_{a\in A} p_a v_a \\ \text{s.t.}\quad p_i^{\min} \leqslant p_i \leqslant p_i^{\max} \end{cases} \tag{8.46}$$

其中，共有 n 条高速公路，这些公司存在关于吸引交通量的博弈。

上述目标函数是简写，实际需要依据车型、距离等进行确定。

交通量由配流模型确定，即

$$
\begin{cases}
\min Z_2(h)=\sum_{w\in W}\sum_{r\in R_w}\int_0^{h_r}[t_r(x)+\lambda p_r]\mathrm{d}x-\sum_{w\in W}\int_0^{g_w}G_w^{-1}(y)\mathrm{d}y \\
\text{s.t.}\begin{cases} g_w=\sum_{r\in R_w}h_r,\quad h_r\geqslant 0;\quad \forall r\in R_w, w\in W \\ v_a=\sum_{w\in W}\sum_{r\in R_w}p_{ar}h_r,\quad \forall a\in A \end{cases}
\end{cases}
\tag{8.47}
$$

上述模型为三层 Stackelberg 模型。

8.5.3 重载高速公路计重收费费率确定模型

目前,我国货运车辆超载是普遍现象,而治理公路超载的根本措施是卸载,但考虑到我国的特殊情况,卸载无法解决道路建设经营者与交通运输者(企业)的根本矛盾,造成目前虽然管理严厉,但超载现象依然严重、对道路的破坏依然无法抑制的现状。基于此,我国很多地区建立了特殊的允许部分重载的运输通道即重载高速公路,如宣化—大同高速公路,在该运输通道中对超过额定标准的重量部分进行计重收费,以从经济上限制超载,解决我国目前运力紧张的矛盾,同时使高速公路开发经营公司收回建立特殊通道的额外投资和增加的养护费用,并得到投资回报。

目前,对一般高速公路和重载高速公路收费标准的确定,在实际上采用道路使用者节约的效益方法,该方法简单适用,但忽略了道路使用者可能不使用该道路的情况。8.5.2 小节中关于一般高速公路收费标准的确定,不适用重载高速公路;对公路超载问题,研究解决的措施较多,但没有从高速公路经营者、重载车辆经营者与整个路网结构中其他道路的管理分析入手进行研究。这里我们从高速公路经营者、重载车辆经营者的目标分析入手,建立特殊通道重载高速公路计重收费费率确定的博弈模型。

1. 重载高速公路多主体目标分析

重载高速公路系统主要由包括重载车辆经营者在内的道路使用者、高速公路开发经营者及相关政府管理部门组成。

(1)政府管理部门以最上层决策者身份出现,负责道路网络中收费公路(含超载)费率的上下界限、收费年限等政策的制定与审批,对经营性收费公路开发公司有直接的制约作用,并进一步影响道路使用者的路径选择。政府管理部门追求整个道路运输网络社会效益最大化。

(2)重载高速公路开发经营者的目标分为两部分:一是追求社会效益、政治效益、环境效益等,考虑到我国目前大部分高速公路开发公司为法人制单位,这些目标对企业来说只能作为一个约束,即通过政府对企业收费标准的审批来实现;二是追求经济效益,即追求在国家规定的收费年限内,实现经济效益最大化。其与基本收费标准、重载部分计重收费标准、收费车辆数量、超重量和道路养护费用等有关。显然,基本收费标准与重载部分计重收费标准越高,企业可能的收入越大,但收费标准高,道路使用者可能就不再使用该公司的道路而使其收费收入减少,是否使用该公司的道路由道路使用者决定而非开发公司决定;对重载高速公路,由于其道路特殊投资加大,对于重载部分必须通过额外计量收费的方式予以补偿;同时对于重载高速公路由于重载车辆的大量出现,使得道路养护等经营成本大大提高,即道路的经营管理费用、养护费用等经营成本与该道路上通过的车辆数量具有递增函数关系，通过的车辆、重载车辆数量与重载量越多，道路的养护管理费用越高。

（3）道路出行者在考虑是否出行以及选择何种线路时，追求效用值最大化，对一般出行者为广义费用最小化；对重载车辆经营者为经济效益最大化，即为收入与广义出行成本之差。对广义出行成本，为 $c_a=t_a+\lambda p_a$。其中，a 表示路网中路段（弧或道路），A 为路段集；c_a 为 a 的广义成本；t_a 为弧上的出行时间，其是流量和弧容量的函数；λ 为单位时间价值转化为费用的因子；p_a 为各项费用，在此暂不考虑包括油费、车辆保养和折旧费等在内增加的运输成本，可表示为

$$p_a=p_{1a}+p_{2a}\times zw_i \tag{8.48}$$

其中，p_{1a} 为基本收费标准，按照车辆类型收费，等同于一般高速公路收费标准；$p2_a$ 为重载部分单位计重收费标准，按照车辆类型、超载数量确定；zw_i 为单车平均超载量（重载量）。

重载车辆经营者的收入包括很多方面，但在通过重载高速公路与其他道路比较时，表现为对于超载部分而增加的收入，考虑到在广义成本中增加的运输费用，在此将重载车辆出行者的经济效益定义为（基本收益+由于超载增加的收益）-（基本收费+超载部分计重收费）。

以上各方博弈关系如图 8.5 所示。

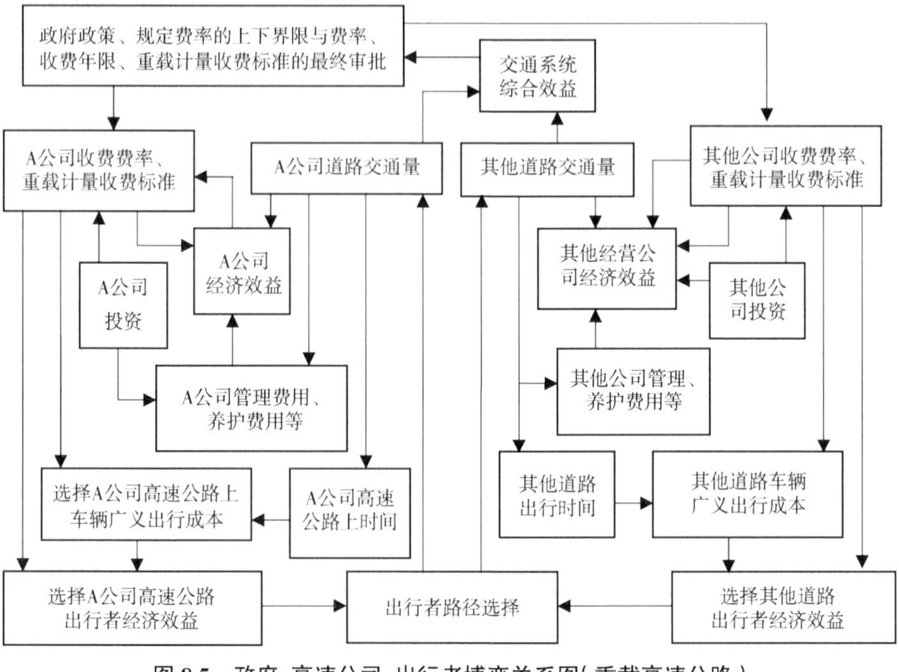

图 8.5　政府、高速公司、出行者博弈关系图（重载高速公路）

2. 重载高速公路计重收费费率博弈模型

对于政府，追求社会效益最大化（出行者盈余最大化）包括总成本最小化和总出行量最大化：

$$\max F_1=\sum_{w\in W}\int_0^{g_w}G_w^{-1}(x)\mathrm{d}x-\eta\sum_{a\in A}c_a g_a \tag{8.49}$$

其中，$\eta>0$ 表示政府在总成本最小化和总出行量最大化之间寻找一种平衡。

对于每个高速公路经营开发公司，其在政府约束下和出行者可接受的范围内决策使其经济效益（收入）最大化：

$$\begin{cases}\max F_{2i} = \sum \ (p_{1i} \times h_i + p_{2i} \times h_i \times \gamma \times zw_i) - Ccost_i - \varphi(h_i, \gamma_i, zw_i) \\ \text{s.t.} \quad p_i^{\min} \leqslant p_i \leqslant p_i^{\max}\end{cases} \tag{8.50}$$

式中：F_{2i} 表示第 i 个公路经营企业追求的利润目标；$\sum$ 表示对第 i 个公路经营者的所有收费公路以及所有收费车型收入的累加，在该网络系统中有 n 个公路经营者，这 n 个经营者之间相互竞争，属于非合作博弈；γ_i 为重载车辆平均数量占该高速公路通行车辆的比例。路网中包括收费道路和非收费道路，对于收费道路又有允许重载和不允许重载两种道路，不允许重载收费高速公路中 p_{2a}=0，对于非收费道路 p_{1a}= p_{2a}=0。φ 为重载高速公路道路的经营管理费用、养护费用等经营成本与该道路上通过的车辆数量、超重数量的递增函数；$Ccost_i$ 为固定成本。

下层为配流模型，考虑到重载高速公路出行者追求的是自身经济效益最大化，该模型为

$$\begin{cases}\max F_3 = \sum\limits_{w\in W}\sum\limits_{r\in R_w}\int_0^{h_r}\{JC\times(jb_r + zw_r)\times\lambda - [t_r(x) + \lambda\times p_{1r} + \lambda\times p_{2r}\times zw_r]\mathrm{d}x - \\ \qquad \sum\limits_{w\in W}\int_0^{g_w} G_w^{-1}(y)\mathrm{d}y \\ \text{s.t.} \begin{cases} g_w = \sum\limits_{r\in R_w} h_r, \quad h_r \geqslant 0; \quad \forall r\in R_w, w\in W \\ v_a = \sum\limits_{w\in W}\sum\limits_{r\in R_w} p_{ar}h_r, \quad \forall a\in A \end{cases}\end{cases} \tag{8.51}$$

作 业

1. 分别从城市交通管理者追求系统最优决策变量为信号灯控制，出行者追求用户最优决策变量为各个道路的选择角度，建立一个城市道路网络中的动态博弈模型。

2. 以交通票价、发车频率为决策变量，分析公交企业与出行者之间的博弈行为，并建立其模型。

3. 用博弈论分析项羽“破釜沉舟”。

4. 对城市中心区道路拥挤收费进行系统分析，包括问题状况、各利益主体目标追求，建立其概念模型和博弈解析模型，具体模型及其变量和目标解释，具体优化方法和可能的例子。

5. 对城市中心区建设停车场、停车楼进行系统分析，包括问题状况、各利益主体目标追求，建立其概念和博弈解析模型，具体模型及其变量和目标解释，具体优化方法和可能的例子。

6. 对我国道路工程质量差的问题进行系统分析，包括问题状况、各主体目标追求、博弈分析，画出概念框图、博弈模型、优化方法，并提出具体建议方案。

7. 对我国城市公共交通中轨道交通、快速公交、常规公交、接驳公交、出租车、共享单车等进行博弈分析，包括问题状况、各主体目标追求、博弈分析，画出概念框图，并建立其博弈模型，给出优化方法，并举例分析，且指出各运输方式的优缺点。

第 9 章

交通系统决策

交通系统工程的关键环节之一就是需要决策者对系统进行决策,可以说系统决策贯穿了系统工程的整个过程,也是系统工程的最终目的与归宿。本章就系统决策的概念、决策模型等予以论述。

9.1 交通系统决策的基本概念

9.1.1 交通系统决策的含义

狭义上讲,交通系统决策就是针对交通运输系统的问题“做出决定”,或定义为“针对系统中的某个问题,为了实现一个目标或一组目标,从可实现该目标且可以互相更换替代的行动方案中选定一个最合适方案的行为”。

上面这种定义是一种非常概括笼统的说法,可以看作决策的含义。这是因为某些决策问题中的决策目标并不是预先给定的,如何确定目标本身就是一个重大的决策问题;决策问题所处环境的分析可能会构成决策的关键问题;可达到目标的多个行动方案的制订亦是决策的重要过程;某些决策也并非一次决定所能完成的。因此,将决策狭义地理解为“在关键抉择时刻,在十字路口选定最佳路径”只注意了决策过程的某一阶段,而忽视了决策应有的完整的制定过程,忽略了抉择时刻之前必须进行的对决策问题及其环境的了解、调查、分析过程以及此后对决策执行的评价过程。

广义的交通系统决策应理解为“决策是一个过程”。这个过程大体包括四个主要阶段,即提出交通运输系统决策问题、探查环境条件、确定决策目标阶段;创造、制订和分析可能采取的行动方案阶段;从多个可行的方案中,根据对各方案后果的预估和评价,选出一个特定的行动方案阶段;对交通运输系统决策的执行结果进行评审阶段,具体如图 9.1 所示。

理论上决策过程是按照上面几个过程一步一步进行的,实际上各个阶段间的反馈和循环却非常复杂,许多决策过程是同时进行的,通常又有若干问题处于酝酿和准备阶段;对若干方案的评价等又可能涉及原先未估计到或估计不足但必须解决的问题,需要重新收集情报信息,重新确定系统目标等,又返回前面的各个阶段。如对系统评价的各个方案均不满意,则需要重新进行各个阶段,对各个决策方案重新进行补充和修改。目前,交通建设项目的决策过程按照国家有关规定是按照这一过程来进行的,从提出项目建议书到可行性研究、勘察设计、建设、投入运行等批准、执行等过程,基本上按照决策程序进行。对于其他交通系统的决策过程,如交通运输系统票价的制定等,目前的管理决策程序由政府主管部门直接审批,但已经在部分地区、部分交通行业内进行如听证会等的改革,部分阶段实行。

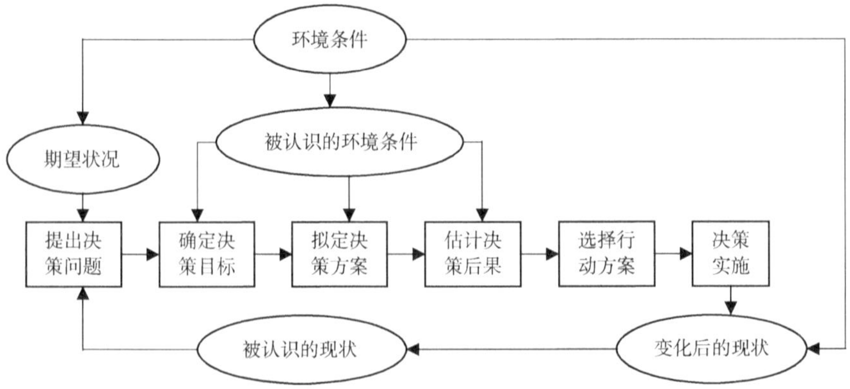

图 9.1 广义的交通系统决策过程示意图

9.1.2 交通系统的组织决策

根据决策主体的不同,将决策分为个人决策和组织决策。所谓个人决策,是指为了满足个人的目的和动机而进行的决策;所谓组织决策,是指为了组织的目的、从组织的立场出发所进行的决策。一般来说,组织决策是属于同一组织内的多个组织单元,在共同目的的驱使下,共同承担责任、共同参与下所进行的决策。组织决策所涉及的问题领域广、范围大,决策所产生的影响大。个人决策主要靠个人的价值观、知识和经验以及个人所能掌握的情报信息进行决策,以适应变化的个人环境。组织决策则既受到组织的价值观、组织所掌握的知识和信息的影响,还受到组织的决策体系的制约和影响。

这里所谓的决策体系,包括决策系统的组织结构、机构设置、决策权的集权和分权关系、决策方式、决策调节机制等。为了适应变化的环境,使组织做出有效的决策,组织可以调整甚至改变其决策体系来适应组织所处的环境。这些都是个人决策所完全不具备的。对于交通系统决策来讲,其涉及的范围和内容极为广泛,其决策绝非个人所能决定的,因此其决策为组织决策。

1. 交通组织的整体系统

交通组织是一个复杂的开放大系统,其由若干子系统组成,详见前面章节有关内容。但是,交通运输组织为了更好地实现目标和适应环境,就必须不断地学习。这种学习表现在两个方面:一方面是通过调整组织的目标来适应环境,如在我国铁路建设政策调整期间铁路施工企业调整自己的利润指标;另一方面是调整组织的结构来适应环境的变化,如我国不断地对交通系统管理体系进行改革,就是不断优化组织决策系统,以适应更好的发展目标和环境需要。

2. 交通组织与环境

作为开放的交通系统，其与环境间不断地进行着物质、能量与信息的交换，具体见第1章有关内容。为了更好地适应环境，交通运输系统在不断学习的同时，还需要通过对不确定性的避免来予以解决，不确定性避免往往是以降低决策者期望值为一定代价，其一般方式有两种，见表9.1。

表 9.1　不确定性避免的方法

不确定性避免的方法	说明
缩短反馈和反应的周期	较短的反馈周期（如交通信号控制）允许人们经常做出新决策，减少为未来不确定性因素的考虑
协商和协调系统与环境的关系	交通组织力图采用行业间的一贯做法（如行规，但受到政府政策等限制）以及签订长期合同等来控制周围环境

3. 交通系统决策体系

所谓一个组织的决策体系，是指在整个组织的决策过程中，与决策直接有关的组织结构，组织各个层次、各个部门的决策权限、决策方式、决策的调控机制、决策的监督方法等所构成的整个体系。决策体系是整个组织的领导管理体系中的一部分。组织的决策体系与组织的领导管理体系既有联系又有不同。领导管理体系的工作范围更广泛，它除制定决策外，还包括各层次、各部门大量具体的与决策的执行有关的工作。而且，组织决策的制定，一般不仅是由领导管理机构单独完成的，科学化的组织决策还有赖于组织内外具有参谋作用的其他机构的配合。如我国交通问题的解决都采取通过研究规划设计院或大学提供研究方案、各个相关部门（含市民）参与讨论决策、信息公开、纪委和行政监察部门参与、具体执行部门实施的机制。

现代组织的决策体系一般由五个系统组成，即决策系统、智囊系统、信息系统、执行系统和监督系统。

（1）决策系统是组织决策体系的核心，由组织内各层次、各组织单元中负有决策责任的决策者所组成。这样的具有决策权的组织单元称为决策单元。决策者是指拥有决策权的领导集团或领导者个人。只有决策者才有权就一定范围内的决策问题做出决策。决策系统的主要任务是根据信息系统提供的情报和智囊系统制订的若干可供选择的方案，从全局出发经分析比较，权衡利弊得失，选择决策行动方案，做出最终决策。

（2）智囊系统是专门协助决策系统，为决策服务的独立的研究、咨询系统。其主要任务是对接受的某项决策问题进行咨询，利用信息系统提供的数据资料，对决策问题进行系统的研究，在决策者做出决策之前提出可供决策者选择的多种可行方案。

（3）信息系统是围绕决策系统的需要，专门搜索、统计、处理、储存、检索、传布有关情报资料信息的系统，其是系统进行信息反馈、控制与协调的基础。

（4）执行系统是指执行决策系统的各项决策指令并付诸实施的系统。执行系统在执行决策指令的过程中，将执行情况及新的信息反馈到决策系统和其他系统中。

（5）监督系统是对执行系统贯彻执行决策系统指令的情况进行检查监督，并协助决策系统进行调节控制，以保证决策指令的贯彻执行和决策目标的实现。

4. 交通系统组织结构决策权的分配

交通系统的组织机构是由具有不同目标、对交通系统的整体目标具有不同影响力的成员组成的一个联合体。随着新成员的加入和旧成员的离去以及环境条件的变化，组织机构的目标会发生变化。在组织机构中，各成员的不同目标之间存在冲突，如经济效益与社会效益的矛盾，地区利益与整体、部门与组织的矛盾。这类冲突有三种解决方法，见表 9.2。

表 9.2　解决冲突的方法

解决冲突的方法	说明
局部合理性	允许各子部门制定自己的目标
满足一定要求的决策规则	在一定限度内利用商定的决策规则和决策步骤制定自己的决策
依次考察各目标	组织机构首先响应一个目标，然后响应另外一个目标，使各个冲突目标都有机会影响组织的行为。对冲突目标的一次考察，并不意味着得到解决

5. 交通系统组织决策过程的不同特点

交通系统与环境的不断交互性，决定了组织决策过程的不同特点。

（1）问题的探索。解的探索是由问题诱发的，只有极个别交通系统有计划的探索不是由问题引起的。行为理论认为，解的探索活动是根据下列几个相当简单的规划进行的：①局部探索是围绕当前状态或现行解决方法进行的，如解决城市交通堵塞问题，应先从城市交通主要拥堵点的管理控制入手；②如果局部探索失败了，那么转向另一个领域之前要扩大对该组织机构其他薄弱领域的探索，而所谓薄弱领域是指具有松散资源的领域，如城市交通信号控制系统指易于实施与改善的节点。

（2）渐进式决策。渐进方法是对满意度概念的一种演变。在这种方法中，组织机构中的决策过程仅限于对现有政策和规程做小的变动。其重点在于修正或改善现存的政策与行动，所考虑的选择范围通常很窄，并且反映了各种势力和作用群体的一致意见。事实上，这种决策策略的满意度标准就是各方的一致意见。我国在改革开放过程中出现的“摸着石头过河”现象就是这一体现。

由于交通系统大部分都是在原有基础上的改进，渐进式决策就成为在政府和交通管理部门组织机构中的一种常用策略。当需要改变的范围较小时，如现有交通运输场站的改扩建，渐进式决策是一种合理的策略。当需要对方针和行动进行重大变动时，如修建一个运输场站，渐进式决策不是一种好的策略。因此，组织机构可采用混合策略（混合式搜索）来进行决策，其中次要的决策采用渐进方法，而重要方针的决策需要对各方案进行全面考虑。

9.1.3　价值观与交通系统决策目标

1. 价值观

价值观问题是影响组织决策的基本问题之一，任何一个组织制定组织目标、指导做出决策以及进行组织的其他活动，都是以基本价值观为基础的。价值观是指人们在某一时间所持有的某种作为标准的观念，人们以这种观念来判断什么是好的、合意的，什么是所期望的，进而价值观就成为人们选择其行动的标准。决策者的价值观直接影响着决策。

交通组织的价值观在不同的情况下有不同的内容，在一般交通系统中，组织的价值观是以满足出行要求为核心的社会效益最大化；在交通运输企业，利润是主要目标之一，但企业目标还应包括其他的社会目标，企业对社会有更广泛的责任。更新的观点是，企业组织是由许多利益集团组成的，包括出行者、政府、股东、雇员等，特别是政府，这些集团之间有时是合作的，但又总是有冲突的。企业的决策者必须设法满足各群体对利益的要求，以便使他们参与企业的活动并保持相互协作的关系。

2. 效用值的概念

在决策时，费用、成本、收入是进行决策的主要依据，但在很多情况下，由于价值观的不同，对同样的钱财、物品，不同的决策者会有不同的看法，从而产生不同的决策方案。这就是贝努力提出的效用的概念：人们对其钱财、物品的真实价值的考虑与其所拥有的钱财量、时间等具有关系。

例如，人们乘坐公交车辆、长途车等，不同的人对同样票价的感觉及其效用值是不同的；同样价值的房屋，人在青年、中年、老年时对其需要的程度是不一样的；人在饥饿时拿一样的十个面包来吃，感觉及其效用值是不一样的。

因此，用效用值来代表真实的价值，并以此做出准确判断是最科学的。如交通配流模型中针对不同出行用户的多用户配流模型能真实反映实际。考虑到问题的复杂性，本章后面内容依然用钱的多少来衡量。

3. 交通系统决策目标

所谓交通系统组织决策目标，就是一个交通组织通过决策及决策的实施所期望达到的未来状况和衡量该状况的各种指标。决策目标在决策过程中处于中心地位，它不仅直接影响决策方案的选择，而且还影响情报的收集、可行方案的提出和分析等工作。可以这样说，决策过程的一切活动都是围绕实现决策目标而展开的。因此，决策目标是否恰当，将从根本上决定整个决策活动的成败。

确定交通组织决策目标有两个基本原则：一是“需要”原则，即目标应当能满足各方面的需要；二是“可能”原则，即目标应当是有实现可能的。

交通组织目标的需要应考虑以下三方面的需求。

（1）环境方面提出的需求。任何交通组织都处在一定的社会环境之中，一个组织必然和其他社会组织存在相互依存的关系，当确定组织目标时，必然会受到社会方面需求的限制。例如，土地资源对交通组织的要求，道路使用者对道路的需求，组织与社会上其他组织的竞争、磋商、合作和联盟等都是组织用来适应环境的手段。在这个适应过程中，为了满足其他组织提出的要求，经常需要不得不修改组织本身的目标和调整达到目标的手段，以满足社会环境的这一需求。这样，对环境的识别越详细，所确定的目标就越具体。

（2）组织本身的需求。例如，交通运输企业的存在和发展、企业的社会地位、企业成员的满意度等。

(3)组织参与者的需求。组织的参与者都有各自的目标。一般来说,组织参与者的目标和组织的目标是有其一致性的。这是因为,人们之所以参与这一组织,是由于某种目标靠个人行动不能达到而只能通过组织来实现。但是组织成员,如交通运输企业的股东,又各自有其特殊目标;而且这些个人目标和组织目标会产生某些冲突,如企业发展与利润分配。作为组织来说,应尽力实现两种目标的一体化,使组织中有最低程度的目标一致性。因此,组织实际目标的产生是一个不断地磋商、学习和适应的过程。正由于这样,组织目标是不断变化的。

交通组织目标的确定过程,我们在系统分析阶段已经论述,需要说明的是系统决策的过程必须建立在决策者价值观的基础上,考虑到其偏好,并对其效用功能进行测定,即函数化。

9.1.4 有限理性决策理论

理性在决策科学上是指在给定条件和约束的限度内,实现制定目标的合乎逻辑的行为方式。相反,非理性是指主要靠情感机制(情绪、激励、天性、冲动)或非理性机制所进行的行为方式。我们所说的决策是一种理性决策,其理性行为称为决策模型,可分为全面理性决策模型和有限理性决策模型。

1. 全面理性决策模型

全面理性决策模型又称为决策者的古典经济模型。在组织机构中,决策者的标准模型可通过古典经济模型描述。古典经济模型具有下述假设:①所有方案和所有结果都是完全已知的;②决策者试图获得最大利润或效用;③决策者对各种结果在效用方面的差别非常敏感。第一条假设可以进一步推广到风险决策,即每一种结果只有一定的发生概率。因此,决策者将力求使期望值最大。

全面理性决策模型是决策的传统模型,即具有完全的理性,具备完整的信息,决策者总是选择最好的方案。这种模型描述一个人应该如何进行决策,而实际系统中的所有准则在决策中是很难全部满足的,但理性的决策者模型仍是有用的。方案选择的许多方法都是建立在具有完全理性基础上并提供进行最优选择的技巧。

2. 有限理性决策模型

有限理性决策模型又称为决策者的行政管理模型,它属于描述性的,描述在实际中如何进行决策。正如西蒙提出的,行政管理模型认为决策发生在一个复杂的、部分未知的环境中,即具有不完全信息知识,而且假设决策者不完全是有理性的,它只在某种限度内表现出理性。这种理性受所处背景、对方案的了解以及掌握决策模型的能力等诸多方面的影响,这就是有限理性的概念。古典经济模型的目标是已经明确和被定义了的,而行政管理模型的目标随着决策者对决策成败迹象的了解而变化。行政管理模型假定决策者具有下列特征:①不知道所有的方案和结果;②能进行有限的探索,以发现几个满意的方案;③制定可以满足他们愿望(即满意)的决策。

实际上,大多数交通系统满足要求的问题求解策略是源于试探法的经验,而不是明确的决策规则。这一点将影响交通系统决策模型的设计。这些模型应该给出适当的数据,并允许决策者通过自己的推理对各种方案进行研究。

9.2 交通系统决策分析的方法与技术

9.2.1 SWOT 分析方法

SWOT(Strengths, Weaknesses, Opportunities, Threats)分析是一种用于评估一个系统、项目或组织内外部环境的工具。通过识别内部的优势与劣势以及外部的机会与威胁,帮助决策者制定有效的战略。例如,在进行城市交通规划时,可以使用 SWOT 分析评估现有交通系统的优势和劣势,并识别未来的机会和威胁,以便规划未来的交通发展方向。通过 SWOT 分析,交通管理者可以明确当前交通系统的强项和弱项,从而决定是否要强化优势或弥补劣势;识别可能的市场机会和发展空间,做好前瞻性规划;预防外部威胁带来的不利影响,采取措施降低风险。

SWOT 分析主要包括以下四个维度。

1. 优势(Strengths)

优势是指组织内部的正面因素或特长,通常是系统或项目能够发挥的最大潜力。SWOT 分析的优势部分重点关注当前交通系统的独特优势和资源。一般包括以下几个方面:

(1)资源优势:优质的基础设施、高效的交通网络、先进的交通管理系统等。

(2)技术优势:成熟的交通信息技术、智能交通系统(ITS)等。

(3)政策支持:政府对交通系统的资金支持、政策鼓励等。

(4)用户满意度:交通服务的质量和乘客满意度高,有良好的品牌效应。

在交通规划中一些典型的情况如下。

案例 1:某城市的公交系统覆盖面广,车辆更新换代快,运营效率较高,这可以被视为其优势。

案例 2:某地区的道路网络设计合理且流量控制得当,则它的交通管理系统也可以被视为其优势。

2. 劣势(Weaknesses)

劣势是指组织内部的不利因素或局限,通常是限制系统或项目成功的瓶颈。SWOT 分析中的劣势部分可以帮助决策者识别交通系统存在的短板。

(1)基础设施不足:道路设施老化、交通信号控制不智能、公共交通服务缺乏等。

(2)服务质量差:高峰期交通拥堵严重、公交准时率低、乘客流量不均衡等。

(3)资金不足:城市交通系统可能面临资金短缺,进而无法进行及时的维护或扩建。

(4)政策滞后:政府的交通政策可能滞后于实际需求,进而影响交通系统的长远发展。

在交通系统分析中一些典型的情况如下。

案例 1:城市交通网络建设存在堵塞瓶颈,或某些区域缺乏公共交通服务,这可以视为其劣势。

案例 2:许多城市在高峰时段常出现严重拥堵,这种拥堵成为交通系统的一大劣势。

3. 机会(Opportunities)

机会是指外部环境中的有利因素,这些因素可能有助于系统或项目的成功。SWOT 分析中的机会部分可以帮助决策者识别潜在的市场和发展空间。

(1)新兴技术应用:智能交通系统(ITS)、自动驾驶、共享出行等新技术可以为交通系统带来创新。

(2)政策支持:政府鼓励绿色出行、环保交通工具、改善城市公共交通等政策可能为交通系统带来机会。

(3)人口增长与城市化:随着城市人口增长和城市化进程的推进,交通需求增加,创造了发展机会。

(4)绿色出行趋势:越来越多的人选择骑行、步行或使用电动汽车等环保出行方式,这为绿色交通方案提供了机会。

在交通系统分析中一些典型的情况如下。

案例 1:随着智能化交通工具的普及,城市可以部署自动驾驶出租车或共享电动自行车,为市民提供更便捷的交通选择。

案例 2:政府政策支持绿色出行,提供资金和税收优惠,推动绿色公共交通项目的实施,这为环保交通系统提供了机会。

4. 威胁(Threats)

威胁是指外部环境中的不利因素,这些因素可能阻碍系统或项目的成功。SWOT 分析中的威胁部分可以帮助决策者识别交通系统面临的潜在风险。

(1)竞争对手的威胁:共享单车、电动滑板车等新兴出行方式的崛起,对传统公共交通产生了竞争压力。

(2)法律法规变化:新的环保法律、交通安全法规的出台,可能导致现有交通模式不适应新规。

(3)经济波动:经济衰退可能导致政府减少对交通基础设施的投资,影响交通系统的长期发展。

(4)自然灾害与气候变化:极端天气、自然灾害(如洪水、地震等)可能会对交通基础设施造成破坏,影响交通系统的稳定运行。

在交通系统分析中一些典型的情况如下。

案例 1:共享出行平台的兴起(如滴滴出行、共享电单车等)可能减少对传统出租车和公交的需求,从而构成威胁。

案例 2:由于气候变化,某些地区可能面临更频繁的暴雨或洪水,影响交通通行和基础设施的正常运作。

9.2.2 PEST 分析法

PEST(Political, Economic, Social, Technological)分析是一种宏观环境分析工具,用于评估影响决策的政治、经济、社会和技术因素,帮助决策者识别影响行业、企业或项目的主要外部因素。这种分析方法特别适用于市场研究、战略规划、政策分析等领域。PEST 分析可以帮助交通决策者全面了解外部环境的变化和发展趋势，识别可能影响交通系统的宏观因素；提前预测市场、政策或技术变动带来的机遇和风险，从而做出有针对性的应对策略；制定更具前瞻性、适应性强的交通政策和项目规划。

PEST 分析通过将外部环境分为四个维度，帮助我们全面了解可能影响交通系统发展和决策的各类因素。

1. 政治因素(Political)

政治因素指的是政府政策、法律法规、政治稳定性等方面的内容。这些因素通常会直接影响交通系统的运营和发展方向。

(1)政府政策：政府关于交通建设、公共交通、环境保护等方面的政策。

(2)税收政策：政府可能通过补贴或税收优惠来推动绿色交通项目，或通过税收政策调控某些交通行为(如燃油税、碳排放税等)。

(3)政府投资：政府是否投入大量资金来支持交通基础设施建设，是否出台政策吸引私人投资。

(4)法律法规：涉及交通法规(如交通安全、环保规定、道路使用等)的变化可能影响交通管理和运营。

(5)公共部门对交通管理的控制：政府是否通过管控手段来影响公共交通运营、价格调整等。

在交通系统分析中一些典型的情况如下。

案例 1：政府推出"绿色交通政策"，推动电动汽车(EV)的普及，鼓励公共交通减少碳排放，这对交通系统的未来发展形成政策支持。

案例 2：交通法规变化，如更严格的交通安全法或环境保护要求，可能导致交通运营商需要进行适应性调整。

2. 经济因素(Economic)

经济因素是指影响交通行业经济活动的因素，包括整体经济环境、消费者收入水平、市场需求等。经济因素直接影响交通系统的投资、运营成本以及消费者的出行需求。

(1)经济增长：经济增长带来交通需求增加，尤其是随着城市化进程加快，交通流量逐步增大。

(2)收入水平：市民的收入水平决定了他们对交通服务的需求，收入提高可能促使私人出行增加，反之则可能促使公共交通需求上升。

(3)通货膨胀：高通胀可能导致交通运营成本增加，如油价上涨、劳动力成本提高等。

(4)燃油价格：燃油价格波动直接影响汽车、公共交通的运营成本，也可能影响市民的出行方式。

(5)交通投资回报：投资交通项目的回报率(如公共交通项目的长期运营效益)决定了是否有足够的资金来支持基础设施建设。

在交通系统分析中一些典型的情况如下。

案例 1：经济衰退时期，城市政府可能减少对交通建设的投资，导致交通设施更新和扩建受限。

案例 2:油价大幅上涨,消费者可能转向公共交通或选择更环保的出行方式,从而影响交通需求的结构。

3. 社会因素(Social)

社会因素主要包括人口结构、社会趋势、文化变化等,这些因素对交通需求、交通方式选择、公众对交通的态度等有直接影响。

(1)人口变化:人口数量和人口密度变化会影响城市的交通需求。大城市的高密度人口需要更高效的公共交通系统,而人口稀少的地区则可能依赖私人交通。

(2)社会趋势:健康生活方式的流行可能推动步行、骑行等出行方式的普及;共享出行的趋势,可能使人们更倾向于使用共享汽车或共享单车等。

(3)文化观念:不同地区居民的出行习惯和文化观念对交通系统的设计和运营有重要影响。

(4)教育与意识:公众对环保的认知度提高,可能导致对绿色出行方式(如公共交通、电动汽车)的偏好增加。

(5)人口老龄化:人口老龄化可能导致对无障碍交通、老年人友好的出行服务需求增加。

在交通系统分析中一些典型的情况如下。

案例 1:某城市的年轻人口增长迅速,推动了共享单车、共享汽车等新型出行方式的普及。

案例 2:随着健康意识的提高,市民可能倾向于选择步行或骑行出行,促进非机动车道建设和步行区域规划。

4. 技术因素(Technological)

技术因素包括新技术的出现及其对交通系统的影响,如智能交通系统(ITS)、自动驾驶技术、交通大数据分析等。

(1)自动化与智能交通:自动驾驶、无人驾驶公交车、智能交通信号系统等新技术可能会彻底改变交通模式。

(2)数据分析与大数据应用:大数据可以帮助进行交通流量分析、需求预测、事故预警等,提高交通管理的效率。

(3)环保技术:新能源车(如电动车)、清洁能源技术等可能推动交通系统的绿色转型。

(4)智能硬件:交通监控设备、智能交通卡、支付系统等硬件的发展提升了交通运营的智能化水平。

(5)共享经济:共享单车、共享汽车、打车软件等新型交通服务改变了传统交通服务的模式。

在交通系统分析中一些典型的情况如下。

案例 1:智能交通信号系统可以根据实时交通流量调整信号时长,减少交通拥堵,提升交通效率。

案例 2:自动驾驶技术的成熟可能改变城市的交通格局,减少人工驾驶需求,提高道路安全性。

9.2.3 波特五力战略决策方法

波特五力分析法由著名经济学家迈克尔·波特(Michael Porter)于1980年提出,它是一种分析行业竞争结构、评估行业吸引力的工具。进行交通行业竞争分析时,波特五力模型可以帮助决策者评估市场的竞争压力,确定关键的竞争因素,例如新兴共享出行服务对传统交通行业的威胁。该模型强调了行业竞争不仅仅取决于现有竞争者,还受到五种力量的共同作用。这五种力量具体如下。

(1)现有竞争者的竞争力:不同交通运营商之间的竞争,如何通过服务质量、价格等方式吸引用户。

(2)潜在竞争者的威胁:新的交通模式(如共享出行平台、自动驾驶技术等)可能带来的威胁。

(3)替代品的威胁:新兴的交通方式(如电动滑板车、自行车共享等)是否会减少传统公共交通的需求。

(4)供应商的议价能力:如道路建设、交通信号设施等供应商的影响力。

(5)消费者的议价能力:市民对交通服务的需求变化是否能影响交通服务定价和质量。

这些力量共同决定了行业的竞争格局和盈利能力,帮助决策者理解外部环境对行业或公司的影响,并在此基础上制定有效的战略。通过波特五力分析法,交通系统决策者可以识别市场中的竞争态势,了解行业中现有竞争者的竞争强度以及潜在竞争者、替代品的威胁,评估是否存在过度竞争或市场饱和;评估供应商和顾客的议价能力,判断供应商和顾客的影响力,采取相应措施来降低成本或提升服务质量;制定竞争战略,通过优化供应链管理、提升产品差异化、改善客户关系等手段,提升企业在竞争中的优势。波特五力分析法不仅能帮助交通行业了解外部竞争环境,还能揭示市场中的潜在风险和机遇,从而制定更有效的市场战略、竞争策略和运营方案。

波特五力分析法主要包括以下五个维度。

1. 现有竞争者的竞争强度

现有竞争者之间的竞争强度是行业内竞争最直接的表现。竞争强度较大时,行业利润往往会被压缩,因而影响行业的吸引力。竞争强度受以下因素影响。

(1)竞争者数量:当行业内竞争者众多时,竞争就更加激烈;相反,如果市场上只有少数几家大公司,竞争强度就相对较弱。

(2)市场增长率:在市场增长缓慢或停滞时,企业必须通过争夺市场份额来维持增长,这会加剧竞争。

(3)产品差异化程度:当产品或服务没有显著差异时,企业之间的竞争往往依赖价格竞争,而价格竞争会压低利润空间。

(4)退出障碍:如果企业在退出市场时面临较高的成本(如高资产投资或复杂的合同责任),它们就会继续留在市场中,从而加剧竞争。

在交通系统分析中一些典型的情况如下。

案例：传统交通公司（如公交公司、出租车公司）面临共享出行平台（如滴滴出行、共享单车等）的强烈竞争，竞争变得异常激烈。不同交通服务之间的竞争，尤其是在定价和服务质量方面，会影响各个交通运营商的盈利能力。

2. 潜在竞争者的威胁

潜在竞争者的威胁指的是新的企业或项目进入行业并产生竞争压力的可能性。行业门槛越低，进入壁垒越小，潜在竞争者的威胁就越大。影响潜在竞争者威胁的因素如下。

（1）进入壁垒：如果行业需要较高的资本投入、技术要求或有法律法规限制，新的竞争者就不容易进入。

（2）规模经济：已经在市场中建立了规模优势的企业能降低单位成本，这对于新进入者来说会构成障碍。

（3）品牌忠诚度：如果现有企业已经建立了强大的品牌效应，潜在竞争者的进入将受到消费者忠诚度的限制。

在交通系统分析中一些典型的情况如下。

案例：在一些城市，公共交通市场对新进入者的开放程度较低，例如需要大量的投资、监管批准和与政府的合作，限制了共享出行平台（如 Uber 和 Lyft）进入传统市场。然而，随着共享单车、网约车等新型交通模式的兴起，行业的进入门槛逐渐降低，新竞争者的威胁增加。

3. 替代品的威胁

替代品的威胁是指能够满足消费者相同需求的其他产品或服务。替代品的存在使得行业的产品或服务面临压力，可能影响价格、市场份额和利润。

（1）替代品的可获得性：如果替代产品能轻松替代现有产品或服务，且价格具有竞争力，替代品威胁就会增大。

（2）替代品的性能和质量：替代品如果能够提供与现有产品相似或更高的性能和质量，它就会吸引消费者转向，从而降低传统行业的市场需求。

在交通系统分析中一些典型的情况如下。

案例 1：共享出行，即共享单车、电动滑板车、共享汽车等新型出行方式，成为传统公共交通、出租车等的替代品，消费者可以根据需求选择更便捷的方式。

案例 2：远程办公与网络技术，即随着远程办公和视频会议的普及，减少了对传统交通工具（如通勤高峰期的公共交通）的需求，尤其在疫情后，远程办公成为一种长期替代模式。

4. 供应商的议价能力

供应商的议价能力是指供应商在价格、质量和交货条件等方面对行业参与者施加影响的能力。供应商的议价能力通常受到以下因素影响。

（1）供应商集中度：如果行业依赖的原材料或资源供应商数量较少，供应商的议价能力就会较强。

（2）替代供应商的可用性：如果企业可以轻松找到其他供应商，那么供应商的议价能力就较弱。

（3）供应商的独特性：如果供应商提供的是行业内独特、难以替代的产品或服务，供应商的议价能力就较强。

在交通系统分析中一些典型的情况如下。

案例1：道路建设和维护，即如果交通建设所需的建筑材料、设备或技术供应商较少，供应商的议价能力会增强，可能影响交通项目的成本和完成进度。

案例2：燃料供应商，即传统的燃油交通工具对石油供应商依赖较强，如果燃料供应商减少或提高价格，可能会对交通系统产生较大影响。

5. 顾客的议价能力

顾客的议价能力指的是消费者（即买方）在市场上对价格、质量、服务等方面施加的影响力。消费者的议价能力通常受到以下因素影响。

（1）买方集中度：如果市场上的消费者数量较少，或者少数几个大客户主导市场，消费者的议价能力就较强。

（2）买方选择的多样性：如果消费者有多种选择，且每种选择都能满足其需求，消费者的议价能力就较强。

（3）价格敏感度：消费者对价格的敏感度越高，他们的议价能力越强，尤其在价格竞争激烈的市场。

在交通系统分析中一些典型的情况如下。

案例1：共享出行平台用户，即用户可以在多个共享出行平台（如滴滴、曹操等）中选择最具性价比的服务，用户的议价能力较强。

案例2：公共交通乘客，即消费者可以选择不同的出行方式（如公交、地铁、出租车等），如果交通服务价格过高或质量差，顾客就有较强的议价能力。

9.3 交通系统不确定性与风险处理

交通系统由于所处环境的复杂性，其决策问题类型与方法也有很多种情况，就其基本情况来看，主要有风险型决策、不确定型决策、多目标决策、群体决策和多人多层分散决策。其中智能模型是未来交通系统的主要方式。多人多层分散决策实际上是多人多层的Stackleberg策略，见第8章的有关内容；群体决策是对群体中的每个成员的偏好进行排队，从中选择出群体的偏好和效用函数，从而形成群体决策，其理论基础是采用福利经济学建立群效用函数，进行群决策。本节对不确定型决策、风险型决策进行简述。

9.3.1 不确定型决策

对于类似风险型决策问题，但自然状态发生的概率未知或无法估计，该类决策问题称为不确定型决策问题。

1. 基于乐观原则的决策方法

基于乐观原则的决策方法又称最大最大原则，该准则是设想任何一个行动都是收益最大即后果最好的状态发生，然后比较各行动的结果，哪个行动的收益最大，这个行动就属于乐观准则下的最优行动。

设决策矩阵元素为 $u(a_i,s_j)(i=1,2,\cdots,m;j=1,2,\cdots,n)$，其中自然状态用 s_j 表示，各个可能的行动方案用 a_i 表示，则最优决策收益为

$$u^*(a_i,s_j)=\max_{1\leqslant i\leqslant m}\max_{1\leqslant j\leqslant n}u(a_i,s_j) \tag{9.1}$$

2. 基于悲观原则的决策方法

基于悲观原则的决策方法又称最大最小原则，该准则是设想任何一个行动都是收益最小即后果最差的状态发生，然后比较各行动的结果，哪个行动的收益最大，这个行动就属于悲观准则下的最优行动。其最优决策收益为

$$u^*(a_i,s_j)=\max_{1\leqslant i\leqslant m}\min_{1\leqslant j\leqslant n}u(a_i,s_j) \tag{9.2}$$

3. 基于赫威兹准则的决策方法

上述两种决策方法，一种过于乐观与冒险，一种过于悲观与保守。人们在解决实际问题时都不愿意采用这两种方法，而采用一种介乎两者之间的准则，即赫威兹准则。

设一个决策者的乐观程度即所谓乐观系数为 $\alpha_1(0\leqslant\alpha_1\leqslant1)$，决策者对状态估计越乐观，$\alpha_1$ 就越接近于 1；反之，越悲观，α_1 就越接近于 0。对于每一个行动方案，选择最大 E 值的行动方案为最优决策：

$$E(a_i)=\alpha_1\times\max_{1\leqslant j\leqslant n}u(a_i,s_j)+(1-\alpha_1)\times\min_{1\leqslant j\leqslant n}u(\alpha_i,s_j) \tag{9.3}$$

4. 基于等概率准则的决策方法

如果对各种状态出现的概率一无所知，均等看待，各种状态出现的概率均为 $1/n$，选择期望收益 E 最大的方案为最优行动方案。

$$E(a_i)=\sum_{j=1}^{n}\frac{1}{n}\times u(a_i,s_j) \tag{9.4}$$

例 9.1 某高速公路经营开发公司拟对现有经营开发的四车道高速公路扩建，以适应未来可能增加的交通流量通行需要。现有两种扩建方案，一种是扩建为 A_1（六车道），一种是扩建为 A_2（八车道）；未来社会经济环境造成的不可控因素发生的状态 S_1（经济情况好）、S_2（经济情况一般）、S_3（经济情况差），具体发生概率与净收益值见表 9.3。

表 9.3 高速公路开发方案决策矩阵 （单位：亿元）

可控	不可控		
	S_1	S_2	S_3
	0.35	0.5	0.15
A_1	16	12	4
A_2	24	6.5	−14

9.3.2 基于先验信息的风险型决策

风险型决策就是指决策者面对的决策环境不是完全确定的掌握，事件出现的状态不止一种，而是两种或两种以上或无穷多，但出现的各种状态概率通过大量的历史统计已知，由于这种情况下决策要冒一定的风险，所以又称为风险型决策或随机型决策、统计型决策。

该类决策如果仅利用历史（统计）信息，即在决策前决策者对即将发生的各事件状态和后果的概率是已知的，为基于先验信息的风险型决策，适用于要求不高的决策。该类决策的核心为效用期望值，可以用决策矩阵和决策树的方式予以描述。其中，对于序贯决策，可能的决策节点和方案节点可能较多，用决策树可以得出最优效用期望值。

9.3.3 基于后验信息的风险型决策

如果决策时除利用先验信息外，还利用实时信息，这样的决策称为基于后验信息的风险型决策。该类决策的核心是修正"建立在先验信息、实时信息基础上的预测信息"，现在人工智能（包括预测、模式识别、决策）的核心就是该方面的内容。目前，其方法很多，其中主要包括：一是修正概率的方法，适用于要求不太复杂的系统，以贝叶斯决策方法最简单；二是建立在预测模块的基础上，即在先验信息、实时信息的基础上通过相关预测模块的方法形成预测信息，以预测信息为基础进行决策，该方法适用于交通、运输和物流等复杂网络系统。本小节仅以简单例子来予以说明。

例 9.2 某运输企业拟开设一条货运新线，公司在为其新线选择决策方式（d_1 或 d_2），市场营销情况可能为好（θ_1）或是差（θ_2），相应的利润见表 9.4，公司估计发生两种情况的可能性相等。为进一步了解市场发生的状态，可以在采取行动前进行以下几种收集数据的选择：① e_0——不进行调查，现在就采取行动；② e_1——购买一份准确无误的调查报告，其费用为 25 万元；③ e_2——购买一份具有 75%准确度的调查报告，其费用为 7.5 万元。试确定公司应采取何种方式？

表 9.4 不同决策方式利润情况 （单位：万元）

决策方式	市场营销情况	
	θ_1	θ_2
d_1	80	-50
d_2	0	0

解 画出决策树，如图 9.2 所示，显然应采取方案 e_2。

该例子是比较简单的，不需要计算后验概率；而实际问题复杂，需要进行复杂的计算。

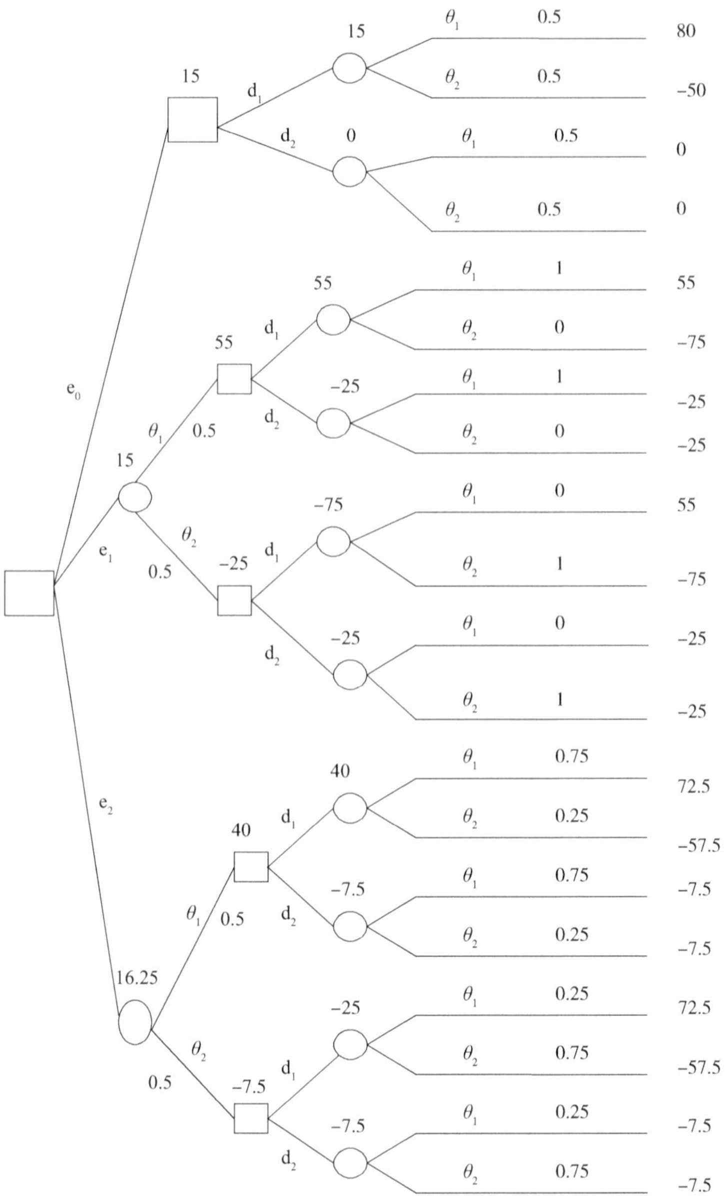

图 9.2

作　业

1. 简述你对交通系统决策,如交通规划、交通组织设计、运输组织设计这些决策的理解,包括狭义和广义的理解。

2. 简述现代交通组织决策体系的五个系统组成、决策的过程,分别以交通规划、交通管控、城市公交的组织决策体系和过程为例分析。

3. 简述你对交通组织渐进式决策的理解,分别以城市交通拥挤解决和公交线网调整为例分析。

4. 简述你对交通组织决策的全面理性模型和有限理性模型的理解，并结合交通系统决策的价值观，对交通系统发展中决策涉及的目标予以分析。

5. 某交通科技开发公司有 5 万元多余资金，如果用于某项交通科技开发估计成功率为96%，成功时一年可获利 12%，但一旦失败，有丧失全部资金的危险；如果把资金存在银行中，可稳得年利 6%，假定仅一年投资与回收。为了获得更多情报，该公司可求助于咨询服务公司，咨询费为 500 元，但咨询意见只是提供参考，帮助下决定。对咨询公司过去类似 200 例咨询意见的实施结果统计见附表 9.1。

附表 9.1

	投资成功	投资失败	合计
可以投资	154 次	2 次	156 次
不宜投资	38 次	6 次	44 次
合　　计	192 次	8 次	200 次

试用决策树分析：

（1）该公司是否值得求助于咨询服务？

（2）该公司多余资金如何最佳使用？

6. 在例 10.1 的高速公路开发决策中，若该公司委托一个咨询公司对未来经济状况进行预测，当实际情况为经济状况好，咨询公司预测的准确率为 0.7，预测为 S_2（经济情况一般）的概率为 0.2，预测为 S_3（经济情况差）的概率为 0.1；当实际情况为经济状况一般，咨询公司预测的准确率为 0.75，预测为 S_1（经济情况好）的概率为 0.15，预测为 S_3（经济情况差）的概率为 0.10；当实际情况为经济状况差，咨询公司预测的准确率为 0.65，预测为 S_1（经济情况好）的概率为 0.10，预测为 S_2（经济情况一般）的概率为 0.25。现咨询公司预测经济状况好，该高速公路公司如何决策？

7. 某一运输公司拟开设一条货运新线。如果直接开设，主观估计成功与失败概率各为 0.5，获利分别为 1 200 万元和-500 万元；如果取消开设新线计划，企业损失前期市场调查与开新线准备费用 40 万元；为稳妥起见，可小规模试运行，需投入 45 万元，试运行成功率为 0.6。又据过去情况，正式运行成功的例子中，试运行成功的占 84%；正式运行失败的例子中，试运行成功的占 36%。要求根据以上数据计算试运行成功和失败两种情况下正式运行时的成功与失败的概率，画出决策树并进行决策。

8. 某道桥施工企业承担一座桥梁的施工任务，由于施工地区夏季多雨需停工 3 个月。在停工期间该企业项目经理部可将施工机械搬走或留在原处。若搬走，需搬运费 1 800 元；若留在原处，一种方案是 500 元筑一护堤，防止河水上涨高水位时发生侵袭。若不筑堤，发生高水位侵袭时将损失 1 万元。若下暴雨发生洪水，则不管是否筑堤，施工机械留在原处均将受到 6 万元的损失。根据历史统计，该地区夏季发生高水位的概率为 25%，发生洪水的概率为 2%。试画出决策树并决策。

第 10 章

交通系统评价

交通系统为复杂大系统，如第 2 章所述，对于系统分析建立系统概念模型后，无法建立系统解析模型的（只能建立系统仿真模型和构思方案），需要通过采用系统评价的方法对构思的方案或仿真较好的方案进行综合评价，以供决策者选择使用。

10.1 系统评价的基本概念

10.1.1 交通系统评价的概念与目的

交通系统评价可以理解为根据明确的宏观目标、结构以及系统属性，利用有效的标准测定出系统的性质和状态，然后以一定的评价准则（指标体系）相比较并做出判断。因此，交通系统评价的概念是根据系统确定的目标，在系统调查、问题状况分析等的基础上，主要从技术、经济、环境、政治和社会等方面，就各种系统设计的交通方案所占用和消耗的各种资源与满足的各种程度、效果进行综合评审，从中选出技术上先进、经济上合理、实施上切实可行的最满意方案。

交通系统评价的目的是从技术、经济和社会、政治等多方面对所设计的交通系统方案进行评价，通过分析和评价选择出最为满意的设计方案。所以，交通系统评价就是要全面、综合地分析交通系统在评价准则各方面的所得所失，并且采用综合评价方法寻找能获得尽可能大的价值的系统方案。

10.1.2 系统评价的类型

系统评价类型从不同角度有不同分类，这主要取决于系统与决策的关系，具体见表 10.1。

表 10.1 交通系统评价类型

评价与系统的关系	评价的类型
评价与决策	决策前评价，决策中评价，决策后评价
评价与系统发展	事前评价，中间评价，事后评价
评价与信息特征	基于数据的评价，基于模型的评价，基于专家知识的评价，基于数据、模型、专家知识的评价

10.1.3 系统评价的程序

交通系统评价一般来说按照下列程序进行：

（1）要明确被评价的系统对象，评价对象不同，评价的内容就不一样；

（2）要明确被评价系统的目标和属性；

（3）要确定评价准则（指标体系），这些准则与系统属性和目标应是相关的；

（4）采用适当的评价方法进行评价，并做合理性分析。

在评价时，如果只是单项属性和目标评价，或虽是多项评价，但只是简单地并列在一起，那么上面四步基本可以回答评价的问题。但是，如果有多项评价，而且要汇总进行综合评价，那么必须对每个属性或目标在总评价中所起的作用本身进行评价。例如，采用加权和的方法，就需要给出各个属性的权系数；按属性优先次序逐步评价对象，就需要对属性的次序加以排列，这也是一个评价问题。综合评价有时可以同时采用几种方法综合进行。当然，有时人们不去具体分哪些属性及其各自重要程度如何，而是直接给出总体评价，根据综合评价结果，最后写出评价报告，给出各评价方案的排序等。

系统评价对象与目标的具体确定在第 2 章已经讲述，本章将重点讲述根据系统目标如何建立系统评价指标体系、评价方法与交通系统的经济评价。

10.2 系统评价指标体系的建立

在系统评价之前，我们必须建立系统的评价指标体系，也称为评价准则。系统评价准则是用数量化的方法表明或衡量系统具体方案的结果是否达到预定目标，或者说是在多大程度上达到预定目标的某种准绳和法则。对于确定系统的评价指标体系，需要采用目标分解法来进行，即根据系统分析确定的系统目标，进行多角度分层分解，在满足非相关性的前提下建立系统评价指标体系。

对于交通系统的评价准则体系的建立，一般遵循技术、经济、社会、环境相结合的原则，涉及政策、规划、经济、效益、时间、环境、国防等多个方面；具体每一个系统的评价准则体系有很大的不同，即使同一个系统，在不同时期、从不同角度评价的评价准则体系也不同。下面用一些交通系统的指标体系的建立来予以说明。

例 10.1 航运规划综合评价指标体系。

航运是交通的重要方式，就其规划方案进行评价，考虑到其目标功能，应该从经济类、技术类、社会类、航运状况、港口状况、船舶状况、环境类、管理组织等方面来评价其综合目标。按照前面所讲的子指标分解法，其综合评价指标可用表 10.2 来表示。

表 10.2　航运规划综合评价指标体系

经济类	经济净现值	航运状况	航道状况与运量
	经济净现值率		可能的周转量
	经济内部收益率		实际的周转量
	差额投资内部收益率		网络迂回率
	用户效益		航道通行能力与需求的均衡性
技术类	安全可靠性	港口状况	港口状况与吞吐能力
	操作方便性		港口吞吐量
	技术先进性		港口吞吐能力与需求的均衡性
	方案与国情的符合程度		港口的机械化程度
社会类	国防意义	船舶状况	总吨位
	劳动就业		平均航速
	对地区综合经济网的影响		平均吨位
	方案的综合效益		船舶质量
	对地区经济发展的贡献		航道、港口、船舶的均衡性
	安全性与舒适性	管理组织	工程管理配套
环境类	对自然生态环境的影响		地区间的矛盾与合作
	对文化遗产和传统的影响		部门间的矛盾与合作
	对生活环境的影响		权威人士的影响

例 10.2　城市公共交通系统综合评价指标体系。

城市公共交通是一个综合、复杂、开放、动态的大系统，客观地描述该系统的发展现状和水平是制定行业发展战略，调整产业技术政策，推动公共交通迅速发展的重要环节。以城市公共交通发展水平作为总目标，分别由设施水平、服务水平与效益水平三个子目标具体表征该系统，涉及 20 多个评价指标，具体如图 10.1 所示。

例 10.3　区域交通网络综合评价指标体系。

区域交通网络密度的大小是地区交通发展规划、管理的重要依据，就其核心目标功能来讲，为满足供需平衡状况、社会方面、经济方面、技术方面与环境方面，具体评价指标体系如图 10.2 所示，其中的各个指标可以进一步分解。

例 10.4　道路交通安全综合评价指标体系。

正确评价我国道路交通安全的总体水平和各地区的交通安全水平，以期制定合理的、科学的安全对策，具有重要的理论价值和现实意义。我国在交通安全宏观管理方面一直沿用事故次数、死亡人数、受伤人数、直接经济损失四项指标。该四项指标对于静态评价某地区、某时期的交通安全是有一定意义的。但是，它没有考虑不同地区交通因素总量的差异，以及同一地区交通因素的变化，因此缺乏可比性，必须从交通系统（人、车辆、道路、环境）这一整体出发，立足于事故前、事故中、事故后这一全过程分析交通安全评价问题，特别是考虑到我国行人、自行车出行量大的特点，应建立由若干指标构成的相互联系的综合评价准则体系，以做到客观公正地评价交通安全状况。

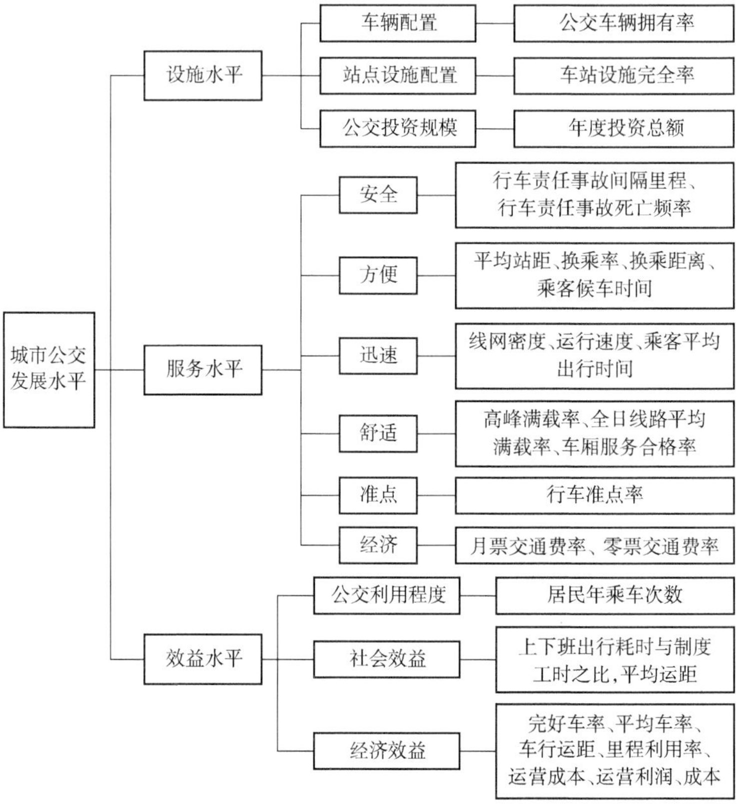

图 10.1　城市公共交通系统综合评价指标体系

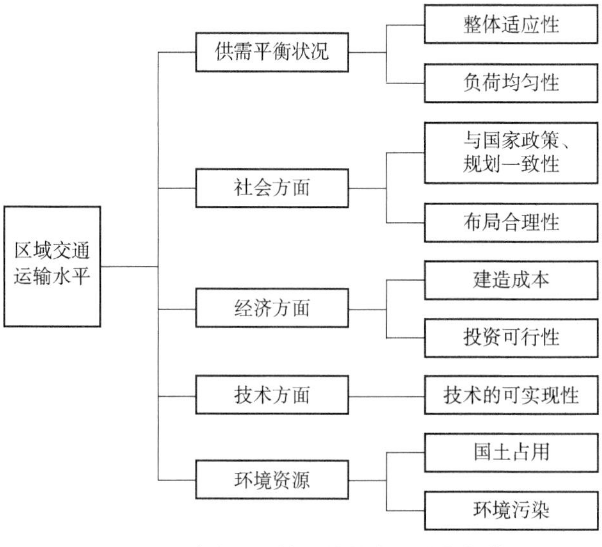

图 10.2　区域交通运输网络综合评价指标体系

道路交通安全评价准则体系应具备以下两种功能：

(1)认识功能，即该指标体系应能使管理部门认识辖区内交通事故的总体规模和危害程度，并引起重视。

(2)激励功能，即管理部门可以根据指标判断辖区内交通事故的发展趋势，本辖区与相关区域之间管理水平上的差距，激励管理部门寻求改善管理水平的途径。

根据评价准则的功能分析和交通因素的系统分析，对其总体目标进行分解，道路交通安全综合评价准则体系应包括三类目标：事故总量目标，也称事故绝对量目标；事故率目标，通常称它为相对目标；管理水平目标。其中，前两类目标是向管理部门提供认识的目标，而第三类目标则主要是提供激励功能。以上三类目标是一个相互联系的整体，是进行事故宏观分析和宏观管理的依据。其中，事故总量目标虽然是比较粗略的目标，但它是一切其他目标的数据基础，事故率目标是比较通用的目标，管理水平目标则是从管理角度进行深入分析的工具。综合道路交通安全综合评价准则体系的结构如图 10.3 所示。

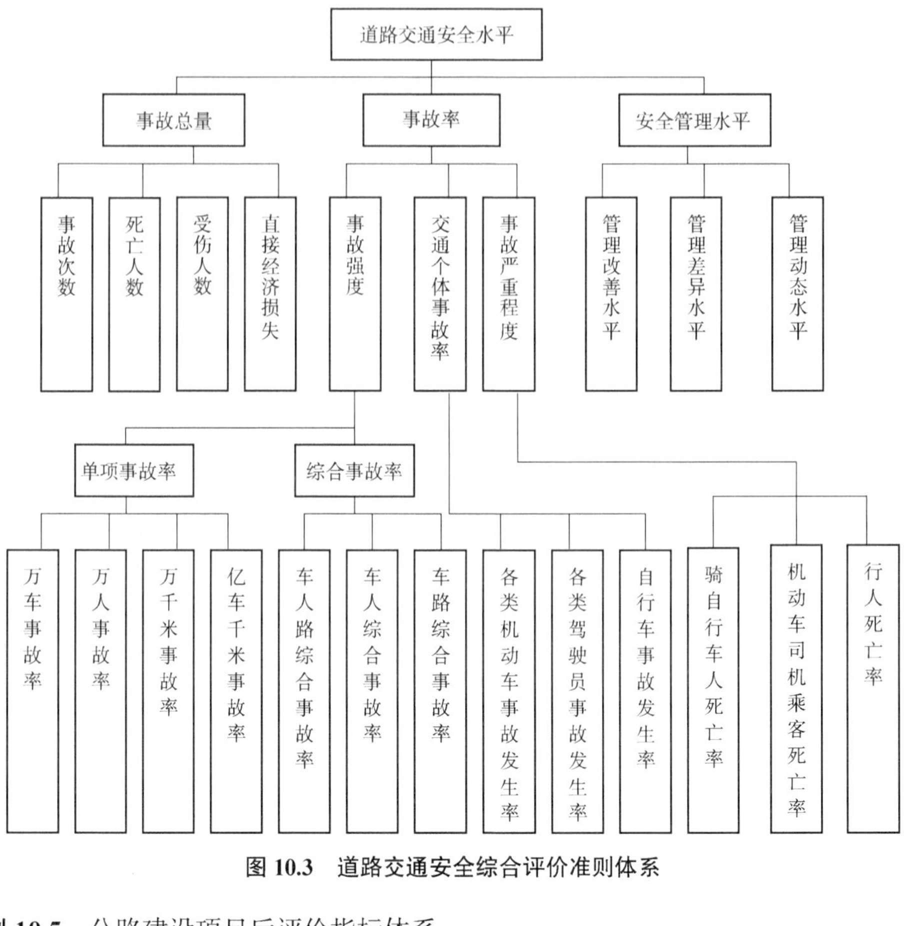

图 10.3　道路交通安全综合评价准则体系

例 10.5　公路建设项目后评价指标体系。

公路建设项目后评价需要从系统的建设过程和建设系统本身的经济效益、社会效益、环境效益等方面综合考虑分解。

（1）经济效益指标：包括净现值（ENPV）、内部收益率（EIRR）、动态投资回收期（ED_t）、财务净现值、资产负债率等。

（2）公路建设项目过程后评价指标：

①竣工项目定额工期率=竣工项目实际工期/竣工项目计划（额定）工期 ×100%；

②实际建设成本变化率=（实际建设成本-预计建设成本）/预计建设成本 ×100%；

③实际投资总额变化率，可用动态和静态两种投资总额来计算，即变化率=[静态（动态）实际投资总额-预计静态（动态）投资总额]/预计静态投资总额 ×100%。

（3）公路建设项目环境评价指标：主要是项目的污染控制能力、区域的环境质量、自然资源的利用水平、区域的生态平衡和环境管理能力等五部分内容，根据系统的具体情况分解为具体的评价指标。

（4）公路建设项目的社会影响评价：主要可分解为带动地区经济发展的持续性发展、参与、妇女、平等和贫困等内容来考虑，反映我国公路建设项目为民服务，追求社会效益的基本要求。

①就业影响：单位投资就业人员=新增就业人口/项目总投资。

②地区收入分配的影响：体现国家对经济发展落后地区的扶持，可用下面两个公式表示。

贫困地区收益分配数：

$$D_i=(G/G')^m$$

贫困地区收入分配效益

$$IDR=ENPV\times D_i=(C_i-C_0)\times D_i\times(1+I_s)$$

其中，D_i 为地区收益分配系数；G' 为特定项目省份在评价时的人均国民收入；G 为同一时间全国的人均国民收入；m 为国家规定的贫困省份的收入分配参数，该参数由国家定期颁布，以体现国家对贫困地区的投资扶持政策；IDR 为重新计算经济净现值的公式，即 $ENPV$ 乘以 D_i。

③居民的生活条件和生活质量：居民的生活水平包括收入的变化、人口和计划生育、住房条件和服务设施、教育和卫生、营养、体育活动、文化、历史和娱乐等。

④受益者范围及其反映：分析出真正的受益者，投入和服务是否到达了原定目标，实际项目长期受益者的人数占原定目标的比例，受益组人群的受益程度，受益者范围是否合理等。

⑤各方面的参与：重点是当地政府和居民对项目的态度，他们对项目计划、建设和运行的参与程度；以及正式或非正式的项目参与机制是否建立等。

⑥地方社区的发展：项目对当地城镇、社区基础设施建设和未来发展的影响，社区的社会安定，社区的福利，社区的组织机构和管理机制等。

⑦妇女、民族和宗教信仰：包括妇女的社会地位，少数民族和民族团结，当地人民的风俗习惯和宗教信仰等。

10.3 交通系统评价的基本方法

建立系统评价准则（指标）体系后，就可以对不同方案进行评价。目前，国内外使用的评价方法很多，有专家评价法、理想点法、主成分分析法、灰色关联度法、效用准则评价法、分级评险技术、数据包络分析法、模糊综合评价法、ANN 评价法、粗糙评价法等。各种评价方法均有不同的特点和适用范围，本节对一些常用的评价方法，如专家评价法、理想点法、主成分分析法、模糊综合评价法、灰色关联度法予以简单描述。

10.3.1 专家评价法

专家评价法是以具有各种专业知识的专家学者的主观判断为基础的评价方法，通常以分数、指数、序数、评语等作为评价的标值。首先由专家们分别对各个具体指标评分，然后通过其他技术方法进行处理，并做出总的评价，这是目前使用最广泛的方法。

1. 评分法

假设有 m 个不同方案（对象）需要评价，而评价的指标（或属性、准则）有 n 个。首先对每个指标规定评价的标值，可以是百分制，也可以是五分制，也可以是序号，还可以是评语，如国际先进水平、国内先进水平等。如果第 i 个方案在第 j 个指标得到的标值为 s_{ij}，根据这些标值可以列成表，用表来表示不同方案在不同指标的分值（或标值），也可以用图形来表示，常用的图形有我们熟悉的直线图、轮廓图、彩色记分法等。

评分法只是简单列举，不能给出各个方案的综合分值，即不能对各个方案给出先后顺序。

2. 综合加权评分法

当所有评价方案希望能在所有评价指标方面得到一个综合评价结果时，就要求有一个综合评分法。在评价前，由于各个方案的不同指标之间具有不同度量单位、不同目标追求，因此具有不可比较性。需要对各个指标进行量化的统一，使其具有可比较性，这就是系统评价方法的采用。常用的方法是归一化处理，具体如下。

（1）对具体指标值越大越好的，采用下式：

$$x_{ij}=\frac{s_{ij}-s_{j\min}}{s_{j\max}-s_{j\min}} \tag{10.1}$$

式中：$s_{j\max}$ 和 $s_{j\min}$ 分别表示第 j 个指标的最好值和最差值，对应于归一化后的值分别为 1 和 0；s_{ij} 为第 i 个评价方案第 j 个指标值；x_{ij} 为第 i 个评价方案第 j 个指标归一化后的值。

（2）对具体指标值越小越好的，采用下式：

$$x_{ij}=\frac{s_{j\max}-s_{ij}}{s_{j\max}-s_{j\min}} \tag{10.2}$$

上述表达式只是直线形式，实际也可以用曲线等多种形式，具体依据评价指标的具体情况来选择。

（3）对具体指标值中间值最好的，可采用三角形、梯形或正态分布等多种形式，其中三

角形形式为

$$x_{ij}=\begin{cases}\dfrac{s_{ij}-a_j}{b_j-a_j}, & a_j \leqslant s_{ij} \leqslant b_j \\ \dfrac{c_j-s_{ij}}{c_j-b_j}, & b_j \leqslant s_{ij} \leqslant c_j \\ 0, & \text{其他}\end{cases} \tag{10.3}$$

式中：b_j 为第 j 个指标最好值，归一化后其值为 1；a_j 为第 j 个指标小的方面最差值点（低于该点均为不合格），该值以及低于该值的指标值归一化后为 0；c_j 为第 j 个指标大的方面最差值点（高于该点均为不合格），该值以及高于该值的指标值归一化后为 0；显然有 $a_j < b_j < c_j$。

（4）其他形式。如当 s 为文字评语时，需要建立各评语对标准分的一一对应的关系表，见表 10.3 和表 10.4。这种表可看成定性指标度量化的表。该类方法在实际中广泛使用。

表 10.3　评语与标准分 1

s	x
优	1
良	0.8
中	0.6
可	0.4
劣	0

表 10.4　评语与标准分 2

s（学术水平）	x
国际先进	1
国内先进	0.8
同行业领先	0.6
省内先进	0.4
市内先进	0

如果对评价的方案（或对象）在指标中所占序号或名次感兴趣，那么可以把标值、分值或评语都按次序排好而确定序数或名次。

归一化后采用加权法，按照综合值最大化的原则对评价的方案进行排名。具体为

$$z_i=\sum_{j=1}^{n} w_j x_{ij} \tag{10.4}$$

式中：z_i 为第 i 个评价方案的综合得分值；w_j 为第 j 个指标的权重，且有

$$\sum_{j=1}^{n} w_j = 1 \quad 0 \leqslant w_j \leqslant 1 \tag{10.5}$$

3. 乘积评分法

将评价方案的各个归一化后的指标值连乘作为其综合评价值，即

$$z_i = \prod_{j=1}^{n} x_{ij} \tag{10.6}$$

然后按这些连乘值的大小确定评定方案的优劣次序。

该评价方法的各个指标具有串行关系，系统的综合功能评价结果对于得分较差的单项指标非常敏感。如果某单项指标评分值为零，该方案的综合评价结果即为零，即拥有“一票否决权”。一般情况下，该方法很少单独使用，而是作为其他评价方法使用前淘汰较多方案的前置评价方法。

综合加权评分法和乘积评分法简单灵活，在运输和交通系统评价中广泛使用，下面举例说明。

例 10.6 为提高某一城市一些交叉路口的安全通行能力，设计了三种方案以供选择：A_1 为守护栏杆；A_2 为人行天桥；A_3 为信号设备。试用综合评分法就交通系统的安全措施对这三种方案进行分析、评价。

解 （1）根据系统目标，确定评价对象的指标体系。该系统的主要目标是安全性，其次还要考虑系统实施的费用、与周边环境的协调、城市美观等因素，故确定评价指标为 B_1 减少死亡人数，B_2 减少受伤人数，B_3 减少经济损失，B_4 城市景观，B_5 实施费用。

（2）根据专家评分法，各个指标之间的相对重要性可以用表 10.5 来表示，其中打分为 1 表示前者比后者重要，打分为 0 反之。可以计算出各指标的权重，见表 10.5。

表 10.5 评价权重的确定

评价指标	两两比较得分										累计得分	评价权重（w_j）
B_1	1	1	1	1							4	0.4
B_2	0				1	1	1				3	0.3
B_3		0			0			1	0		1	0.1
B_4			0			0		0		0	0	0.0
B_5				0			0		1	1	2	0.2

（3）三个方案的有关评价基准见表 10.6。该评价基准等同于综合加权评分法中的归一化处理。

表 10.6 评价基准

评价指标	5	4	3	2	1
减少死亡人数 B_1	8 人及以上	6~7 人	4~5 人	2~3 人	1 人及以下
减少受伤人数 B_2	30 人及以上	20-29 人	15~19 人	10~14 人	9 人及以下
减少经济损失（百万）B_3	40 以上	24~40	16~24	12~16	0~12
城市景观 B_4	很好	好	一般	不好	很不好
实施费用（万元）B_5	0~20	21~40	41~60	61~80	80 及以上

（4）根据以上各评价项目及其他城市的统计信息可知，三种方案的实施效果预测见表10.7。

表 10.7　方案实施效果预测统计

方案	评价指标				
	减少死亡人数（人）B_1	减少受伤人数（人）B_2	减少经济损失（百万）B_3	城市景观 B_4	实施费用（百万）B_5
守护栏杆 A_1	5	10	13	不好	20
人行天桥 A_2	6	15	18	很好	100
信号设备 A_3	3	8	5	很好	5

（5）采用加权法计算各方案的评分，结果见表 10.8。

表 10.8　各方案综合得分计算

方案	B_1	B_2	B_3	B_4	B_5	综合评价值
	0.4	0.3	0.1	0.0	0.2	
守护栏杆 A_1	3	2	2	2	5	3.0
人行天桥 A_2	4	3	3	5	1	3.0
信号设备 A_3	2	1	1	3	5	2.2

（6）对各方案进行综合评价。根据综合评分结果，守护栏杆和人行天桥比信号设备优越，两个方案同等重要。对于如何进一步确定，一种方法是由决策者来选择；另一种方法是增加新的评价指标，如对行人的方便性、人流的通行能力等，再做评价，从而确定结果。

4. 层次分析法

层次分析法（AHP）是由美国的 Satty 教授于 20 世纪 70 年代末提出的，它是一种实用的定性与定量相结合的多层次权重解析方法，具有分析思路清晰，可将系统工作人员的思维过程系统化、数学化、模型化，适用于多准则、多目标复杂问题的评价。目前，层次分析法在实际中得到广泛应用。该方法大体分为以下五个步骤。

1）建立层次结构模型

在深入分析面临的问题之后，将问题中所包含的因素划分为不同层次，如目标层、准则层、指标层、方案层、措施层等，用框图形式说明层次的递阶结构与因素的从属关系。当某个层次包括的因素较多时，可将该层次进一步划分为若干子层次。

2）构造判断矩阵

判断矩阵元素的值反映了人们对各因素相对重要程度的认识，一般采用数字 1~9 及其倒数的标度方法。当相互比较因素的重要性能够用具有实际意义的比值说明时，判断矩阵相应的值则可以取这个比值。当两个标度（指标）进行比较时同等重要用 1 表示；X_i 比 X_j 稍微重要，a_{ij} 用 3 表示；X_i 比 X_j 较强重要，a_{ij} 用 5 表示；X_i 比 X_j 强烈重要，a_{ij} 用 7 表示；X_i 比 X_j

绝对重要，a_{ij} 用 9 表示；反之用 1/3、1/5、1/7、1/9 表示。

3）层次单排序及其一致性检验

通过对判断矩阵 $\boldsymbol{A}$ 的特征根求解（$\boldsymbol{AW}=\lambda_{\max}\boldsymbol{W}$）得到解 $\boldsymbol{W}$，经归一化后即为同一层次相应因素对于上一层次某因素相对重要性的排序权值，这一过程称为层次单排序。

由判断矩阵 $\boldsymbol{A}$ 求出 $\boldsymbol{W}$ 值有很多方法，其中一种简单方法如下。

（1）计算判断矩阵 $\boldsymbol{A}$ 各行元素乘积的 n 次开方，即

$$\bar{w}_i = \sqrt[n]{\prod_{j=1}^{n} a_{ij}} \qquad i,j=1,2,\cdots,n \tag{10.7}$$

（2）对计算出来的权重值进行归一化处理，即

$$w_i = \frac{\bar{w}_i}{\sum_{i=1}^{n} \bar{w}_i} \tag{10.8}$$

为进行层次单排序（或判断矩阵）的一致性检验，需要计算一致性指标，即

$$CI = \frac{\lambda_{\max} - n}{n-1} \tag{10.9}$$

对于 1~9 阶判断矩阵，平均随机一致性指标（RI）的值见表 10.9。

表 10.9 平均随机一致性指标（RI）的值

n	1	2	3	4	5	6	7	8	9
RI	0	0	0.58	0.9	1.12	1.24	1.32	1.41	1.45

当随机一致性比率

$$CR = \frac{CI}{RI} < 0.1 \tag{10.10}$$

时，认为层次单排序的结果有满意的一致性；否则，需要调整判断矩阵的元素取值。

4）层次总排序

计算同一层次所有因素对于最高层（总目标）相对重要性的排序，称为层次总排序。这一过程是从最高层次到最低层次逐层进行的。若上一层次 A 包含 m 个因素 $A_1, A_2, \cdots, A_m$，其层次总排序权值分别为 $a_1, a_2, \cdots, a_m$，下一层次 B 包含 n 个因素 B_1、B_2、$\cdots$、B_n，其层次总排序权值分别为 b_{1j}，b_{2j}，$\cdots$，b_{nj}（当 B_k 与 A_j 无联系时，$b_k=0$）。此时，B 层次总排序权值见表 10.10。

5）层次总排序的一致性检验

这一步骤也是从高到低逐层进行的，若 B 层次某些因素对于 A_j 单排序的一致性指标为 CI_j，相应的平均随机一致性指标为 RI_j，则 B 层次总排序随机一致性比率为

$$CR = \frac{\sum_{j=1}^{m} a_j CI_j}{\sum_{j=1}^{m} a_j RI_j} \tag{10.11}$$

类似地，当 $CR<0.1$ 时，认为层次总排序结果具有满意的一致性，否则需要重新调整判断矩阵的元素取值。

表 10.10　层次总排序权值表

层次因素	A_1	A_2	…	A_m	B 层次总排序值
	a_1	a_2	…	a_m	
B_1	b_{11}	b_{12}	…	b_{1m}	$\sum_{j=1}^{m} a_j b_{1j}$
B_2	b_{21}	b_{22}	…	b_{2m}	$\sum_{j=1}^{m} a_j b_{2j}$
…	…	…	…	…	…
B_n	b_{n1}	b_{n1}	…	b_{nm}	$\sum_{j=1}^{m} a_j b_{nj}$

例 10.7　某一城市有一笔资金需投资以扩大交通运输能力，现有三个方案可供选择：水运、公路运输、铁路运输。要求用层次分析法对这三个方案进行评价。

解　(1)建立层次结构模型，具体如图 10.4 所示。

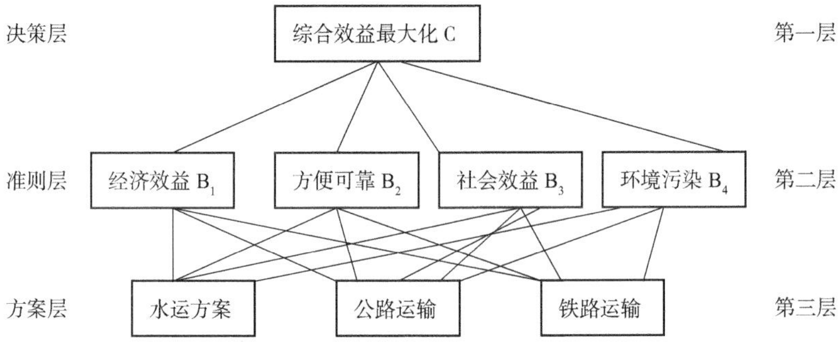

图 10.4　方案比较层次结构模型

(2)构造判断矩阵。决策层与准则层之间的判断矩阵见表 10.11，准则层与方案层之间的判断矩阵见表 10.12 至表 10.15。这里为形象比较，用表的形式给出其矩阵。

表 10.11　决策层与准则层之间的判断矩阵

投资 C	B_1	B_2	B_3	B_4
经济效益 B_1	1	3	3	4
方便可靠 B_2	1/3	1	4	3
社会效益 B_3	1/3	1/4	1	2
环境污染 B_4	1/4	1/3	1/2	1

表 10.12　准则层与方案层之间的判断矩阵 1

经济效益 B_1	A_1	A_2	A_3
水运方案 A_1	1	1/7	1/5
公路方案 A_2	7	1	3
铁路方案 A_3	5	1/3	1

表 10.13　准则层与方案层之间的判断矩阵 2

方便可靠 B_2	A_1	A_2	A_3
水运方案 A_1	1	5	3
公路方案 A_2	1/5	1	1/2
铁路方案 A_3	1/3	2	1

表 10.14　准则层与方案层之间的判断矩阵 3

社会效益 B_3	A_1	A_2	A_3
水运方案 A_1	1	2	3
公路方案 A_2	1/2	1	2
铁路方案 A_3	1/3	1/2	1

表 10.15　准则层与方案层之间的判断矩阵 4

环境污染 B_4	A_1	A_2	A_3
水运方案 A_1	1	3	5
公路方案 A_2	1/3	1	2
铁路方案 A_3	1/5	1/2	1

(3)层次单排序及其一致性检验。

这里以表 10.11 所表述的矩阵所确定的权重为例予以说明。

$$\sqrt[4]{1\times 3\times 3\times 4}=2.449\ 5$$

$$\sqrt[4]{1/3\times 1\times 4\times 3}=1.414\ 2$$

$$\sqrt[4]{1/3\times 1/4\times 1\times 2}=0.638\ 9$$

$$\sqrt[4]{1/4\times 1/3\times 1/2\times 1}=0.451\ 8$$

进行归一化处理,得到其相对重要性权重为

$$2.449\ 5/(2.449\ 5+1.414\ 2+0.638\ 9+0.451\ 8)=0.494\ 4$$

1.414 2/(2.449 5+1.414 2+0.638 9+0.451 8)=0.285 4

0.638 9/(2.449 5+1.414 2+0.638 9+0.451 8)=0.129 0

0.451 8/(2.449 5+1.414 2+0.638 9+0.451 8)=0.091 2

对一致性检验,以准则层 B_2 对方案层建立的判断矩阵(表 10.13)的最大特征根及一致性检验为例说明:

$$\boldsymbol{AW}=\begin{pmatrix}1 & 5 & 3\\ 1/5 & 1 & 1/2\\ 1/3 & 2 & 1\end{pmatrix}\begin{pmatrix}0.648\ 3\\ 0.122\ 0\\ 0.229\ 7\end{pmatrix}=\begin{pmatrix}1.947\ 4\\ 0.366\ 6\\ 0.689\ 8\end{pmatrix}=\lambda_{\max}\boldsymbol{W}=\lambda_{\max}\begin{pmatrix}0.648\ 3\\ 0.122\ 0\\ 0.229\ 7\end{pmatrix}$$

可以得到:

$$\lambda_{\max}=\frac{1}{3}\left(\frac{1.947\ 4}{0.648\ 3}+\frac{0.366\ 6}{0.122\ 0}+\frac{0.689\ 8}{0.229\ 7}\right)=3.003\ 9$$

$$CI=\frac{\lambda_{\max}-n}{n-1}=\frac{3.003\ 9-3}{3-1}=0.002$$

$$CR=\frac{CI}{RI}=\frac{0.002}{0.58}=0.003\ 4<0.1$$

满足一致性要求,其他按照同样的步骤进行计算与检验,具体见表 10.16。

表 10.16 一致性检验

投资 C	B_1	B_2	B_3	B_4	总体排序(权重)
	0.494 4	0.285 4	0.129 0	0.091 2	
水运方案 A_1	0.071 9	0.648 3	0.540 0	0.648 3	0.349 3
公路方案 A_2	0.649 1	0.122 0	0.297 0	0.229 7	0.415 0
铁路方案 A_3	0.279 0	0.229 7	0.163 3	0.122 0	0.235 7

(4)层次总排序。按照要求进行计算,结果见表 10.16,为(0.349 3,0.415 0,0.235 7)。

(5)层次总排序的一致性检验。按照前述公式进行检验,具体过程不再论述,其结果为满足一致性要求。

因此,我们可以得出结果:方案 A_2 最佳,其次为 A_1,最差为 A_3。

前面介绍的层次分析法的基本步骤可用于解决不太复杂的系统评价问题。当面临的问题比较复杂时,可以采用扩展后的层次分析法,如动态排序法、边际排序法、前向反向排序法等。

10.3.2 理想点法

设有 m 个不同方案要评价,评价的指标有 n 个,第 i 个方案在第 j 个指标得到的标值为 s_{ij},归一化处理后的值为 x_{ij},可以用矩阵表示为

$$\boldsymbol{X}=(x_{ij})_{m\times n}=\begin{pmatrix}x_{11} & x_{12} & \cdots & x_{1n}\\ x_{21} & x_{22} & \cdots & x_{2n}\\ \vdots & \vdots & & \vdots\\ x_{m1} & x_{m2} & \cdots & x_{mn}\end{pmatrix} \quad (10.12)$$

设第 j 个指标的最优值为 $x_j^*(j=1,2,\cdots,n)$，则各个指标值达到 $(x_1^*,x_2^*,\cdots,x_n^*)$ 的方案为理想方案。定义第 i 个方案与理想点（方案）之间的距离空间为

$$L_p(i,w)=\left[\sum_{j=1}^{n} w_j^p (x_{ij}-x_j^*)^p\right]^{1/p} \tag{10.13}$$

式中：w_j 为指标的权重。

在各个方案中选择距离最小的方案即为较佳方案。

10.3.3 主成分分析法和加权主成分分析法

主成分分析法（PCA）在第 3 章中已经介绍，该法用于综合评价的基本原理是将多项评价指标综合成少数几个线性无关的主成分，然后以这些主成分的贡献率为权数构造一个综合指标，据此做出决策分析判断。该方法由于能消除指标间信息的重叠，且能根据指标所提供的原始信息自动生成非人为的权系数，即各个评价指标完全依赖于实际数据，使其成为客观评价综合决策的主要方法。

PCA 作为评价方法的缺陷是其生成的权重实质上是一种机械的权系数，不能反映指标间相互存在的重要度差异，使其应用呈现出一定的局限性。实际上，很多情况下需要进行主观和客观评价综合的方法，可以综合 PCA 的客观分析与专家评价方法的主观分析特点，建立基于加权主成分分析法（Weighted PCA，WPCA）的综合评价模型，为评价提供新途径。其具体步骤如下。

（1）采用专家评价如 AHP 方法确定各个评价指标的权重 $w_j(j=1,2,\cdots,n)$，其中共 n 个评价指标。

（2）评价指标原始数据的标准化处理，即

$$y_{lj}=\frac{x_{lj}-x_j}{s_j} \quad l=1,2,\cdots,L;j=1,2,\cdots,n \tag{10.14}$$

式中：x_{lj} 表示第 l 个评价方案（样本，对象）的第 j 项指标值，共 L 个评价方案；x_j、s_j 分别为第 j 项指标的样本均值和标准差。

在进行标准化之前，应将上述指标中的效益型指标转化为成本型指标，可取原指标值的倒数作为新指标值。

（3）计算矩阵 $(y_{lj})_{L\times n}$ 的相关矩阵 $\boldsymbol{R}=(r_{ij})_{n\times n}$，其中 r_{ij} 为

$$r_{ij}=\frac{1}{L}\sum_{l=1}^{L} y_{li}y_{lj} \tag{10.15}$$

（4）计算 $\boldsymbol{R}$ 的特征值 $\lambda_1\geqslant\lambda_2\geqslant\cdots\geqslant\lambda_n$ 及对应的标准正交化特征向量 $\boldsymbol{u}_1,\boldsymbol{u}_2,\cdots,\boldsymbol{u}_n$。

（5）求主成分，即

$$Z_k=\sum_{j=1}^{n} u_{kj}y_j \qquad k=1,2,\cdots,n \tag{10.16}$$

式中：y_j 为第 j 个标准化指标。

（6）计算累计方差贡献率，使其满足

$$E=\sum_{j=1}^{m}\lambda_j \Big/ \sum_{j=1}^{n}\lambda_j \geqslant 95\% \tag{10.17}$$

式中：E 表示前 m 个主成分反映的信息量和的多少；95%表示提出的特征信息的精度，也可以取其他，如 85%、90%等，具体依据不同的要求确定。

（7）标准化指标 y_j 的加权处理：

$$y_j^*=w_j y_j \quad j=1,2,\cdots,n \tag{10.18}$$

（8）计算每个评价对象（样本，方案）的综合评价指数值

$$Z=\sum_{k=1}^{m}\left(\lambda_k \Big/ \sum_{j=1}^{n}\lambda_j\right)\times\left(\sum_{j=1}^{n}u_{kj}y_j^*\right) \tag{10.19}$$

以该值大小对各个评价对象进行排序。

例 10.8 将上述评价方法应用于津承高速某一立交桥标段的引桥路面工程中，该分项工程为 1 000 m 长的水泥混凝土路面，10 个方案（评价对象或样本）的原始数据见表 10.17。要求用 WPCA 进行综合评价。

表 10.17 10 个方案的样本数据

方案		1	2	3	4	5	6	7	8	9	10
弯拉强度（MPa）		54.6	53.5	50.0	55.2	52.6	54.3	50.0	51.3	53.8	52.9
板厚度（mm）		0	−1	−1	−2	0	−3	−1	−2	−1	−2
平整度	σ（mm）	0.5	0.9	1.2	0.1	0.2	1.1	0.3	0.2	1.2	0.3
	IRI（m/km）	2.0	1.9	0.9	1.0	1.1	0.9	0.1	0.2	1.9	0.5
抗滑构造深度（mm）		0.7	0.8	1.0	0.9	0.9	1.0	0.8	1.1	0.7	0.8
相邻板高差（mm）		2.0	0.8	0.1	1.4	1.1	0.2	0.6	0.9	0.8	1.2
纵、横缝顺直度（mm）		2	3	9	0	1	5	8	2	7	6
中线平面偏度（mm）		1	2	2	17	15	14	19	16	2	20
路面宽度（mm）		2	−11	−20	1	−8	17	19	1	6	13
纵段高程（mm）		−5	−1	9	−8	−1	1	−8	−2	3	−9
横坡（%）		−0.13	0.02	−0.13	0.11	−0.02	0.04	0.02	0.12	−0.11	0.10

解 采用 AHP 确定各评价指标的权重向量为 $\boldsymbol{w}$=（0.16，0.15，0.11，0.11，0.11，0.11，0.05，0.05，0.05，0.05，0.05），对表 10.17 进行规范化处理，得到相关矩阵并计算其特征值、特征向量及累计贡献率 E，取 $E\geqslant 95\%$的最小 m。经计算得出具体结果 λ_1 =4.312 2，λ_2 =3.261 1，λ_3 =1.494 6，λ_4 =1.417 8，E= 0.953 2，所以取 m=4，根据对应标准化特征向量值可得到前四个主成分为

z_1=−0.005y_1−0.258y_2−0.373y_3−0.356y_4−0.179y_5+0.082y_6−0.160y_7+0.456y_8+0.273y_9−0.362y_{10}+0.437 y_{11}

z_2=0.389y_1−0.250y_2+0.228y_3−0.324y_4−0.357y_5−0.518y_6+0.371y_7+0.087y_8−0.016y_9+

$0.295y_{10}+0.038y_{11}$

$z_3=0.109y_1+0.177y_2-0.239y_3-0.036y_4-0.485y_5+0.058y_6-0.457y_7-0.033y_8-0.632y_9+0.206y_{10}+0.09y_{11}$

$z_4=-0.571y_1-0.545y_2+0.317y_3+0.258y_4-0.208y_5-0.127y_6-0.252y_7-0.096y_8+0.039y_9+0.173y_{10}+0.216y_{11}$

对标准化矩阵指标进行加权处理，如前所述则加权后的指标 $y_j^*=w_jy_j(j=1,2,\cdots,11)$，具体计算结果数据见表 10.18。

表 10.18 加权标准化指标值及综合评价结果

方案	1	2	3	4	5	6	7	8	9	10
弯拉强度（MPa）	-0.958	-0.368	1.547	-1.253	0.074	-0.810	1.547	0.810	-0.516	-0.074
板厚度（mm）	1.370	0.316	0.316	-0.738	1.370	-1.792	0.316	-0.738	0.316	-0.738
…	…	…	…	…	…	…	…	…	…	…
纵段高程（mm）	-0.514	0.195	1.966	-1.045	0.195	0.549	-1.045	0.018	0.903	-1.222
横坡（%）	-1.357	0.185	-1.357	1.110	-0.226	0.391	0.185	1.213	-1.151	1.008
z_1	-1.699	-1.566	-2.981	2.186	0.064	0.647	1.634	2.134	-2.667	2.248
z_2	-3.309	-0.687	3.011	-1.567	-0.874	1.736	1.153	1.070	-0.339	-0.194
z_3	-0.298	0.535	1.039	0.767	1.639	-0.986	-1.438	1.418	-1.551	-1.125
z_4	-0.541	0.745	-0.598	1.037	-0.853	2.231	-2.123	0.038	0.396	-0.332
Z	-0.193	-0.046	-0.010	0.083	-0.066	0.183	-0.022	0.125	-0.101	0.047
WPCA 排序	1	4	6	8	3	10	5	9	2	7
PCA 排序	1	3	4	8	5	9	6	10	2	7

以 λ_1，λ_2，λ_3，λ_4 的方差贡献率为权数求和计算每个评价对象的综合评判指数：

$$Z=0.392\sum_{j=1}^{11}u_{1j}y_j^*+0.296\sum_{j=1}^{11}u_{2j}y_j^*+0.136\sum_{j=1}^{11}u_{3j}y_j^*+0.129\sum_{j=1}^{11}u_{4j}y_j^*$$

具体计算结果及其排序见表 10.18，其中 PCA 排序为单纯采用 PCA 的各方案结果。可以看出，采用 WPCA 第一主成分 z_1 在顾及所有评价指标的前提下，突出反映了中线平面偏度、路面宽度、横坡三个指标的综合评价效果；第二主成分 z_2 突出反映了弯拉强度、平整度和纵、横缝顺直度三个指标；第三主成分 z_3 突出反映了纵断高程这一指标；第四主成分 z_4 突出反映了平整度这一指标。从 z_1，z_2，z_3，z_4 的计算结果可以分别判断出不同评价方案在各种指标综合效应下的优劣关系。

10.3.4 模糊综合评价法

模糊综合评价法，是综合运用专家评价法（如 AHP）和模糊数学方法而形成的一种综合评价方法，其具体步骤如下：

（1）确定综合评价指标集合，$U=\{U_i\}(i=1,2,\cdots,m)$；

（2）运用专家评价法确定各评审指标的权系数行向量，$\boldsymbol{W}=(w_1,w_2,\cdots,w_m)$；

（3）运用专家评价法确定评价基准（对应模糊指标）及相应的价值量，$\boldsymbol{E}=(e_1,e_2,\cdots,e_n)$；

（4）运用专家评价法计算评价方案关于各评审指标的模糊综合评判矩阵，$\boldsymbol{R}_k=(r_{ij})_{m\times n}(k=1,2,\cdots,K)$，共 K 个评价方案，r_{ij} 表示第 i 个指标在第 j 个评价基准的隶属度；

（5）对模糊综合评判矩阵进行加权，得出模糊综合评价结果，$\boldsymbol{S}_k=\boldsymbol{W}\times\boldsymbol{R}_k$；

（6）计算各评价方案的可行度，$N_k=\boldsymbol{S}_k\times\boldsymbol{E}^T$；

（7）比较系统各方案的可行度，按可行度的大小排出次序。

下面我们通过实例来说明其在交通系统中的应用。

例 10.9 某港口计划购买某种装卸设备一套，现有 A、B、C、D 四种设备可供选择，选择主要从设备的技术上先进、生产上可行、技术服务性良好等几个方面综合考虑。因此，聘请十名专家讨论制定了评审要素集合、评价的权系数向量、评价等级等，对这四种设备进行了模糊综合评价。

解 评价过程如下。

（1）确定系统评审指标，经专家讨论确定为

$$U=\{\text{生产性},\text{可靠性},\text{安全性},\text{节能节料},\text{环保性},\text{维修性},\text{耐用性},\text{成套性}\}=\{U_1,U_2,U_3,U_4,U_5,U_6,U_7,U_8\}$$

（2）根据专家打分，利用层次分析法，确定各评审要素的权系数行向量：

$$\boldsymbol{W}=(w_1,w_2,w_3,w_4,w_5,w_6,w_7,w_8)=(0.55,0.2,0.1,0.05,0.05,0.03,0.01,0.01)$$

（3）确定评价基准及相应的价值量。评价基准分为 5 个等级，相应的价值量为

$$E=\{\text{很好},\text{较好},\text{一般},\text{较差},\text{极差}\}=\{e_1,e_2,e_3,e_4,e_5\}=\{5,4,3,2,1\}$$

（4）根据专家打分确定四种设备计算关于各评审要素的模糊综合评判矩阵如下：

$$\boldsymbol{R}_{\mathrm{A}}=\begin{pmatrix}0&0&0&0.1&0.9\\0.9&0.1&0&0&0\\0.1&0.1&0.7&0.1&0\\0&0&0.4&0.2&0.4\\0&0&0.1&0.1&0.8\\0&0&0.9&0.1&0\\1&0&0&0&0\\0.8&0.2&0&0&0\end{pmatrix}\qquad \boldsymbol{R}_{\mathrm{B}}=\begin{pmatrix}0&0&0.1&0.9&0\\0&0&0&0&1\\0.5&0.4&0.1&0&0\\0&0.6&0.4&0&0\\0.9&0.1&0&0&0\\0&0&0.7&0.1&0.2\\1&0&0&0&0\\0.8&0.2&0&0&0\end{pmatrix}$$

$$\boldsymbol{R}_{\mathrm{C}}=\begin{pmatrix}0.9&0.1&0&0&0\\0&0&0.1&0.2&0.7\\0.1&0.1&0.7&0.1&0\\0.8&0.2&0&0&0\\0&0.9&0.1&0&0\\0&0.1&0.9&0&0\\0&0&0&0&1\\0.8&0.2&0&0&0\end{pmatrix}\qquad \boldsymbol{R}_{\mathrm{D}}=\begin{pmatrix}0&0.9&0.1&0&0\\0&0&0.2&0.4&0.4\\0&0.4&0.5&0.1&0\\0&0&0.4&0.2&0.4\\0&0&1&0&0\\0.8&0.2&0&0&0\\0&0&0&0&1\\0.8&0.2&0&0&0\end{pmatrix}$$

（5）对模糊综合评价矩阵进行加权，得出模糊综合评价结果：

$\boldsymbol{S}_A = \boldsymbol{W} \times \boldsymbol{R}_A = (0.208, 0.032, 0.122, 0.083, 0.555)$

$\boldsymbol{S}_B = \boldsymbol{W} \times \boldsymbol{R}_B = (0.113, 0.077, 0.106, 0.498, 0.206)$

$\boldsymbol{S}_C = \boldsymbol{W} \times \boldsymbol{R}_C = (0.553, 0.125, 0.122, 0.05, 0.15)$

$\boldsymbol{S}_D = \boldsymbol{W} \times \boldsymbol{R}_D = (0.032, 0.543, 0.215, 0.1, 0.11)$

（6）计算可能购买的各个设备的可行度：

$N_A = S_A \times E^T = 2.255$

$N_B = S_B \times E^T = 2.393$

$N_C = S_C \times E^T = 3.881$

$N_D = S_D \times E^T = 3.287$

（7）比较各评价设备的可行度，显然优先选择设备 C，其次为 D，再次为 B，最后为 A。

10.3.5 灰色关联度法

灰色关联度法是利用灰色理论，通过对统计数列几何关系的比较来分析系统中多因素间的关联程度，从而能确定出各指标具体权重的客观分析方法。该方法相对简单，具体步骤如下。

（1）对具有 n 个评价指标、L 个评价方案，x_{lj} 表示第 l 个评价方案的第 j 项指标值，所有指标均为转化后的效益型指标，进行归一化处理即可。

（2）定义各指标属性的最优值，即理想点：

$$X^* = (x_1^*, x_2^*, \cdots, x_L^*) = \max_j (x_{1j}, x_{2j}, \cdots, x_{Lj}) \tag{10.20}$$

（3）计算第 l 个评价方案的第 j 个评价指标的关联系数：

$$\xi_{lj} = \frac{\min\limits_l \max\limits_j \left|x_{ij} - x_j^*\right| + \rho \times \max\limits_l \min\limits_j \left|x_{ij} - x_j^*\right|}{\left|x_{ij} - x_j^*\right| + \rho \times \max\limits_l \min\limits_j \left|x_{ij} - x_j^*\right|} \tag{10.21}$$

式中：ρ 为分辨系数，$\rho \in [0,1]$，它是为了削弱最大绝对差值因过大而失真的影响，以提高关联系数之间的差异显著性而给定的系数。

（4）计算第 j 个评价指标的关联度：

$$r_{0j} = \frac{1}{L} \sum_{l=1}^{L} \xi_{lj} \tag{10.22}$$

（5）对各个评价指标的关联度进行归一化处理，即可得到权重 $\boldsymbol{w} = (w_1, w_2, \cdots, w_n)$，其中

$$w_j = r_{0j} \Big/ \sum_{j=1}^{n} r_{0j} \tag{10.23}$$

（6）计算各个评价方案的综合评价值，并依据综合评价值的大小进行排序。

$$z_l = \sum_{j=1}^{n} w_j \times x_{lj} \tag{10.24}$$

作 业

1. 简述系统评价的目的、程序和类型。
2. 针对你所在大学门口道路交通状况，建立其交通组织优化方案综合评价指标体系。
3. 建立城市轨道交通换乘站拥挤问题，并建立其安全综合评价指标体系。
4. 简述系统评价各种方法的优缺点。
5. 简述层次分析法的步骤。
6. 对表 10.15，计算其各个指标权重，并进行信息的一致性检验。
7. 简述加权主成分分析法的步骤。
8. 对例 10.8，假定 ρ =0.5，用灰色关联度法确定各指标的评价权重，并进行综合评价。